北京律师业务指导丛书

北京律师业务指导丛书

北京律师业务指导丛书

影视法律实务与操作指南

北京市律师协会
北京电视艺术家协会 / 编

图书在版编目(CIP)数据

影视法律实务与操作指南/北京市律师协会编. —北京:北京大学出版社,2012.4
(北京律师业务指导丛书)
ISBN 978-7-301-20498-6

I. ①影… II. ①北… III. ①电影工作-法规-中国-指南 ②电视工作-法规-中国-指南 IV. ①D922.16-62

中国版本图书馆 CIP 数据核字(2012)第066959号

书　　名:影视法律实务与操作指南
著作责任者:北京市律师协会　编
策 划 编 辑:曾　健
责 任 编 辑:王建君
标 准 书 号:ISBN 978-7-301-20498-6/D·3097
出 版 发 行:北京大学出版社
地　　址:北京市海淀区成府路205号　100871
网　　址:http://www.yandayuanzhao.com　电子邮箱:law@pup.pku.edu.cn
电　　话:邮购部62752015　发行部62750672　编辑部62117788
出版部62754962
印 刷 者:北京鑫海金澳胶印有限公司
经 销 者:新华书店
730毫米×980毫米　16开本　14.5印张　266千字
2012年4月第1版　2012年4月第1次印刷
定　　价:29.00元

丛书总序

第八届北京市律师协会拥有61个专业委员会。在2009年4月至2012年4月的三年任期内,北京律师总人数达到了22300名,律师事务所达到了1600家,北京律师业务涵盖面越来越宽,作用力、影响力越来越大。同时,如何充分发挥专业委员会的业务指导作用,通过制定业务操作指引、撰写业务操作指南、推荐业务示范文本、出版业务指导文丛、提供典型案例分析,指导全行业律师业务,提升律师业务素质水平,增强律师业务能力,防范律师业务风险,保证律师服务质量,严守律师职业操守,均具有重要的现实意义和历史意义。

北京律协业务指导与继续教育委员会统率各专业委员会,在2010年11月27—28日成功举办第二届北京律师论坛并出版了六卷《北京律师论坛》文集之后,又征集了五百余万字的文稿,经过精选,形成了十二卷《北京律师业务指导丛书》,具体包括:

1.《影视法律实务与操作指南》(传媒与新闻出版法律专业委员会);

2.《影视合同范本与风险防范》(传媒与新闻出版法律专业委员会);

3.《反垄断与反不正当竞争法律实务精解》(竞争与反垄断法律专业委员会);

4.《军事犯罪案件律师辩护指引》(军事法律事务专业委员会);

5.《医疗纠纷典型案例选编》(医药卫生法律专业委员会);

6.《民事诉讼典型案例选编》(民事诉讼法专业委员会);

7.《涉农法律疑难问题与对策分析》(农村法律事务专业委员会);

8.《婚姻家庭法律疑难问题与典型案例》(婚姻与家庭法律专业委员会);

9.《刑事辩护疑难问题与典型案例》(刑法专业委员会);

10.《著作权、专利权疑难问题与典型案例》(著作权法律专业委员会、专利法律专业委员会);

11.《民事法律实务疑难问题探析》(物权法专业委员会、合同法专业委员会、侵权法专业委员会);

12.《劳动法疑难问题与典型案例》(劳动与社会保障法律专业委员会)。

《北京律师业务指导丛书》的统一出版，是北京律协业务指导工作的最新尝试。希望这套丛书在律师实务经验交流中，形成独特的品牌，发挥集聚的效应，继而持续做下去，不断总结提高，成为广大律师和其他法律工作者喜爱的法律图书。

北京市律师协会

《北京律师业务指导丛书》编委会

2012年4月6日

序

专业委员会的研究成果是一种财富。当这种知识财富是一杯水时,可以随意享用;是一桶水时,可以存在家里;但如果是一条河时,就得大家分享。传媒与新闻出版专业委员会编写的《影视法律实务与操作指南》(下称《操作指南》)与《影视合同范本与风险防范》(下称《风险防范》)两部著作流淌出的碧绿的智慧和湛蓝的知识给社会人和法律人冲出了一小片共享成就财富的绿洲。

《操作指南》与《风险防范》两部著作以各自专业的视角,实用的内容,通俗的表达,完整的思路,系统的总结,把日常点滴的积累,精心地梳理成集,既实用又具有指导意义。对有志做好影视文化事业的读者而言,《操作指南》一书有引领与导向作用,而《风险防范》一书又有警钟与提示的功能。对于律师中从事文化事业法律服务的群体,既可以在短时间内运用两本书中的知识指导委托人进行实践操作,又可以把两本书中的知识转化为自己的知识为委托人未雨绸缪。

在文化创意产业成为首都经济增长新亮点的今天,在中央提倡大力发展文化创意产业宏伟蓝图的基础上,我们应当用我们的专业成果留下浓墨重彩的一笔。律师不是商人,不以营利为目的;律师不是学者,不用追求知识的深度和广度;律师不是政治家,不用具备治国安邦的雄才大略。律师是解决问题的能手,必须具有的是专业知识和经验。《操作指南》和《风险防范》两本书正是专业委员会的律师们专业知识和经验的结晶。从这两本书的“一斑”,可窥61个专业委员会的“全豹”,那就是律师们正向集商人的精明、学者的渊博、政治家的胸怀于一身的法律职业人的方向迈进。

我们的确无法预先串联起闪光的亮点,但可以在回顾时把它们连接起来。第八届北京律协专业委员会的工作已接近尾声,我们用回顾把专业委员会闪光的亮点串连成一串美丽的项链,在这闪光的成就里就有传媒与新闻出版专业委员会闪亮的汗滴。

我们虽然不能准确的预测未来,但我们可以尽情勾画美丽的愿景。今后北京律协专业委员会的工作会在这几届专业委员会工作经验的基础上百尺竿头,更进一步。

我们不知道这几届专业委员会所取得的成绩是否算得上是巨人的肩膀,让后任者站在上面能起点更高,看得更远。

六、七、八,这是三个多么吉利的数字啊。我有幸在北京律协第六、七、八届三届一直负责专业委员会的工作。尽管我们那么不情愿看着本届工作大幕徐徐落下,但我们还是会把美好蓝图的草稿的最后一笔描绘好,献给未来。希望这两部著作及61个专业委员会的所有著述,是第八届北京律协专业委员会向广大同仁及社会交出的美满答卷。

北京市政协常委
北京市政协社会和法制委员会副主任
北京市律师协会副会长
巩　沙
2012年3月

目录 CONTENTS

第一章　影视（制作、发行、放映）企业的设立

第一节　概　　述

电影是深受人民群众喜爱的文化娱乐形式之一，电影产业属于科技含量高、附加值高、资源消耗少、环境污染小的文化产业。我国的电影产业在过去的几年中，取得了快速、持续的发展，已成为引领我国文化产业发展的先导行业。2001 年，我国的电影票房总收入不超过 10 亿元，故事影片产量仅有 88 部，而到了 2010 年，我国城市影院总票房收入已达到 101.72 亿元，内地故事影片产量达到 526 部。[①] 10 年之间，我国电影产业取得了巨大成就，票房增长超过 10 倍，国产故事片产量增长近 6 倍。另据中国电影家协会产业研究中心预测，2011 年至 2015 年，我国电影市场将会进一步发展，届时全国票房将突破 300 亿元，冲击 400 亿元，影院银幕数量达到 1.2 万张，年度上映影片 300 部，到 2015 年，中国将成为全球第二大电影市场，全国观众人次有望突破 11 亿。

电影产业能够取得这么快的发展，与近年来电影体制改革有着密不可分的联系。以 2002 年 2 月 1 日实施的《电影管理条例》实施为标志，中国电影产业开始了新一轮的体制改革和产业化进程，其中重要的一个环节就是制片业的初步放开，赋予民营机构拥有独立拍摄电影的资格。这进一步促使民营资本注入电影制片业中来，从而为电影制片业带来新鲜血液。之前，民营机构拍摄电影非常困难，因为缺乏“资格”，其必须与电影制片厂合作进行拍摄，使用电影制片厂的《摄制电影许可证》。虽然之前华谊兄弟、广东巨星、北大华亿、中博时代、海润等一些民营影视制作机构也得到了初步发展，但是，由于政策上的限制，它们只能以影视界“游击队”的身份存在。而此次改革，意味着民营机构无须再买厂标，可以独立投资拍摄电影。该措施适应社会主义文化市场规律的要求，打破了国有制片机构一统天下的格局，使制片单位呈现出多元化特点，引入了市场竞争，有利于电影产业的优化发展。

---

① 参见陈星星：《中国电影：“百亿竿头”如何更进一步》，载《人民日报》2011 年 3 月 29 日。

随着《十二五规划》、《文化产业振兴规划》和《关于促进电影产业繁荣发展的指导意见》的出台，电影产业已经上升为国家战略，产业政策逐步完善，在文化产业乃至经济社会发展中发挥着先导行业的重要作用。素质好、有竞争力的电影企业在财税、金融政策上将得到大力扶持，鼓励其通过上市融资，依托资本市场的投融资平台，实行市场化的跨地区、跨行业、跨所有制的兼并重组和资源整合，形成混合经济的大型电影企业，使其作为电影市场上的投融资运营主体，在调整和优化电影产业结构中发挥战略投资者的重要作用，同时加快发展一大批"专、精、特、新"的中小企业。电影产业的蓬勃发展必将带动文化产业乃至我国经济的发展。

第二节 电影制作企业的设立

电影制作企业是指拍摄制作电影片的单位。电影制作企业处于电影产业链中的前端，关系着我国电影事业的发展与繁荣。

根据《电影管理条例》和《电影企业经营资格准入暂行规定》，我国对电影制作企业的设立采取行政许可制度，经过相关政府部门的审批，在取得相应经营许可证后方可向工商行政部门注册登记，领取营业执照。

电影制作企业的设立，包括内资和合资电影制作企业的设立，外商不得设立独资的电影制作公司。

一、设立电影制作企业的审批、注册机关及部门

（一）设立内资电影制作企业的审批机关及部门

《电影管理条例》第 9 条第 1 款规定：申请设立电影制片单位，由所在地省、自治区、直辖市人民政府电影行政部门审核同意后，报国务院广播电影电视行政部门审批。根据该规定，申请成立电影制作的企业，经所在省、自治区、直辖市人民政府电影行政部门审核同意后（有的省市如山西省，规定是由市级电影行政部门批准后再报省级电影行政部门审核），报国家广播电影电视总局电影管理局进行最后审批。

1. 国务院广播电影电视行政部门，即国家广播电影电视总局，主管全国电影工作，具体职能包括：

（1）拟订广播电影电视宣传、创作的方针政策，把握正确的舆论导向和创作导向。

(2) 起草广播电影电视和信息网络视听节目服务的法律、法规草案,拟订相关技术标准和部门规章,推进广播电影电视领域的体制机制改革。

(3) 组织推进广播电影电视领域的公共服务,组织实施广播电影电视重大工程,扶助老少边贫地区广播电影电视建设和发展,指导、监管广播电影电视重点基础设施建设。

(4) 制订广播电影电视事业、产业发展规划,指导、协调广播电影电视事业、产业发展,管理全国性重大广播电影电视活动。

(5) 负责广播电影电视、信息网络视听节目服务机构和业务的监管并实施准入和退出管理,指导对从事广播电影电视节目制作的民办机构的监管工作。

(6) 监管广播电影电视节目、信息网络视听节目和公共视听载体播放的视听节目,审查其内容和质量。

(7) 指导广播电影电视和信息网络视听节目服务的科技工作,负责监管广播电影电视节目传输、监测和安全播出。

(8) 指导、管理广播电影电视对外及对港、澳、台的交流与合作,负责广播电影电视节目的进口和收录管理。

(9) 领导中央人民广播电台、中国国际广播电台和中央电视台,对其宣传、发展、传输覆盖等重大事项进行指导、协调和管理。

(10) 承办党中央、国务院交办的其他事项。

电影管理局是国家广播电影电视总局下主管电影工作的职能部门,它的职责包括:

拟订电影事业、产业的发展规划和政策;指导、监管电影制片、发行和放映工作;承办电影制片单位和跨地区发行、放映单位建立与撤销的审批工作;组织审查影片和电影频道播出的相关节目;发放和吊销影片摄制、公映许可证,指导和组织实施农村电影放映工程;指导电影档案管理和技术研发工作;承办对外合作制片、输入输出影片的国际合作与交流事项;指导电影专项资金管理;指导、协调全国性重大电影活动。

2. 省及地市级地方人民政府管理电影的行政部门,即省及地市级广播电影电视管理局,负责本行政区域内的电影管理工作,具体职能包括:

(1) 贯彻执行党和国家关于广播电影电视宣传、创作的方针、政策,把握正确的舆论和创作导向。

(2) 起草本辖区内关于广播电影电视和信息网络视听节目服务方面的地方性法规、政府规章草案;依法监督检查有关法规、规章和政策的执行情况;推进广播电影电视领域的体制机制改革。

(3) 负责本辖区内广播电影电视行业管理;会同有关部门拟订广播电影电视事业、产业发展规划,指导协调广播电影电视事业、产业发展;管理广播电影电视活动。

(4) 组织推进本辖区内广播电影电视领域的公共服务,组织实施广播电影电视重大工程,扶助农村广播电影电视建设和发展,指导、监管广播电影电视基础设施建设。

(5) 负责本辖区内广播电影电视、信息网络视听节目服务机构和业务的监管,按照有关规定实施准入和退出的审核,负责对本市民办广播电影电视节目制作机构的监管。

(6) 负责本辖区内广播电影电视节目、信息网络视听节目和公共视听载体播放节目的监管。

(7) 管理本辖区内广播电影电视和信息网络视听节目服务行业的科技工作,贯彻落实广播电影电视行业技术标准,负责监管广播电影电视节目传输、监测和安全播出。

(8) 指导、管理本辖区内广播电影电视行业对外及对港、澳、台的交流与合作;按照有关规定管理境外来京影视摄制组和中外合作、与港、澳、台合作拍摄电影电视剧事项。

(9) 依法对本辖区内广播电影电视行业的安全工作承担管理责任,对以市广电局名义组织的各类活动的安全工作承担主体责任。

电影管理处是地方广播电影电视局下主管电影工作的职能部门,它的职责包括:

拟订本市电影发展规划和政策;负责指导、监管电影制片、发行、放映工作;负责电影制片单位设立与变更的审核,承担摄制电影、电影发行经营等方面的行政许可工作;负责电影专项资金的管理工作;负责农村和社区电影公共服务的规划与管理,指导和组织实施农村电影放映工程;指导电影院线、农村数字放映站、流动放映车的工作;指导电影对外及对港澳台交流与合作,负责组织电影机构参加国际电影节(展)。

(二) 中外合资、中外合作电影制作公司的审批机关及部门

(1) 广电总局。受理中外合资、中外合作电影制作公司的设立申请,依法予以审核。

(2) 商务部。经广电总局核准后,报商务部审查批准。经批准后颁发《外商投资企业批准证书》。

(3) 工商局。持批准证书等文件,办理中外合资、中外合作公司注册登记手续。

(三) 注册登记机关及部门

(1) 国家工商行政管理总局负责核准国务院或其授权部门批准设立的全国性公司、大型企业集团、外商投资企业的登记注册申请。

企业注册局是国家工商行政管理总局下主管企业登记注册工作的职能部门。

(2) 地方(包括省、地市、区县三级)工商行政管理局负责本区域内企业的登记注册申请工作。

企业注册处(或科)是地方工商行政管理局下主管企业登记注册工作的职能部门。

(四) 其他机关

(1) 公安机关。企业在工商行政部门办理完注册登记手续后,需去公安机关办理企业印章备案。

(2) 质量技术监督行政机关。企业在工商行政部门办理完注册登记手续后,需去质量技术监督行政机关办理企业组织机构代码证书。

(3) 国税和地税等相关税务机关。企业在工商行政部门办理完注册登记手续后,需去国税和地税等相关税务机关办理税务登记。

(4) 统计机关。企业成立后应到统计局办理统计登记。

二、设立电影制作企业的行政许可程序

(一) 内资电影制片公司的设立

1. 设立条件

(1) 有电影制片单位的名称、章程;

(2) 有符合国务院广播电影电视行政部门认定的主办单位及其主管机关;

(3) 有确定的业务范围;

(4) 有适应业务范围需要的组织机构和专业人员;

(5) 有适应业务范围需要的资金、场所和设备;

(6) 法律、行政法规规定的其他条件。

审批设立电影制片单位,除依照前款所列条件外,还应当符合国务院广播电影电视行政部门制定的电影制片单位总量、布局和结构的规划。

2. 设立程序

流程与程序：

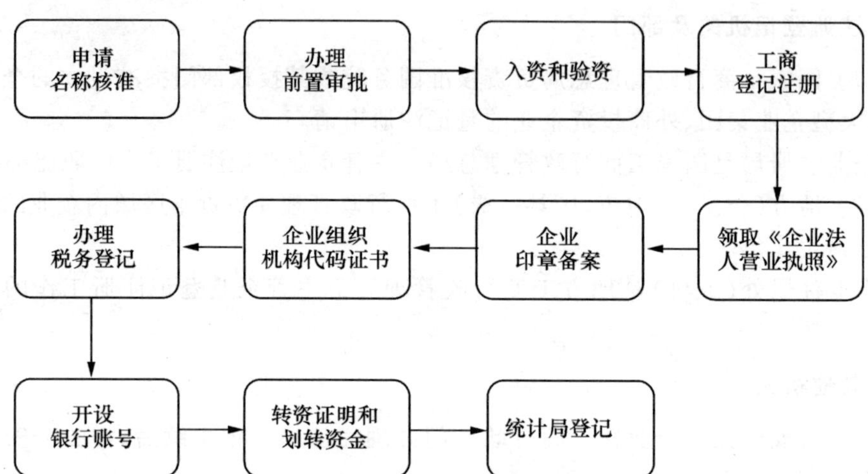

电影制片公司设立流程图

第一步：申请名称预先核准

设立程序	受理机关	提交材料	办事期限
企业名称预先核准	工商行政管理部门（部分地方开通了网上申请，直接登录当地工商局网站即可办理）	1. 全体投资人签署的《企业名称预先核准申请书》（参见附件1）。 2. 全体投资人签署的《指定代表或者共同委托代理人的证明》及指定代表或者共同委托代理人的身份证件复印件；应标明指定代表或者共同委托代理人的权限、授权期限（参见附件2）。 3. 申请名称冠以"中国"、"中华"、"国家"、"全国"、"国际"字词的，提交国务院的批准文件复印件。	批准颁发《企业名称预先核准通知书》。

第二步：办理前置审批

目前全国大部分省份依据《电影管理条例》对设立电影制片公司进行审批，见下表：

设立程序	受理机关	提交材料	办事期限
前置审批程序	申办人向所在地省、自治区、直辖市人民政府电影行政部门提交申请，审核同意后，报国务院广播电影电视行政部门审批	1. 书面申请，并填写《广播电影电视局行政许可申请表》(参见附件3)。 2. 主办单位或主管机关的同意函。 3. 组织机构和专业人员材料。 4. 资金、场所和设备证明材料。	国务院广播电影电视行政部门应当自收到设立电影制片单位的申请书之日起90日内，作出批准或者不批准的决定，并通知申请人。批准的，由国务院广播电影电视行政部门发给《摄制电影许可证》，申请人持《摄制电影许可证》到国务院工商行政管理部门办理登记手续，依法领取营业执照；不批准的，应当说明理由。

申请设立电影制片单位，提交的申请书应当载明下列内容：

(1) 电影制片单位的名称、地址和经济性质；

(2) 电影制片单位的主办单位的名称、地址、性质及其主管机关；

(3) 电影制片单位的法定代表人的姓名、住址、资格证明文件；

(4) 电影制片单位的资金来源和数额。

目前，个别省份依据《电影企业经营资格准入暂行规定》设定审批条件和程序，具体规定如下：

(1) 已取得《摄制电影许可证》的境内公司、企业和其他经济组织(不包括外商投资企业)联合设立电影制片公司的，申报条件及程序如下：

① 公司注册资本不少于100万元人民币；

② 提交申请书、合同、章程、工商行政管理部门颁发的各方营业执照复印件、公司名称预核准通知书。

(2) 未取得《摄制电影许可证》的境内公司、企业和其他经济组织(不包括外商投资企业)，首次拍摄电影片时须设立影视文化公司，由影视文化公司申请领取《摄制电影片许可证(单片)》。

(3) 已取得《摄制电影片许可证(单片)》的境内公司、企业和其他经济组织(不包括外商投资企业)单独或联合设立电影制片公司的申报条件及程序如下：

① 已经以《摄制电影片许可证(单片)》的形式投资拍摄了两部以上电影片；

② 注册资本不少于100万元人民币；

③ 提交申请书、工商行政管理部门颁发的营业执照(联合设立电影制片公司的，还要提供合同、章程、工商行政管理部门颁发的各方营业执照复印件)、公司名称预核准通知书；

④ 投资摄制两部电影片的《摄制电影片许可证(单片)》、《电影片公映许可证》等相关材料。

(4) 符合第(1)、(3)项条件的,广电总局在20个工作日内颁发《摄制电影许可证》。申报单位持广电总局出具的批准文件到所在地工商行政管理部门办理相关手续,并报广电总局备案;不批准的,书面回复理由。

第三步:入资和验资手续

有限责任公司、集体所有制企业、集体所有制(股份合作)企业设立登记时,需要到工商行政管理局指定的银行开立临时账户,将货币资金存入其中,凭银行出具的入资单据到正规会计师事务所办理验资手续,并取得《验资报告》。

第四步:工商登记注册

设立程序	受理机关	提交材料	办事期限
工商注册登记	工商行政管理部门	1. 公司法定代表人签署的《公司设立登记申请书》(参见附件4)。 2.《指定代表或者共同委托代理人的证明》及其身份证复印件。 3. 全体股东签署的公司章程。 4. 股东营业执照副本复印件。 5. 依法设立的验资机构出具的验资证明。 6. 股东首次出资是非货币财产的,提交已办理财产权转移手续的证明文件。 7. 董事、监事和经理任职文件及身份证复印件(参见附件5),股东会决议、董事会决议或其他相关材料。 8. 法定代表人任职文件及身份证复印件(参见附件6),提交股东会决议、董事会决议或其他相关材料。 9. 住所使用证明。 10.《企业名称预先核准通知书》。 11. 行政许可证明或审批文件。	各地情况不同,一般为7—15日。

第五步:领取《企业法人营业执照》

(1) 工商登记受理:登记申请材料被受理后,会取得受理人员发给的《受理通知书》或《准予登记通知书》;

(2) 按《受理通知书》或《准予登记通知书》提示的时间到工商部门开票窗口开具票证;

(3) 缴费成功后,凭《受理通知书》或《准予登记通知书》和银行出具的已缴费单据,到发照窗口领取营业执照以及相关票据。

第六步:在公安局办理企业印章备案

(1) 营业执照副本原件及复印件;

(2) 法定代表人(负责人、投资人、合伙企业事务执行人)身份证明原件及复印件;

(3) 经办人身份证原件及复印件;

(4) 全民、集体企业、企业的分支机构,应出示上级主管部门的介绍信;有限公司参股股东中,包括法人股的应持其中一家法人单位的介绍信。

第七步:在质量技术监督局办理企业组织机构代码证书

(1) 营业执照副本原件及复印件;

(2) 单位公章;

(3) 法定代表人身份证原件及正反面复印件;法定代表人是外国人的,提交护照及其翻译件;港、澳居民提交通行证或回乡证;台湾地区居民提交通行证;

(4) 经办人身份证原件及正反面复印件;

(5) 集体、全民所有制单位和分支机构提交上级主管单位代码证书复印件;

(6) 单位邮编、电话、正式职工人数。

第八步:在地税局办理税务登记

新注册的企业,新办税务登记一律在地税局办理,之后,有国税业务的企业再到国税局办理报到手续。

1. 自领取营业执照之日起30日内,到本区内所属管辖地税所办理地税登记。

2. 办理地税登记所需材料:

(1) 营业执照副本或其他核准执业证件原件及复印件。

(2) 组织机构代码证书副本原件及复印件。

(3) 注册地址及生产、经营地址证明(产权证、租赁协议)原件及复印件:

① 如为自有房产,应提供产权证或买卖契约等合法的产权证明原件及复印件;

② 如为租赁的场所,应提供租赁协议原件(贴印花税)及复印件、房租发票原件及复印件、产权证明复印件;

③ 无偿使用的提供无偿使用证明,房产证原件及复印件。

(4) 公司章程复印件。如新办单位为分支机构,应提供总机构章程复印件(个人合伙企业需提供合伙协议)。

(5) 有权机关出具的验资报告或评估报告原件及复印件。如新办单位为分支机构,应提供总机构验资报告复印件(内资企业提供)。

(6) 法定代表人(负责人)居民身份证、护照或其他证明身份的合法证件原件及复印件,复印件分别粘贴在税务登记表的相应位置上。

(7) 纳税人设立的分支机构办理税务登记时,还需提供总机构的税务登记证(国、地税)副本复印件。

(8) 改组改制企业还须提供有关改组改制的批文原件及复印件。

(9) 有特殊情况的企业,还要提供税务机关要求的其他证件资料。

第九步:开设银行账号

根据各入资银行的具体要求,以下内容仅供参考。

(1) 企业营业执照正本、副本原件及复印件;

(2) 税务登记证正本、副本原件及复印件;

(3) 组织机构代码证书正本、副本原件及复印件;

(4) 房产证复印件;

(5) 法人身份证原件及复印件;

(6) 经办人身份证原件及复印件;

(7) 银行预留印鉴。

第十步:开具转资证明和划转资金

1. 开具转资证明,在工商局划资窗口办理:

(1)《营业执照》正本或副本原件;

(2)《开户许可证》原件;

(3)《交存入资资金凭证》的企业留存联;

(4) 经办人身份证原件,方可领取转资证明。

注:股东之一(原办理入资的股东)持本人身份证原件及复印件亲自办理转资。

2. 划转资金:到原入资银行办理(以各入资银行的具体要求为准,以下内容仅供参考):

(1) 工商局划资窗口开具的"划转入资资金通知书";

(2) 营业执照副本原件及复印件;

(3) 开户许可证原件及复印件;

(4) 新办或更名企业原预留签字人本人带身份证原件亲自办理;

(5) 增资或补后期款企业转资时携带财务章、人名章、公章。

第十一步:在统计局办理统计登记

(1)《法人单位基本情况表》(加盖申办单位公章);

(2) 营业执照副本(原件及 A4 纸复印件);

(3) 组织机构代码证书(原件及 A4 纸复印件);

(4) 单位公章。

(二) 合资、合作电影制片公司的设立

国家允许境内公司、企业和其他经济组织(以下简称"中方")与境外公司、企业和其他经济组织(以下简称"外方")合资、合作设立电影制片公司。

1. 准入条件

(1) 中方已取得《摄制电影许可证》的或已取得两个《摄制电影片许可证(单

片)》的;

(2) 合营公司注册资本不少于500万元人民币;

(3) 外资在注册资本中的比例不得超过49%。

2. 设立程序

设立合资、合作企业程序与设立内资电影制作企业相似,只是在行政审批时略有不同。

中方与外方合资、合作设立电影制片公司的,由中方向广电总局提出申请。申报条件及程序如下:

(1) 中方已取得《摄制电影许可证》的或已取得两个《摄制电影片许可证(单片)》的;

(2) 合营公司注册资本不少于500万元人民币;

(3) 外资在注册资本中的比例不得超过49%。

办理程序	申请人	受理机关	提交材料
行政审核	中方	广电总局	由中方提交项目申请书、可行性研究报告、合同、章程、合营各方注册登记证明(或身份证明)、资信证明、公司名称预核准通知书等报广电总局审核。经审核合格的,出具核准文件并颁发《摄制电影许可证》。
行政审批	中方	商务部	由中方持广电总局出具的核准文件及上述文件,报商务部审批。商务部依法作出批准或不批准的决定。经批准的,颁发《外商投资企业批准证书》;不予批准的,书面回复理由。
工商登记	申报单位	工商行政管理部门	申报单位持广电总局、商务部的批准文件,到所在地工商行政管理部门办理相关手续。

取得《摄制电影许可证》的电影制片公司,依照《电影管理条例》享有与国有电影制片单位同等的权利和义务。

3. 设立合营电影制作公司的法律依据

国家广播电影电视总局、商务部2004年10月10日发布的《电影企业经营资格准入暂行规定》。

4. 涉及港、澳的特别规定

为了促进香港、澳门地区与内地建立更紧密经贸关系,鼓励香港、澳门服务提供者在内地设立发行国产电影片的企业,根据国务院批准的《〈内地与香港关于建立更紧密经贸关系的安排〉补充协议》及《〈内地与澳门关于建立更紧密经贸关系的安排〉补充协议》,现对《电影企业经营资格准入暂行规定》(国家广播电影电视

总局、商务部令第43号)作出如下补充规定:

(1) 自2005年1月1日起,允许香港、澳门服务提供者经内地主管部门批准后,在内地试点设立独资公司发行国产电影片。发行公司的注册资本不少于100万元人民币。

(2) 本规定中的香港服务提供者和澳门服务提供者应分别符合《内地与香港关于建立更紧密经贸关系的安排》及《内地与澳门关于建立更紧密经贸关系的安排》中关于"服务提供者"定义及相关规定的要求。

(三) 设立电影制作企业的法律依据

1.《中华人民共和国公司法》(2006年1月1日实施)。

2.《中华人民共和国公司登记管理条例》(2006年1月1日施行)。

3.《中华人民共和国企业法人登记管理条例》(1988年7月1日施行)。

4.《中华人民共和国企业法人登记管理条例施行细则》(2000年12月1日修订)。

5.《中华人民共和国中外合资经营企业法》(2001年3月15日修订)。

6.《中华人民共和国中外合作经营企业法》(2000年10月31日修订)。

7.《〈内地与香港关于建立更紧密经贸关系的安排〉补充协议》(2003年6月29日签署)。

8.《〈内地与澳门关于建立更紧密经贸关系的安排〉补充协议》(2004年10月29日签署)。

9.《电影管理条例》(2002年2月1日施行)。

10.《电影企业经营资格准入暂行规定》(2004年11月10日施行)。

11.《〈电影企业经营资格准入暂行规定〉的补充规定》(2005年5月8日施行)。

(四) 律师在办理电影制作企业设立业务中提供法律服务时应注意的事项

1. 律师办理电影制作企业设立业务时,应当认真审查股东即出资人的归属地,判断是外国法人、自然人还是国内的法人或者自然人。中资公司的设立程序、注册资本与合资公司的设立程序、注册资本、股本比例均有不同的法律限制。

2. 香港服务提供者和澳门服务提供者应分别提供如下材料:

(1) 在香港服务提供者为法人的情况下,香港服务提供者应提交经香港有关机构(人士)核证的文件资料、法定声明,以及香港特别行政区政府发出的证明书:

① 文件资料(如适用):

(a) 香港特别行政区公司注册处签发的公司注册证明书副本;

(b) 香港特别行政区商业登记证及登记册内资料摘录的副本;

(c) 香港服务提供者过去3年(或5年)在香港的公司年报或经审计的财务报表;

(d) 香港服务提供者在香港拥有或租用业务场所的证明文件正本或副本;

(e) 香港服务提供者过去3年(或5年)利得税报税表和评税及缴纳税款通知书的副本;在亏损的情况下,香港服务提供者须提供香港特别行政区政府有关部门关于亏损情况的证明文件;

(f) 香港服务提供者在香港的雇员薪酬及退休金报税表副本,以及有关文件或其副本以证明该服务提供者符合本附件①第3条第(一)2款第(5)项规定的百分比;

(g) 其他证明香港服务提供者在香港业务性质和范围的有关文件或副本。

② 法定声明。对于任何申请取得上述安排中待遇的香港服务提供者,其负责人应根据香港特别行政区《宣誓及声明条例》的程序及要求作出法定声明。

(2) 在香港服务提供者为自然人的情况下,香港服务提供者应提供香港永久性居民的身份证明,其中属于中国公民的,还应提供港、澳居民来往内地通行证(回乡证)或香港特别行政区护照。

法定声明、自然人身份证明的复印件,以及工业贸易署认为需要由律师作出核实证明的文件资料,应经内地认可的公证人核证。

(3) 在澳门服务提供者为法人的情况下,澳门服务提供者应提交经澳门有关机构(人士)核证的文件资料、声明,以及澳门特别行政区政府发出的证明书。

① 文件资料(如适用):

(a) 澳门特别行政区商业及动产登记局发出的商业及动产登记证明副本;

(b) 澳门特别行政区财政局发出的营业税M/1格式申报书副本;

(c) 澳门服务提供者过去3年(或5年)在澳门的公司年报或经审计的财务报表;

(d) 澳门服务提供者在澳门拥有或租用业务场所的证明文件正本或副本;

(e) 澳门服务提供者过去3年(或5年)所得补充税申报表及缴税证明的副本;在亏损的情况下,澳门服务提供者仍应提供有关所得补充税申报表及缴税证明的副本;

(f) 澳门服务提供者在澳门的雇员在社会保障基金供款凭单副本,以及有关文件或其副本以证明该服务提供者符合本附件②第三条第(一)2款第(5)项规定的百分比;

(g) 其他证明澳门服务提供者在澳门业务性质和范围的有关文件或其副本。

---

① 指《内地与香港关于建立更紧密经贸关系的安排》附件5:关于"服务提供者"定义及相关规定。

② 指《内地与澳门关于建立更紧密经贸关系的安排》附件5:关于"服务提供者"定义及相关规定。

② 声明。对于任何申请取得上述安排中待遇的澳门服务提供者，其负责人应向澳门特别行政区政府作出声明。声明格式由内地和澳门特别行政区双方磋商确定。

③ 证明书。澳门服务提供者将本附件[①]第六条第(一)款第 1 项、第 2 项规定的文件资料及声明提交澳门特别行政区经济局审核。经济局在认为必要的情况下，委托澳门特别行政区有关政府部门、机构或独立专业机构(人士)作出核实证明。经济局认为符合本附件规定的澳门服务提供者标准的，向其出具证明书。

(4) 在澳门服务提供者为自然人的情况下，澳门服务提供者应提供澳门永久性居民的身份证明，其中属于中国公民的，还应提供港、澳居民来往内地通行证(回乡证)或澳门特别行政区护照。

声明、自然人身份证明的复印件，以及经济局认为需要作出核实证明的文件资料，应经澳门特别行政区政府公证部门或内地认可的公证人核证。

3. 律师应当向公司股东等相关人员充分披露、分析讲解《公司法》规定的公司章程可自行约定事项、特别限制性条款等内容，根据公司各方利益主体的实际需求进行章程设计。

4. 律师应当通过业务实践发现公司法律、法规存在的空白、缺陷，从理论上不断总结公司治理业务的经验，提出立法建议，不断完善公司法律、行政法规体系。

第三节　电影发行企业的设立

电影发行企业是指为电影放映单位有偿提供电影片的单位。电影发行企业是电影产业链中联系电影制片企业与电影放映企业的桥梁，起着承上启下的作用，关系着我国电影事业的发展与繁荣。

我国对电影发行企业采取准入制度。电影发行企业必须在取得《电影发行经营许可证》后，方可持《电影发行经营许可证》到工商行政管理部门办理有关手续。

电影发行企业的经营范围分为国内影片发行和进口影片发行两类。目前，在我国仅中影集团和华夏电影发行有限责任公司两家公司获得了进口影片的发行权。其他电影发行企业仍只能从事国内影片发行业务。

为促进中国电影事业的发展，我国逐渐放开了对电影制片、发行、放映企业的外资禁止与限制，目前，允许境内公司、企业和其他经济组织与境外公司、企业和其他经济组织合资、合作设立电影制片公司和新建、改建电影院，但仍不允许境内公司、企业和其他经济组织与境外公司、企业和其他经济组织合资、合作设立电影发行企业。

---

① 指《内地与澳门关于建立更紧密经贸关系的安排》附件 5：关于“服务提供者”定义及相关规定。

一、电影发行企业设立的国家主管行政部门

(一) 广播电影电视行政部门

1. 国务院广播电影电视行政部门

国务院广播电影电视行政部门,即国家广播电影电视总局,是全国电影发行经营资格准入的行业行政管理部门。设立跨省、自治区、直辖市的电影发行企业,应当向国家广播电影电视总局提出申请,由国家广播电影电视总局颁发全国专营国产影片的《电影发行经营许可证》。

2. 省、自治区、直辖市人民政府电影行政部门

省、自治区、直辖市人民政府电影行政部门,即省、自治区、直辖市的广播电影电视局。设立本省(区、市)的电影发行企业,应当向所在地省、自治区、直辖市人民政府电影行政部门提出申请,由其颁发本省(区、市)专营国产影片的《电影发行经营许可证》。

(二) 工商行政管理部门

1. 国家工商行政管理总局

国家工商行政管理总局负责以下企业的登记管理:

(1) 国务院批准设立的或者行业归口管理部门审查同意,由国务院各部门以及科技性社会团体设立的全国性公司和大型企业;

(2) 国务院批准设立的或者国务院授权部门审查同意设立的大型企业集团;

(3) 国务院授权部门审查同意,由国务院各部门设立的经营进出口业务、劳务输出业务或者对外承包工程的公司。

2. 省、自治区、直辖市工商行政管理局

省、自治区、直辖市工商行政管理局负责以下企业的登记管理:

(1) 省、自治区、直辖市人民政府批准设立的或者行业归口管理部门审查同意由政府各部门以及科技性社会团体设立的公司和企业;

(2) 省、自治区、直辖市人民政府批准设立的或者政府授权部门审查同意设立的企业集团;

(3) 省、自治区、直辖市人民政府授权部门审查同意由政府各部门设立的经营进出口业务、劳务输出业务或者对外承包工程的公司;

(4) 国家工商行政管理总局根据有关规定核转的企业或分支机构。

3. 市、县、区(指县级以上的市辖区)工商行政管理局

市、县、区工商行政管理局负责国家工商行政管理局和省、自治区、直辖市工商

行政管理局所登记企业以外的其他企业的登记管理。

（三）其他行政管理部门

（1）公安机关。电影发行企业在工商行政管理机关办理完注册登记手续后，需去公安机关办理企业印章备案。

（2）质量技术监督行政管理机关。企业在工商行政管理机关办理完注册登记手续后，需去质量技术监督行政机关办理企业组织机构代码证书。

（3）税务机关。企业在工商行政管理机关办理完注册登记手续后，需去国税、地税税务机关办理税务登记。

（4）统计机关。企业在工商行政管理机关办理完注册登记手续后，需去统计局办理统计登记。

二、电影发行企业设立的行政许可程序

（一）电影发行企业的设立条件

1. 电影发行企业的设立主体

《电影企业经营资格准入暂行规定》第10条规定："鼓励境内公司、企业和其他经济组织（不包括外商投资企业）设立专营国产影片发行公司……"

根据该条规定，设立电影发行企业的主体即出资人只能是境内公司、企业和其他经济组织，自然人和外商投资企业不能作为出资人投资设立电影发行企业。在实践中，如自然人在电影发行企业所占股份比例较小的，在特定条件下也可作为电影发行企业的出资人。我国现仍不允许境内公司、企业和其他经济组织与境外公司、企业和其他经济组织合资、合作设立电影发行企业。

2. 电影发行企业设立应具备的条件

《电影管理条例》第36条规定："设立电影发行单位、电影放映单位，应当具备下列条件：（一）有电影发行单位、电影放映单位的名称、章程；（二）有确定的业务范围；（三）有适应业务范围需要的组织机构和专业人员；（四）有适应业务范围需要的资金、场所和设备；（五）法律、行政法规规定的其他条件。"

《电影企业经营资格准入暂行规定》第10条规定："鼓励境内公司、企业和其他经济组织（不包括外商投资企业）设立专营国产影片发行公司。申报条件及程序如下：（一）注册资本不少于50万元人民币；（二）受电影出品单位委托代理发行过两部电影片或受电视剧出品单位委托发行过两部电视剧；（三）提交申请书、工商行政管理部门颁发的营业执照复印件、公司名称预先核准通知书、已代理发行影视片的委托证明等材料；（四）符合（一）、（二）、（三）项并向广电总局申请设立

专营国产影片发行公司的,由广电总局在20个工作日内颁发全国专营国产影片的《电影发行经营许可证》;向当地省级电影行政管理部门申请设立专营国产影片发行公司的,由当地省级电影行政管理部门在20个工作日内颁发本省(区、市)专营国产影片的《电影发行经营许可证》。申报单位持电影行政管理部门出具的批准文件到所在地工商行政管理部门办理相关手续。不批准的,书面回复理由。”

(二)电影发行企业设立的行政许可程序

电影发行企业设立的行政许可程序与电影制作企业、电影放映企业设立的行政许可程序基本相同,仍需下列流程与程序,仅在前置审批机关及提交的材料方面与电影制作企业、电影放映企业有所不同。详见本章电影制作企业设立的行政许可程序及各程序应提交的材料(注:各省、自治区、直辖市人民政府电影行政部门、工商行政管理部门、其他行政管理部门,在设立时要求提交的材料会有所差异)。

1. 流程与程序

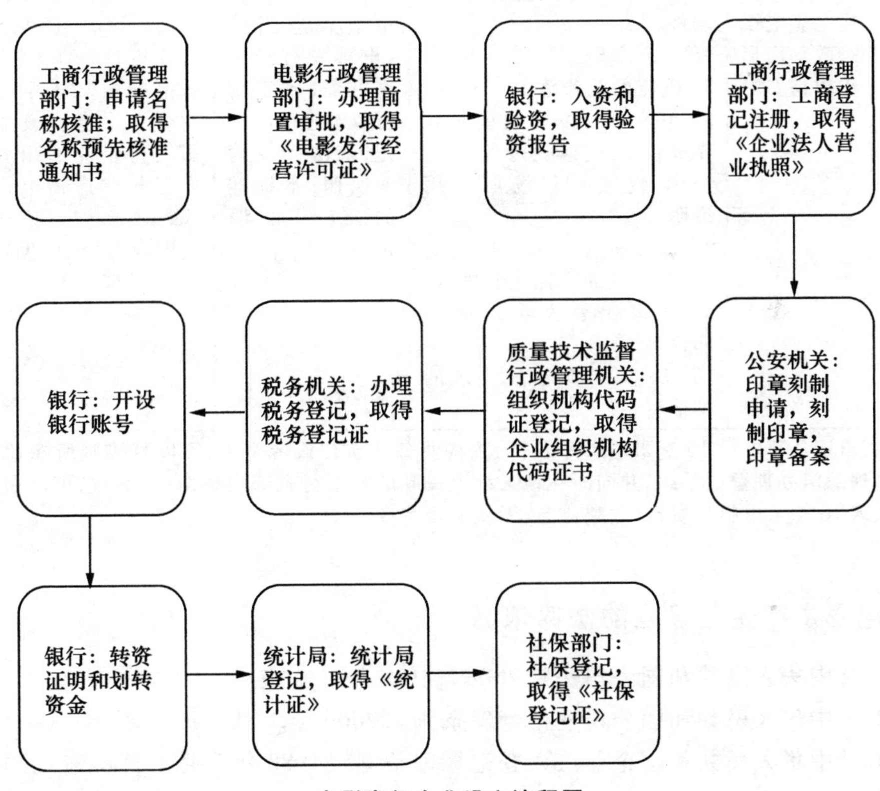

电影发行企业设立流程图

2. 电影发行企业的前置审批机关及要求提交的材料

程序	受理机关	提交材料	办事期限	备注
前置审批程序	设立电影发行企业，应当向所在地省、自治区、直辖市人民政府电影行政部门提出申请；设立跨省、自治区、直辖市的电影发行企业，应当向国务院广播电影电视行政部门提出申请。	1. 书面申请，按所在地省、自治区、直辖市人民政府电影行政部门制定的申请表填写(参见附件3《北京市广播电影电视局行政许可申请表》)。如向国务院广播电影电视行政部门提出申请，可登录国务院广播电影电视行政部门官方网站，填写电子申请表。 2. 企业名称预先核准通知书。 3. 出资人的营业执照复印件。 4. 企业章程。 5. 确定的业务范围。 6. 单位机构设置的证明和专业技术人员证明。 7. 资金证明和场所使用证明。 8. 已代理发行两部以上电影、电视剧的委托证明材料。 9. 法定代表人身份证复印件。 10. 法律、行政法规要求的其他材料。	所在地省、自治区、直辖市人民政府电影行政部门或者国务院广播电影电视行政部门应当自收到申请书之日起60日内作出批准或者不批准的决定，并通知申请人。批准的，发给《电影发行经营许可证》，申请人应当持《电影发行经营许可证》到工商行政管理部门登记，依法领取营业执照；不批准的，应当说明理由。	1. 已代理发行两部以上电影、电视剧的委托证明材料，是指主要出资人即大股东已代理发行两部以上电影、电视剧的委托证明材料。 2. 向所在地省、自治区、直辖市人民政府电影行政部门申请《电影发行经营许可证》的，仅能在本省(市、区)内从事发行业务；向国务院广播电影电视行政部门申请《电影发行经营许可证》的，可在全国范围内从事电影发行业务。建议设立电影发行企业的出资人向国务院广播电影电视行政部门申请全国范围内的《电影发行经营许可证》，以扩大发行区域，提高市场竞争力。

注：申请从事农村16毫米电影片发行、放映业务的单位或者个人，可以直接到所在地工商行政管理部门办理登记手续，并向所在地县级人民政府电影行政部门备案；备案后，可以在全国农村从事16毫米电影片发行、放映业务，无须前置审批。

三、电影发行企业设立的法律依据

1.《中华人民共和国公司法》(2006年1月1日实施)。

2.《中华人民共和国公司登记管理条例》(2006年1月1日实施)。

3.《中华人民共和国企业法人登记管理条例》(1988年7月1日实施)。

4.《中华人民共和国企业法人登记管理条例施行细则》(2000年12月1日修订)。

5.《电影管理条例》(2002 年 2 月 1 日实施)。

6.《电影企业经营资格准入暂行规定》(2004 年 11 月 10 日实施)。

7.《〈电影企业经营资格准入暂行规定〉的补充规定》(2005 年 5 月 8 日实施)。

四、律师在电影发行企业设立业务中提供法律服务应注意事项

1. 目前国家法律规定仅能设立经营国产影片发行的公司,进口外国片为特许专营,仅由中国电影集团公司和华夏电影发行有限责任公司进口影片;出口影片则完全放开,只需取得《电影片公映许可证》即可。

2. 律师应当向公司股东等相关人员充分披露、分析讲解《公司法》规定的公司章程可自行约定事项、特别限制性条款等内容,根据公司各方利益主体的实际需求进行章程设计。如:

(1) 公司法定代表人可以由董事长、执行董事长或者总经理担任。

(2) 经全体股东约定,可以不按出资比例分取红利;公司章程可以约定,股东表决权不按出资比例行使;股东股权的转让事宜可以自由约定。

(3) 公司向其他企业投资或者为他人提供担保,可以由董事会或者股东会决议;对投资或者担保的总额及单项投资或者担保的数额有限额规定的,不得超过规定的限额;公司为公司股东或者实际控制人提供担保的,必须经股东会决议;前款规定的股东或者前款规定的实际控制人支配的股东,不得参加前款规定事项的表决,该项表决由出席会议的其他股东所持表决权的过半数通过。

(4) 公司聘用、解聘承办公司审计业务的会计师事务所,可以由股东会或者董事会决定。

(5) 监视会中应有职工代表,职工代表的比例不得低于 1/3,由公司职工通过职工(代表)大会或者其他形式民主选举产生。

第四节　电影放映企业的设立(含院线建立)

电影制作、发行、放映企业的设立,包括内资和外资电影制作、发行、放映企业的设立。目前,允许境内公司、企业和其他经济组织与境外公司、企业和其他经济组织合资、合作设立电影制片公司;允许中国境内的公司、企业与外国的公司、企业和其他经济组织或个人设立中外合资、合作企业,新建、改造电影院,从事电影放映

业务。而外商不得设立独资的电影制作公司、电影院,不得组建电影院线公司。

一、电影放映企业及院线设立的意义和作用

随着电影市场的持续蓬勃发展,2008年,中国电影综合效益达84.33亿元,再创历史新高。在电影产业和电影市场发展如此强劲的势头下,电影放映企业的设立及电影院线的开发就极具重要意义。

1. 电影放映企业的设立及电影院线的建立开发可以有效地规范电影发行市场,解决放映走私影片、瞒报票房、盗版光碟泛滥等现象

一条院线下面会有若干个电影院,由院线公司统一管理、统一排片,以票房分账的方式拿到影片拷贝。院线一般会安排大片的放映,而一些中小成本电影的发行方则要努力争取院线。随着电影院线制在中国的正式实施和不断成熟,电影院线公司与影院在中国电影市场中的地位愈发重要,成为电影产业最为重要的利润实现环节,在电影产业链中占据关键性地位。

2. 电影放映企业的设立和运行机制的存在完全打破了电影产业的传统营销方式

中国电影发行不再采用传统的四级发行模式,制片公司可以自由选择发行公司或者院线公司进行多种形式的交易。传统电影的营销方式主要以传统发行、贴片广告、音像版权为主。院线制打破发行体制以后,营销方式也变得多元化。电影的营销充分与电视、平面媒体以及互联网密切结合,为影片前期市场的开拓和上映氛围的营造创造了良好的销售环境,植入性广告大行其道,为电影的营销创造了另一个价值实现的平台和机会。同时,院线制改变了中国电影主要面向国内市场的历史,采用民族化和国际化相结合的特色发行方式。为推动电影产业的商业化发挥了重要作用。①

3. 电影院线的开发,将极大推动电影发行的市场化,提高发行效率

电影院线的开发,从微观角度来讲,能充分减少电影的发行层次和发行时间、成本,使得院线与发行公司之间的联系更加紧密,增强了影片的市场流通渠道,提高了电影的发行放映效率,尤其是对新影片的传播和推广,能迅速占领市场,开拓更广的营销渠道,迅速带来可观的票房收入。而从整个电影的宏观市场而言,电影院线的开发,能够不断扩大电影市场的整体规模,使电影资源不论从横向上还是从纵向上都充分得到流动,从而达到通过市场的调节作用实现影片发行、放映的高效

---

① 参见《院线制对我国电影产业发展的推动作用》,载中国电影网,http://www.chinafilm.com,2007年12月28日。

率运行,促进电影市场的平稳健康发展。

4. 电影院线的开发,极大推动文化创意产业的发展

电影院线的开发,极大缩短了电影的放映时间、降低了放映成本,与过去相比,在电影投入市场到放映再到影片最终所获得票房,整个过程中节省了大量的流通费用,而产业的规模化发展,成本控制是关键。文化创意产业也不例外,非商品化的产业是没有现实意义的。电影是作为文化创意产业的重要组成部分而存在的,院线的开发建设在电影事业和文化创意产业之间起着很重要的桥梁作用,会增进二者间的密切联系,共同推动文化创意产业的发展。也可以说,电影院线的开发是电影本身发展、文化创意产业发展的必要条件。

二、电影放映企业设立的国家主管行政部门

(1) 国务院广播电影电视行政部门(即国家广播电影电视总局),主管全国电影工作。

(2) 县级以上地方人民政府管理电影的行政部门,负责本行政区域内的电影管理工作。

(3) 国家工商行政管理总局,负责核准国务院或其授权部门批准设立的全国性公司、大型企业集团、外商投资企业的登记注册申请。

(4) 省、自治区、直辖市工商行政管理局,负责核准全国性公司的子(分)公司,经省、自治区、直辖市人民政府或其授权部门批准设立的企业、企业集团以及国家工商行政管理总局授权的中外合资经营企业、中外合作经营企业、外资企业的登记注册申请。

(5) 市、县(区)工商行政管理局,负责核准其他企业的登记注册申请。

(6) 商务部,负责中国境内设立的中外合资、中外合作经营企业的审查批准。

(7) 各省、直辖市、自治区涉外商务主管部门,在国务院授权范围内负责本行政区域内设立的中外合资、中外合作经营企业的审查批准。

三、电影放映企业的行政许可程序

根据《电影管理条例》的规定,我国对电影制作、发行、放映企业的设立采取行政许可制度,经过相关政府部门的审批,在取得相应经营许可证后方可向工商行政部门注册登记,领取营业执照。

1. 企业名称预核准

提出申请。申请设立电影制作、发行、放映企业的,出资人在办理行政许可手

续前须先申请企业名称预核准。由全体出资人指定的代表或者委托的代理人,向有名称核准权的工商部门提交相关文件,提出名称预核准申请。

审核。工商部门受理申请后,审查申请人提交的资料,依法作出核准或驳回的决定。核准的,向申请人发出《企业名称预先核准通知书》;驳回的,向申请人发出《企业名称驳回通知书》。

申请公司名称预核准应提交的资料:

(1) 全体投资人签署的公司名称预核准申请书:应当载明企业的名称(可以载明备选名称)、住所、注册资本、经营范围、投资人名称或者姓名、投资额和投资比例、授权委托意见(指定的代表或者委托的代理人姓名、权限和期限),并由全体投资人签名盖章。企业名称预先核准申请书上应当粘贴指定的代表或者委托的代理人身份证复印件。

(2) 应提交指定代表或委托代理人办理公司名称预核准的委托书:委托书应写明委托事项,并由委托单位盖章,法定代表人签字;出资人是自然人的,自然人应签字。

(3) 全体出资人的资格证明:企业法人提交加盖公章的《营业执照》副本复印件或其他法人主体资格证明文件的复印件;自然人提交本人身份证或其他合法身份证明的复印件。

2. 行政许可程序

设立电影放映企业应当向所在地县或者设区的市人民政府电影行政部门提出申请。所在地县或者设区的市人民政府电影行政部门应当自收到申请书之日起60日内作出批准或者不批准的决定,并通知申请人。批准的,发给《电影放映经营许可证》,申请人持《电影放映经营许可证》到所在地工商行政管理部门登记,依法领取营业执照;不批准的,应当说明理由。

电影片依法取得国务院广播电影电视行政部门发给的《电影片公映许可证》后,方可发行、放映。

关于院线的建立。组建省内院线由省级电影行政主管部门审批,报国家广电总局电影局备案;国家广电总局电影局接到文件后7个工作日内对专项资金上缴情况等予以审核,无疑义后,回复当地省级电影行政主管部门并通知进口影片发行公司供应进口分账影片。

组建跨省院线由国家广电总局审批,抄报省级电影行政主管部门,审批同意的,国家广电总局电影局通知进口影片发行公司供应进口分账影片。

四、电影放映企业设立的法律依据

1.《中华人民共和国企业法人登记管理条例》(1988 年 7 月 1 日实施)。

2.《电影管理条例》(2002 年 2 月 1 日实施)。

3.《电影企业经营资格准入暂行规定》(2004 年 11 月 10 日实施)。

4.《外商投资电影院暂行规定》(2004 年 1 月 1 日实施)。

五、律师在电影放映企业设立业务中提供法律服务应注意的事项

1. 电影放映企业设立过程的合规性指导与审查,应符合相关法律法规、政策及审批部门的要求

电影放映企业的设立要符合《电影管理条例》、《电影企业经营资格准入暂行规定》、《外商投资电影院暂行规定》及相关法律、法规及政策的要求,符合国家相关行政审批部门设定的程序和标准。

2. 电影放映企业设立后,应对内部构成及相关各方的权利义务关系进行设定

内资电影放映企业的内部构成相对单一;而境内公司、企业和其他经济组织与境外公司、企业和其他经济组织合资、合作设立的电影制片公司及中国境内的公司、企业与外国的公司、企业和其他经济组织或个人设立的中外合资、合作企业,从事新建、改造电影院,从事电影放映业务,因内部成员构成相对复杂,需要律师介入,以明确各方的权利义务,避免纠纷。

3. 电影放映企业在设立及运营中各项制度的建立与完善

电影放映企业的设立及运营需要律师协助企业制定组织结构管理制度、规划管理制度、行政办公管理制度、人力资源规划与管理制度、员工培训与考核管理制度、营销与信息管理制度、运营管理及质量控制制度、风险控制制度等,并跟进完善。

4. 法律政策宣讲和其他注意事项

考虑到目前电影产业发展的现状,律师在为电影放映企业设立过程中提供法律服务时,应向企业提供相关法律和政策咨询,并耐心讲解。对其员工的教育和培训是律师的职责之一。

对电影放映企业的设立应当采取边发展边规范的原则,以发展促规范,以规范促发展。

律师应当有超前意识和肯钻研的刻苦精神,结合国情和借鉴国外电影制作、发行、放映企业设立的发展经验,不断探索研究,引领电影行业的制度创新。

附件

附件 1

企业名称预先核准申请书

<table>
<tr><td>申请企业名称</td><td colspan="2"></td></tr>
<tr><td rowspan="3">备选企业名称
（请选用不同的字号）</td><td colspan="2">1.</td></tr>
<tr><td colspan="2">2.</td></tr>
<tr><td colspan="2">3.</td></tr>
<tr><td>经营范围</td><td colspan="2">许可经营项目：

一般经营项目：

（只需填写与企业名称行业表述一致的主要业务项目）</td></tr>
<tr><td>注册资本（金）</td><td colspan="2">（万元）</td></tr>
<tr><td>企业类型</td><td colspan="2"></td></tr>
<tr><td>住所所在地</td><td colspan="2"></td></tr>
<tr><td colspan="2">指定代表或者委托代理人</td><td></td></tr>
<tr><td colspan="3">指定代表或委托代理人的权限：
1. 同意□不同意□核对登记材料中的复印件并签署核对意见；
2. 同意□不同意□修改有关表格的填写错误；
3. 同意□不同意□领取《企业名称预先核准通知书》。</td></tr>
<tr><td colspan="2">指定或者委托的有效期限</td><td>自　　年　　月　　日至　　年　　月　　日</td></tr>
</table>

注：1. 手工填写表格和签字请使用黑色或蓝黑色钢笔、毛笔或签字笔，请勿使用圆珠笔。

2. 指定代表或者委托代理人的权限需选择“同意”或者“不同意”，请在□中打√。

3. 指定代表或者委托代理人可以是自然人，也可以是其他组织；指定代表或者委托代理人是其他组织的，应当另行提交其他组织证书复印件及其指派具体经办人的文件、具体经办人的身份证件。

(续表)

<table>
<tr><td>投资人姓名或名称</td><td>证照号码</td><td>投资额
(万元)</td><td>投资比例
(%)</td><td>签字或盖章</td></tr>
<tr><td></td><td></td><td></td><td></td><td></td></tr>
<tr><td></td><td></td><td></td><td></td><td></td></tr>
<tr><td></td><td></td><td></td><td></td><td></td></tr>
<tr><td></td><td></td><td></td><td></td><td></td></tr>
<tr><td></td><td></td><td></td><td></td><td></td></tr>
<tr><td></td><td></td><td></td><td></td><td></td></tr>
<tr><td></td><td></td><td></td><td></td><td></td></tr>
<tr><td></td><td></td><td></td><td></td><td></td></tr>
<tr><td></td><td></td><td></td><td></td><td></td></tr>
<tr><td></td><td></td><td></td><td></td><td></td></tr>
<tr><td></td><td></td><td></td><td></td><td></td></tr>
<tr><td></td><td></td><td></td><td></td><td></td></tr>
<tr><td>填表日期</td><td colspan="4">年　月　日</td></tr>
<tr><td rowspan="3">指定代表或者委托代理人、具体经办人信息</td><td colspan="4">签　字:</td></tr>
<tr><td colspan="4">固定电话:</td></tr>
<tr><td colspan="4">移动电话:</td></tr>
<tr><td colspan="5">(指定代表或委托代理人、具体经办人
身份证明复印件粘贴处)</td></tr>
</table>

注:1. 投资人在本页表格内填写不下的可以附纸填写。

2. 投资人应对第(1)、(2) 两页的信息进行确认后,在本页盖章或签字。自然人投资人由本人签字,非自然人投资人加盖公章。

附件 2

指定代表或者共同委托代理人的证明

申请人:________

指定代表或者委托代理人:________

委托事项及权限:

1. 办理____________(企业名称)的□设立□变更□注销□备案□________手续;
2. 同意□不同意□核对登记材料中的复印件并签署核对意见;
3. 同意□不同意□修改企业自备文件的错误;
4. 同意□不同意□修改有关表格的填写错误;
5. 同意□不同意□领取营业执照和有关文书。

指定或者委托的有效期限:自　　年　　月　　日至　　年　　月　　日

<table>
<tr><td rowspan="3">指定代表或委托代理人或者经办人信息</td><td>签　　字:</td></tr>
<tr><td>固定电话:</td></tr>
<tr><td>移动电话:</td></tr>
<tr><td colspan="2">(指定代表或委托代理人、具体经办人身份证明复印件粘贴处)</td></tr>
</table>

(申请人盖章或签字)

年　　月　　日

注:1. 手工填写表格和签字请使用黑色或蓝黑色钢笔、毛笔或签字笔,请勿使用圆珠笔。

2. 设立登记,有限责任公司申请人为全体股东;国有独资公司申请人为国务院或地方人民政府国有资产监督管理机构;股份有限公司申请人为董事会;非公司企业申请人为出资人;变更、注销登记申请人为本企业;企业集团登记申请人为母公司。

3. 委托事项及权限:第 1 项应当选择相应的项目并在□中打√,或者注明其他具体内容;第 2、3、4、5 项选择“同意”或“不同意”并在□中打√。

4. 指定代表或者委托代理人可以是自然人,也可以是其他组织;指定代表或者委托代理人是其他组织的,应当另行提交其他组织证书复印件及其指派具体经办人的文件、具体经办人的身份证件。

5. 自然人申请人由本人签字,非自然人申请人加盖公章。

附件 3

北京市广播电影电视局
行政许可申请表

申　请　人：______________________

地　　　址：______________________

法定代表人：______________________

行政许可事项名称：电影制片单位设立审核

（续表）

申请人名称			
地　　址			
法定代表人		联系电话	
委托代理人		联系电话	
证照名称		证照编号	
注册资金		经济性质	
经营范围			
主管部门		成立时间	
申请材料目录			
序　　号	文件名称	文件编号	备注

(续表)

申请人概况及其申请理由	申请人盖章： 法定代表人： 年　　月　　日

附件4

公司设立登记申请书

<table>
<tr><td>名　　称</td><td colspan="4"></td></tr>
<tr><td>名称预先核准
通知书文号</td><td colspan="2"></td><td>联系电话</td><td></td></tr>
<tr><td>住　　所</td><td colspan="2"></td><td>邮政编码</td><td></td></tr>
<tr><td>法定代表人
姓　　名</td><td colspan="2"></td><td>职　　务</td><td></td></tr>
<tr><td>注册资本</td><td>（万元）</td><td>公司类型</td><td colspan="2"></td></tr>
<tr><td>实收资本</td><td>（万元）</td><td>设立方式</td><td colspan="2"></td></tr>
<tr><td>经营范围</td><td colspan="4">许可经营项目：

一般经营项目：</td></tr>
<tr><td>营业期限</td><td>长期／________年</td><td>申请副本数量</td><td colspan="2">个</td></tr>
<tr><td colspan="5">本公司依照《公司法》、《公司登记管理条例》设立，提交材料真实有效。谨此对真实性承担责任。
法定代表人签字：
年　　月　　日</td></tr>
</table>

注：1. 手工填写表格和签字请使用黑色或蓝黑色钢笔、毛笔或签字笔，请勿使用圆珠笔。

2. 公司类型应当填写“有限责任公司”或“股份有限公司”。其中，国有独资公司应当填写“有限责任公司（国有独资）”；一人有限责任公司应当注明“有限责任公司（自然人独资）”或“有限责任公司（法人独资）”。

3. 股份有限公司应在“设立方式”栏选择填写“发起设立”或者“募集设立”。

4. 营业期限：请选择“长期”或者“××年”。

公司股东(发起人)出资信息

股东(发起人)名称或姓名	证件名称及号码	认缴			持股比例(%)	实缴			备注
		出资额(万元)	出资方式	出资时间		出资额(万元)	出资方式	出资时间	

注:1. 根据公司章程的规定及实际出资情况填写,本页填写不下的可以附纸填写。

2. “备注”栏填写下述字母:A. 企业法人;B. 社会团体法人;C. 事业法人;D. 国务院、地方人民政府;E. 自然人;F. 外商投资企业;G. 其他。

3. 出资方式填写:货币、实物、知识产权、土地使用权、其他。

附件5

董事、监事、经理信息

姓名________　职务________　身份证件号码:____________

（身份证件复印件粘贴处）

姓名________　职务________　身份证件号码:____________

（身份证件复印件粘贴处）

姓名________　职务________　身份证件号码:____________

（身份证件复印件粘贴处）

附件 6

法定代表人信息

<table>
<tr><td>姓　　名</td><td></td><td>联系电话</td><td></td></tr>
<tr><td>职　　务</td><td></td><td>任免机构</td><td></td></tr>
<tr><td>身份证件类型</td><td></td><td></td><td></td></tr>
<tr><td>身份证件号码</td><td></td><td></td><td></td></tr>
<tr><td colspan="4">(身份证件复印件粘贴处)</td></tr>
<tr><td colspan="4">法定代表人签字:
年　月　日</td></tr>
<tr><td colspan="4">以上法定代表人信息真实有效,身份证件与原件一致,符合《公司法》、《企业法人法定代表人登记管理规定》关于法定代表人任职资格的有关规定,谨此对真实性承担责任。
(盖章或者签字)
年　月　日</td></tr>
</table>

注:依照《公司法》、公司章程的规定程序,出资人、股东会确定法定代表人的,由二分之一以上出资人、股东签署;董事会确定法定代表人的,由二分之一以上董事签署。

附件 7

北京市广播电影电视局
行政许可申请表

（十五）

申　请　人：________________

地　　　址：________________

法定代表人：________________

行政许可事项名称:设立电影发行单位许可

年　　月　　日

（续表）

<table>
<tr><td rowspan="5">基本情况</td><td>单位名称</td><td colspan="5"></td></tr>
<tr><td>注册地址</td><td colspan="2"></td><td>邮政编码</td><td colspan="2"></td></tr>
<tr><td>办公地址</td><td colspan="2"></td><td>邮政编码</td><td colspan="2"></td></tr>
<tr><td>经济类型</td><td colspan="2"></td><td>注册资本</td><td colspan="2">（万元）</td></tr>
<tr><td>从业人员</td><td colspan="2">（人）</td><td>代理影片</td><td colspan="2"></td></tr>
<tr><td rowspan="3">法定代表人</td><td>姓　名</td><td></td><td>性　别</td><td></td><td>出生日期</td><td></td></tr>
<tr><td>学　历</td><td colspan="2"></td><td>职　务</td><td colspan="2"></td></tr>
<tr><td>电　话</td><td colspan="2"></td><td>移动电话</td><td colspan="2"></td></tr>
<tr><td rowspan="3">主要负责人</td><td>姓　名</td><td></td><td>性　别</td><td></td><td>出生日期</td><td></td></tr>
<tr><td>学　历</td><td colspan="2"></td><td>职　务</td><td colspan="2"></td></tr>
<tr><td>电　话</td><td colspan="2"></td><td>移动电话</td><td colspan="2"></td></tr>
<tr><td colspan="2">日常联系人</td><td colspan="5"></td></tr>
<tr><td colspan="2">工作部门</td><td colspan="2"></td><td>职　务</td><td colspan="2"></td></tr>
<tr><td colspan="2">电　话</td><td></td><td>移动电话</td><td></td><td>传　真</td><td></td></tr>
<tr><td colspan="2">电子信箱</td><td colspan="5"></td></tr>
</table>

（续表）

资本构成情况	股东名称或姓名	资本性质（国有/民营）	出资额（万元）	出资比例

申请材料目录	序　号	文件名称	文件编号	页　数

(续表)

<table>
<tr><td>真实性
说明</td><td colspan="4">本单位申请设立电影发行经营单位许可,承诺所提供的全部申报材料真实有效,对申请材料的真实性负责。

（签章）：

年　　月　　日</td></tr>
<tr><td>审批机关
审核意见</td><td colspan="4">

年　　月　　日(公章)</td></tr>
<tr><td rowspan="3">领证人</td><td>姓　名</td><td></td><td>性　别</td><td></td></tr>
<tr><td>工作部门</td><td></td><td>证件编号</td><td></td></tr>
<tr><td>联系电话</td><td colspan="3"></td></tr>
<tr><td>发证时间</td><td colspan="4">年　　月　　日</td></tr>
<tr><td>有效期限</td><td colspan="4">年　　月　　日至　　年　　月　　日</td></tr>
<tr><td>填表注意
事项</td><td colspan="4">1. 本表须用钢笔或签字笔如实填写,如填写不下,可另加附页。
2. 本表一式两份,一份发证机关留存,一份报国家广播电影电视总局备案。</td></tr>
<tr><td>备注</td><td colspan="4"></td></tr>
</table>

第二章 影视项目的策划与立项

第一节 影视项目的策划与投融资(含剧本的策划、植入广告等)

一、影视项目的策划

影视项目策划,就是投资人或其代表(制片人或出品人)根据市场的需求,有针对性地提出一部影视剧的题材、主题、风格样式、主要故事内容的构想,事先设计好整部剧的操作方式和营销发行方案,并委托剧作家据此创作出文学剧本。策划一般包括以下内容和程序:明确组织的目标;确定策划的议题;策划案的设计与实施;策划案的可行性论证与风险评估。项目策划的核心内容是为文学剧本定位。之所以要对影视项目进行策划,是因为过去那种由剧作家事先写出剧本,然后再向影视制作单位投稿的传统做法存在诸多弊端,譬如剧作家不太关注市场行情,其个人兴趣常常与市场需求相脱节。①

影视项目策划案是剧本的蓝图,是剧本写作的依据,而剧本则是摄制的蓝图和依据。项目策划直接指导文学剧本的创作。项目策划使剧本创作成为一种具有明确诉求和目标的行为。影视项目策划是否准确、科学,决定了一部影视剧的市场前景。

二、影视投融资

随着国家加快发展文化产业的《十二五规划》的隆重出台,中国影视业迎来了新一轮的春天。“推进文化产业结构调整,大力发展文化创意、影视制作、出版发行、印刷复制、演艺娱乐、数字内容和动漫等重点文化产业”已经写入国家规划。建设完整的广播影视投融资体系时机已经成熟。2009 年 9 月,国家出台了《文化产

---

① 参见何可可、黄一峰:《影视制片管理》,中国电影出版社 2007 年版,第 49 页。

业振兴规划》，明确提出要加大政府扶持力度和金融支持力度。2010 年 3 月，中宣部、中国人民银行、国家广电总局等九部委联合发布《关于金融支持文化产业振兴和发展繁荣的指导意见》，这对加快电影、电视剧投融资的发展都将起到积极的作用。

（一）影视产业融资的主要问题——融资难

影视业作为产业，投融资体制对其发展起了重要的作用，必须要有资本和金融的支持才能推动这个产业的发展。影视产业融资困难成为影视产业发展的瓶颈，究其原因，主要有以下五点：

1. 贷款难

我国没有针对影视投资项目的专业权威评估机构及金融机构认可的担保公司，影视企业的信用体系尚未建立。影视业是高风险与高回报并存的行业。银行只认可以土地、房产等有形资产的抵押，影视企业多以无形资产为主，大多没有固定资产，在进行融资时没有可抵押的物品。同时，多年来我国一直缺少适合影视产业生存的资本市场，不能为影视产业的发展开辟融资渠道。

2. 影视产业经营环境及盈利状况欠佳

目前影视制作机构平均获利仅有 6% 左右，少数产品能达到 40%。而国外影视行业的利润分配比例大约是播出媒体获利 25%，制作单位是 50%。

3. 吸引海外的行业投资和风险投资难

我国影视产业存在着国内制作人与海外投资方之间的信息不对称，缺乏有效的沟通渠道，对于许多制作人来说，用这样的方式寻求融资仍旧可望而不可即。

4. 跨行业投资步履维艰

国内很多资金仍然把目光锁定在利润空间已经很小的传统行业，而对文化产业的利润视而不见，或者对其投资风险过分夸大，整个社会缺乏对文化产业潜力的深刻认识。所以我们应该加大对文化产业和影视业的宣传力度。

5. 影视产品盗版严重

国内影视盗版市场的肆无忌惮使得影视产品在发行中利益受损，收益存在很大的不确定性。

（二）影视项目评估与影视产业融资渠道

1. 由于影视制作是高风险高回报的行业，部分资金为了获得短期高额回报，不可避免有选择性地进入影视行业的各个盈利环节，而如何判断影视项目的质量，是不可回避的问题。影视行业具有很强的专业性，社会资金一般不会轻易投入，所以现今该类资金投资的主要方式是各影视公司之间的互相拆借，影视行业内称为

"固定回报"。以这种方式投资时的判断标准主要是筹资公司在业内的声誉、以往的业绩和具体项目情况(包括剧本、演员阵容、制作班底、发行情况等)。

2. 影视产业融资渠道。我国电影业主要使用的电影融资方式有九种:金融贷款、版权预售、政府出资、电影基金、间接赞助、个人融资、广告投入、风险投资以及海内外企业投资等。随着电影投资环境的进一步改善,中国香港地区、美国、日本、韩国、英国、荷兰、加拿大地区的资金也逐步进入中国内地制片领域。而随着这些资金的逐步进入,单一的资金制作的影片比例已经越来越小,混合资金运作已经成为目前我国电影融资的主要形式。电视剧生产的资金来源分为内部融资和外部融资。内部融资,即主要来源于企业内部的利润积累。它不仅能够解决电视剧生产资金不足的问题,还能满足政府部门对电视剧立项的审批要求。但它一般不作为全部的资本金。外部融资主要来源于银行融资、股票融资、借款融资和定向投资定向生产。

(1) 国家财政资金支持。对文化产业给予大量资金支持和政策引导是发达国家文化产业重要的发展经验,国家财政的积极投入,不仅能有效降低影视企业的资金负担和融资风险,而且对鼓励各类资本进入起到了明显的引导和带动作用。近年来,中央和地方财政采取专项投入,贷款贴息、项目补贴、绩效奖励等多种方式,对影视产业给予大力资金支持,为促进影视产业的发展,发挥了重要作用。随着文化产业的发展,国家还将通过对文化产业发展专项资金和文化产业投资基金等方式进一步加大对文化产业的投入,对相对弱小,尚需培育的影视产业来说,财政投入是影视资金的重要来源。

(2) 银行贷款。近年来,银行信贷已成为影视产业融资的主要方式,贷款规模越来越大,信贷产品越来越多。目前已有招行、交行、北京银行等多家银行介入文化产业融资市场。北京地区文化产业融资气氛的活跃主要与大环境有关,目前北京市对已经形成一定规模、获得商业银行文化创意产业项目贷款的企业,按照项目贷款利息总额的50% ~100%给予贷款贴息支持,这就减轻了企业的负担。北京银行以版权质押方式为华谊兄弟公司提供了1亿元的电视剧打包贷款,共14部456集电视剧,包括张纪中的《兵圣》、胡玫的《望族》、康洪雷的《我的团长我的团》等。为控制风险,北京银行与华谊兄弟公司约定,银行贷款不能超过其投资总额的50%。2008年,北京银行还为《画皮》提供了1 000万元的版权质押贷款。在这个项目上,北京银行不仅在贷前对借款人提出严格的用款计划、还款措施,采取了个人无限连带责任等有效的担保措施,贷中、贷后还采取了十分严格的监管措施。截至2008年9月末,北京银行累计审批通过文化创意企业贷款46笔,共8.53亿元。国产影片《集结号》、《非诚勿扰》,通过采用全球票房收益和质押等方式获得银行1

亿元的贷款。中国进出口银行以信用额度方式向广播影视重点出口企业和项目提供了200亿元的融资支持。

（3）多层次资本市场。截至目前，已有8家广电企业成功上市，一些广电企业成功发行企业债券，下一步将推进符合条件的广播影视企业进入主板、创业板上市融资，鼓励已上市的广播影视企业通过公开增发、定向增发等再融资方式进行并购和重组，支持符合条件的广播影视企业发行企业债券，鼓励保险公司投资广播影视企业的债券和股权，积极利用投资资金、保险、信托、融资租赁等融资方式，实现广播影视产业与资本市场的直接接轨。

（4）利用社会、民营和境外资本。当前社会、民营和社会资本投资影视的积极性很高，影视产业正在成为各类资本竞相追逐的热点和富矿，特别是在电影、电视剧、动画片生产领域，民营投资比重正在迅速增加，已经成为影视发展的重要力量。从2008年的《赤壁》到2009年的《建国大业》，影片吸引了许多国内外的影视公司融资。以《赤壁》为例，总投资额8 000万美元的影片投资方包括中国电影集团、美国狮门山制作公司、北京保利博纳电影发行有限公司、北京紫禁城影业有限责任公司、橙天智鸿影视制作有限公司、北大春秋鸿文化投资有限公司、日本AVEX、韩国Showbox等11家单位。该片采取“主打中国文化、集合亚洲资源、全球营销”的制作模式，涵盖了国有、民营、社会、境外等多种渠道的资金。

（5）借助植入性广告进行前期融资。影视植入式广告，又称隐性广告，是广告主以付费的方式，使自己的产品或标识在电影、电视剧中出现，从而达到宣传效果的广告形式。植入式广告所宣传的产品、服务、企业形象标识是作为影视作品的道具出现的，可以使观众在不知不觉中接受产品信息，如果运用恰当，可以减轻观众对广告的抵触情绪，收到潜移默化的宣传效果。影视植入式广告具有以下特点：影视植入式广告是一种付费的宣传形式；植入式广告构成影视作品中的一部分；影视植入式广告所要宣传的产品信息和企业信息通过电影片的放映或者电视剧的播出得以公开展示。①

一般来说，广告的植入方式主要有以下几种：

① 道具植入，是指商品作为影视剧中的道具出现。如电影《天下无贼》中无处不在的诺基亚手机、宝马轿车等。

---

① 某影视公司是电视剧《五星大饭店》的出品公司。2006年1月该影视公司与某广告公司签订合同，约定广告公司向影视公司支付费用，影视公司在电视剧《五星大饭店》中按约定方式宣传广告公司代理的某品牌及产品，因影视公司未按约定期限播出该剧，导致某广告公司代理的某品牌产品植入广告的播出落空，故某广告公司诉至北京市顺义区法院要求返还40万元合同款并赔偿损失30余万元。参见王杨、李楠：《〈五星大饭店〉未依约播出，广告商要求退款索赔偿》，载中国法院网，2009年2月4日。

② 场景植入,是指品牌视觉符号或商品本身作为影视剧内容中故事发生的场景或场景组成的一部分出现。如在电影《非诚勿扰》中,杭州西溪湿地作为场景出现。

③ 对白、旁白植入,就是在电影、电视剧中通过人物的对话巧妙地将品牌植入其中。如《阿甘正传》里有句台词:“见美国总统最美的几件事之一是可以喝‘彭泉’汽水”;又如在电影《一声叹息》中有句台词:“我家特好找,就在欧陆经典。”

④ 剧情植入,是指制片方根据商业需要设计剧情。如电影《手机》中设计了12个女孩同挤一辆宝马车返校的情节,以表现宝马车内部空间的宽敞;又如在电影《爱情呼叫转移2》中,女主人公被带到瑞恩珠宝店里,随意挑选店里的首饰佩戴,以表现专卖店的品牌形象。

⑤ 音效植入,是指影视剧通过旋律、歌词、画外音或电视广告的暗示,引导受众联想到特定的品牌或商品。如在《短信一月追》中,安排剧中人物跟着电视里的歌曲《我的地盘》学习舞蹈的情节,从而为中国移动做广告。

⑥ 题材植入,是为某品牌专门拍摄影视剧,着重介绍品牌的发展历史、文化理念等,用来提升品牌知名度。如电视剧《天下第一楼》讲述全聚德烤鸭店的成长历程;又如电视剧《大宅门》讲述同仁堂的故事。

⑦ 形象气质植入,是指以主人公的形象、气质和内涵来表现品牌的个性和内涵,提升品牌形象。如电影《007》中以主人公帅气、智慧、勇敢的英雄形象来表现宝马汽车,主人公成了宝马的形象代言人。

⑧ 文化植入,是植入广告的最高境界,通过文化的展示,宣传在其文化背景下的多个产品。如韩国电视剧《大长今》用大量篇幅介绍韩国料理的制作方法和韩国服饰,进一步打开了韩国料理和韩国服饰的中国市场。

(三)影视项目融资的担保

如果间接融资仍是影视企业的首选,担保问题就成为关键问题。这是必须由政府和社会共同努力才能解决的。构建影视企业融资担保和金融服务体系的基本思路,其中一条就是影视企业改革与金融服务创新相结合。影视企业融资难,表面上是一个资金问题,实质上反映出在资源配置机制的转变过程中,政府、银行、影视企业如何有机结合融入新的市场金融机制中去。所以,融资难是体制转换中的阵痛,是改革发展中的新矛盾,需要用新的思路加以解决。

为此,建立文化产业投资风险评估和分担机制,鼓励组建文化产业融资担保中介机构和知识产权专利评估机构,通过银企联合和银文联合,解决影视企业可供抵押实物较少、无形资产评估难、抵押变现难、抵押担保信用程度低等问题,积极探索发挥产权交易所的投融资服务功能,为知识产权拍卖和交易提供一站式服务,促进知识产权转化为真正意义上的资本,为影视企业充分利用手中的无形资产融资创造条件。

三、律师在影视投融资业务中提供法律服务时应注意的事项

(1) 对投融资各方都要进行详细、认真、深入全面的调查,以探究其履约能力和实力,让他们提交是否有成功的范例。

(2) 尽可能更全面、更详尽地把所涉及的内容和问题协助双方一一落实,不存有异议,把所有可能的条款和内容都写入协议。

(3) 在起草谈判的过程中,如发现一方当事人有不实陈述或虚假材料时,要明确告知其应当承担相应的责任或违约责任,并随时可以解除合约,以免使双方遭受更大的损失。

(4) 尽我们所能帮助投融资各方能够摒弃不同意见,求大同存小异,使各方都能达到互利共赢的结果。

第二节　电影剧本(梗概)备案程序及特殊类型电影摄制的立项程序

一、电影剧本(梗概)备案程序

(一) 电影剧本(梗概)备案的一般要求

持有《摄制电影许可证》的电影制片单位和在地市级以上工商部门注册登记的各类影视文化单位(以下简称影视文化单位)摄制电影片[指各种形式、不同宽度的电影片,包括故事片(含舞台、戏剧、艺术片)、纪录片、科教片、美术片(含动画、木偶、剪纸片等)、专题片及其他形式的电影片],应在拍摄前将电影剧本(梗概)送广电总局或相应的实行属地审查的省级广电部门备案。联合摄制电影片的,应当由其中的一个单位提前办理备案手续。

根据《电影剧本(梗概)备案、电影片管理规定》第2条的规定:“国家实行电影剧本(梗概)备案和电影片审查制度。未经备案的电影剧本(梗概)不得拍摄,未经审查通过的电影片不得发行、放映、进口、出口。”国家广播电影电视总局(以下简称广电总局)负责电影剧本(梗概)备案和电影片审查的管理工作。在管理体制

上，广电总局电影审查委员会和电影复审委员会负责电影片的审查。省级广播影视行政部门（以下简称省级广电部门），经申请可以受广电总局委托，成立电影审查机构，负责本行政区域内持有《摄制电影许可证》的制片单位摄制的部分电影片的审查工作（以下简称属地审查）。我国的电影审查实行中央、省市两级审查体制。

办理电影剧本（梗概）备案手续，应当提供下列材料：

（1）拟拍摄影片的备案报告。

（2）不少于1 000字的电影剧情梗概一份。

（3）凡影片主要人物和情节涉及外交、民族、宗教、军事、公安、司法、历史名人和文化名人等方面内容的（以下简称特殊题材影片），需提供电影文学剧本一式三份，并要征求省级或中央、国家机关相关主管部门的意见。

（4）电影剧本（梗概）版权的协议（授权）书。

（5）影视文化单位申请领取《摄制电影片许可证（单片）》，需向广电总局提供本单位营业执照副本及填报《摄制电影片许可证（单片）》申请书。

（二）电影剧本（梗概）备案操作程序

电影剧本（梗概）备案应遵循的程序：

（1）制片单位向广电总局或实行属地审查的省级广电部门提出备案。

（2）广电总局或实行属地审查的省级广电部门按照《行政许可法》规定的期限，发给《电影剧本（梗概）备案回执单》（参见本章附件2）。

实行属地审查的省级广电部门，应将电影剧本（梗概）备案情况抄报广电总局；广电总局定期在相关媒体公布电影剧本（梗概）备案情况。

如在20个工作日内没有提出意见的，制片单位可按备案的电影剧本（梗概）进行拍摄；如对备案的电影剧本（梗概）有修改意见或不同意拍摄的，应在20个工作日内书面通知制片单位；如电影剧本需另请相关主管部门和专家评审的，需延长20个工作日，并书面告知制片单位。

制片单位持《电影剧本（梗概）备案回执单》、《〈摄制电影许可证（单片）〉资格认证证明》，可向工商行政管理机关办理经营范围的变更登记。

二、特殊类型电影摄制的立项程序

（一）中外合作摄制电影片的立项

根据《电影管理条例》的规定，电影制片单位经国务院广播电影电视行政部门批准，可以与境外电影制片者合作摄制电影片；其他单位和个人不得与境外电影制片者合作摄制电影片。

电影制片单位和持有《摄制电影片许可证（单片）》的单位经国务院广播电影电视行政部门批准，可以到境外从事电影片摄制活动。境外组织或者个人不得在中华人民共和国境内独立从事电影片摄制活动。中外合作摄制电影片，应当由中方合作者事先向国务院广播电影电视行政部门提出立项申请。国务院广播电影电视行政部门在征求有关部门的意见后，经审查符合规定的，发给申请人一次性《中外合作摄制电影片许可证》。申请人取得《中外合作摄制电影片许可证》后，应当按照国务院广播电影电视行政部门的规定签订中外合作摄制电影片合同。

根据《中外合作摄制电影片管理规定》的规定，申请中外合作摄制电影片应当向广电总局提供下列材料：

（1）中方制片单位的摄制立项申请；

（2）中方制片单位的《摄制电影许可证》[《摄制电影片许可证（单片）》]及营业执照复印件；

（3）电影文学剧本（规范汉字）一式3份；

（4）外方的资信证明和合拍影片情况；

（5）中外双方合作意向书或协议书，主要内容应明确：合作各方投资比例、中外主创人员比例、底片和样片冲洗及后期制作地点、是否参加国内外电影节（展）等；

（6）主创人员简介。

中外合作摄制电影片的申报立项，遵循以下程序：

（1）中方制片单位向广电总局提出申请。

（2）广电总局按照《行政许可法》的规定期限受理申请单位提出的书面申请。

（3）决定受理的，广电总局应当在20个工作日内作出批准或不批准立项的决定。电影剧本须经专家评审的，应书面告知申请单位，其评审时间应在20个工作日内完成。

（4）符合联合摄制条件的，发给一次性《中外合作摄制电影片许可证》；符合协作摄制、委托摄制条件的，发给批准文件。不批准的，应当书面说明理由。

取得《中外合作摄制电影片许可证》或批准文件后，中外双方应根据批准立项的内容签订合同。

（二）重大革命和重大历史题材电影的申报与立项

重大革命和重大历史题材电影，是指反映我党我国我军历史上重大事件，描写担任党和国家重要职务的党政军领导人及其亲属生平业绩，以历史正剧形式表现中国历史发展进程中重要历史事件、历史人物为主要内容的电影。拍摄重大革命和重大历史题材影片,需报送剧本立项审查,按照广电总局关于重大革命和重大历史题材电影剧本立项及完成片的管理规定办理。[①] 重大革命和历史题材电影与一般题材电影的主要区别在于:重大革命和历史题材影视剧在开机拍摄之前,必须先将剧本报请国家广电总局"重大革命和历史题材影视创作领导小组"审定。[②] 领导小组在中宣部的指导下,由国家广电总局具体开展工作。经领导小组审定同意后,才可以开机拍摄。

具体需要经历以下程序:

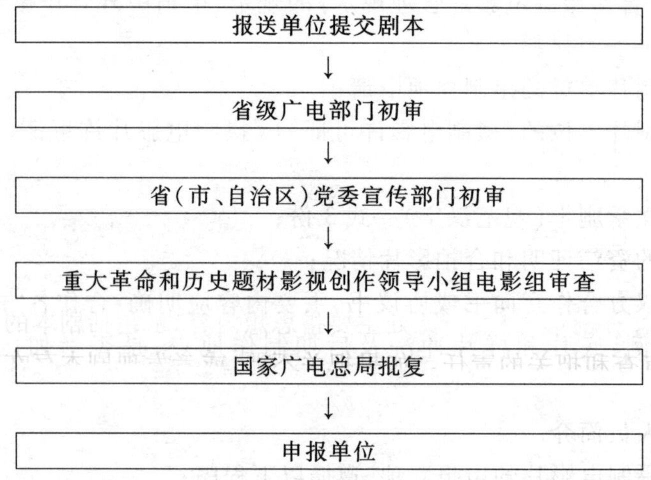

(1) 将剧本送省级广电部门和党委宣传部门初审。

(2) 初审通过后,由制片单位将剧本报领导小组电影组审批。申报时需提交:省级广电部门和党委宣传部门审查通过的意见,并加盖公章;国有电影制作机构或各大军区和大兵种影视制作机构的申请立项报告;根据实际需要提供剧本若干份;主要参考资料清单。民营和非国有专业电影单位还需提交资信证明和营业执照副本。

(3) 重大革命和历史题材电影剧本经领导小组审查通过后,由国家广电总局行文批复申报单位。

经批准立项的重大革命和历史题材电影,自剧本批准投拍之日起,1 年内既未

---

① 参见《电影剧本(梗概)备案、电影片管理规定》第 9 条的规定。

② 领导小组负责我国重大革命、重大历史题材影视剧创作的组织指导、剧本立项把关,以及完成片的内容审查。

开拍又未报告的，视为自动取消立项；2 年内既未完成也未报告的，视为自动取消。①

(三) 理论、文献电影纪录片的立项

理论纪录片是指宣传、阐释马克思列宁主义、毛泽东思想、邓小平理论的电影纪录片；文献纪录片是指宣传反映党和国家重大历史事件以及党和国家领导人生平业绩的电影纪录片。

理论、文献专题片须由中央和国家机关各部门以及中央电视台组织制作。中央和国家机关各部门以及中央电视台组织制作理论、文献电影纪录片，事先应将制片计划(包括片名、主题、主要内容等)报广电总局立项审批。审批同意后，国家广电总局将批复件抄送中共中央宣传部。理论、文献电影纪录片完成后，应报送广电总局审定。广电总局在接到全部送审件后 30 天内提出审查意见。

另外，需要指出，由于电影剧本(故事梗概)的审核是由电影管理机关进行的。但是，除重大革命题材、重大历史题材、重大文献纪录片以及中外合作拍片之外，一般的电影题材的立项，制片单位只需报送电影剧本的故事梗概供审批机关审查。虽然根据规定，电影制片单位依照前款规定对其准备投拍的电影剧本审查后，应当报送电影审查机构备案，但是审批机构只是"可以"对剧本进行审查。因此，制片单位本身也负有对剧本的内容(此处主要指思想内容，也包括剧本的质量即艺术品位)进行自我审查和把关的责任。如果把关不严，或者发现剧本存在问题不及时要求剧作者进行修改，或者在报批立项时有意回避真实情况，根据"问题"剧本拍摄出来的电影片能否通过主管机关的内容审查就可想而知了。因此，在申报立项时做到未雨绸缪是完全必要的，换句话说，《电影管理条例》所规定的十类"禁载"事项，既适用于对完成片的审核，也是对剧本的潜在要求。②

三、律师在电影立项申报业务中提供法律服务时应注意的事项

(1) 有资格提出电影拍摄立项的主体，不仅限于持有《摄制电影许可证》的电影制片单位。在地市级以上工商部门注册登记的各类影视文化单位也有资格提出摄制电影片的立项申报。

① 参见广电总局《关于调整重大革命和历史题材电影、电视剧立项及完成片审查办法的通知》。

② 《电影管理条例》第 25 条分别规定了电影片的积极条件与消极条件。积极条件是电影技术质量应当符合国家标准；消极条件是电影片禁止载有下列内容：(1) 反对宪法确定的基本原则的；(2) 危害国家统一、主权和领土完整的；(3) 泄露国家秘密、危害国家安全或者损害国家荣誉和利益的；(4) 煽动民族仇恨、民族歧视，破坏民族团结，或者侵害民族风俗、习惯的；(5) 宣扬邪教、迷信的；(6) 扰乱社会秩序，破坏社会稳定的；(7) 宣扬淫秽、赌博、暴力或者教唆犯罪的；(8) 侮辱或者诽谤他人，侵害他人合法权益的；(9) 危害社会公德或者民族优秀文化传统的；(10) 有法律、行政法规和国家规定禁止的其他内容的。

(2) 两个以上单位联合摄制电影片的,应当由其中一个具备上述资质的单位办理立项手续。

(3) 自2003年之后,对于一般题材的电影片由一级审查转变为中央、省市两级审查体制。省级广电局获得授权,可以对除了重大革命和历史题材、重大文献纪录片、特殊题材、国家资助影片、合拍片之外的其他影片的剧本梗概和完成片进行审查。

(4) 境内单位拟与外方合作拍摄电影片的,应由中方制片单位向广电总局提出摄制立项申请,并提交中外双方合作意向书或协议书。取得《中外合作摄制电影片许可证》或批准文件后,中外双方才能根据批准立项的内容正式签订中外合资摄制电影片合同。据此,中方面临着某种潜在的法律风险,处理不好的话,可能会遭受来自外方的追索。一个可行的路径是:对中外双方合作意向书或协议书的效力作出某种限定。具体办法可以通过在意向书或协议书中置入一个停止条件的约款,即以广电主管部门审查通过作为双方法律文书生效的条件。

(5) 需要指出的是,对于重大革命和历史题材的电影,必须将全部剧本报经国家广电总局"重大革命和历史题材影视创作领导小组"审定;而一般题材电影,仅需报送故事梗概即可。

(6) 普通影视制作单位无权申请理论、文献专题片的立项。只有中央和国家机关各部门,以及中央电视台才有资格申报立项并组织制作。

第三节　电视剧拍摄制作备案公示程序与其他拍摄前的申报程序

一、电视剧拍摄制作备案公示程序

(一) 电视剧备案公示程序

国家广播电影电视总局于2010年5月14日发布的《电视剧内容管理规定》对以往电视剧的申报立项作了较大的改变,即对一般的电视剧改采备案公示制度。但对于某些特殊的领域、特殊的题材,例如重大革命或重大历史题材,制作单位在申请备案公示之前,仍须办理电视剧的立项申报事宜。

根据该规定,国务院广播影视行政部门负责全国拍摄制作电视剧的公示。省、自治区、直辖市人民政府广播影视行政部门负责受理本行政区域内制作机构拍摄制作电视剧的备案,经审核报请国务院广播影视行政部门公示。也就是说,备案可以由地方广播电视主管部门进行，但公示只能由国务院广播电视主管部门统一实施。按照有关规定向国务院广播影视行政部门直接备案的制作机构（以下简称直接备案制作机构），在将其拍摄制作的电视剧备案前，应当经其上级业务主管部门同意。

省、自治区、直辖市人民政府广播影视行政部门、直接备案制作机构向国务院广播影视行政部门申请电视剧拍摄制作备案公示，应当提交下列材料：

（1）《电视剧拍摄制作备案公示表》或者《重大革命和重大历史题材电视剧立项申报表》，并加盖对应的公章。

（2）如实准确表述剧目主题思想、主要人物、时代背景、故事情节等内容的不少于1 500字的简介。

（3）重大题材或者涉及政治、军事、外交、国家安全、统战、民族、宗教、司法、公安等敏感内容的（以下简称特殊题材），应当出具省、自治区、直辖市以上人民政府有关主管部门或者有关方面的书面意见。

国务院广播影视行政部门对申请备案公示的材料进行审核，在规定受理日期后20日内，通过国务院广播影视行政部门政府网站予以公示。公示内容包括：剧名、制作机构、集数和内容提要等。电视剧公示打印文本可以作为办理相关手续的证明。

制作机构应当按照公示的内容拍摄制作电视剧。制作机构变更已公示电视剧主要人物、主要情节的，应当依照《电视剧内容管理规定》重新履行备案公示手续；变更剧名、集数、制作机构的，应当经省、自治区、直辖市人民政府广播影视行政部门或者其上级业务主管部门同意后，向国务院广播影视行政部门申请办理相关变更手续。

需要指出的是，这里的"备案"不宜做一般意义上的理解。广播电视主管部门并不是处于完全消极的角色，在新规定中仍然赋予这些部门以"审核"权。何况，国务院广播影视行政部门对于呈报的申请，享有很大的取舍权、否决权。①

（二）对申请电视剧拍摄制作备案公示主体的要求

广电总局于2010年发布的《电视剧内容管理规定》第10条对申请电视剧拍摄制作备案公示的制作机构，提出了明确的要求。根据该规定，凡符合下列条件之一的，即可申请电视剧拍摄制作备案公示：

（1）持有《电视剧制作许可证（甲种）》；

（2）持有《广播电视节目制作经营许可证》；

---

① 《电视剧内容管理规定》第13条规定："国务院广播影视行政部门对申请备案公示的电视剧内容违反本规定的，不予公示。"

(3) 设区的市级以上电视台(含广播电视台、广播影视集团);

(4) 持有《摄制电影许可证》;

(5) 其他具备申领《电视剧制作许可证(乙种)》资质的制作机构。

在很长一段时间里,我国电视剧制作许可证分长期许可证和临时许可证两种。长期许可证有效期为3年;临时许可证为一剧一证,只限于所申报的电视剧目使用。从2001年12月起,我国对电视剧制作实行新的许可制度,向符合条件的单位分别发放甲种许可证和乙种许可证,取代了此前的长期许可证和临时许可证。

2004年,广电总局调整了《电视剧制作许可证(乙种)》的申领、核发程序。规定自2004年6月1日起,由各省级广播影视行政部门负责本辖区内乙种许可证的核发工作。所有已取得《广播电视节目制作经营许可证》的机构和地市级以上电视台,如需制作电视剧,均可按程序向省级广播电影电视行政部门提出申领乙种许可证的申请。

根据《广播电视节目制作经营管理规定》的规定,以下三类机构可以申请制作电视剧:持有《广播电视节目制作经营许可证》的机构、地市级及以上的电视台(含广播电视台、广播影视集团)和持有《摄制电影许可证》的电影制片机构。

申领《电视剧制作许可证(乙种)》,须提交以下材料:

(1) 申请报告。

(2)《电视剧制作许可证(乙种)申领登记表》。

(3) 广电总局题材规划立项批准文件复印件。

(4) 编剧授权书。

(5) 申请机构与制片人、导演、摄像、主要演员等主创人员和合作机构(投资机构)等签订的合同或合作意向书复印件。其中,如聘请境外主创人员参与制作的,还需提供广电总局的批准文件复印件。

(6)《广播电视节目制作经营许可证》(复印件)或电视台、电影制片机构的相应资质证明。

(7) 持证机构出具的制作资金落实证明。

“乙种许可证”由省级广播电视行政部门核发,并在一周内将核发情况报广电总局备案。在所拍的电视剧完成后即告结束。如果这个机构再要制作新的电视剧,就必须按照上述程序再次申请。

电视剧制作机构只有在连续两年内制作完成6部以上单本剧或3部以上连续剧(3集以上/部)的,方可按程序向广电总局申请《电视剧制作许可证(甲种)》资格。“甲种许可证”由广电总局核发。根据《广播电视节目制作经营管理规定》的规定,“甲种许可证”有效期限为两年,有效期届满前,对持证机构制作的所有电视剧均有效。

“甲种许可证”有效期届满后，持证机构申请延期的，如符合法定条件且无违规纪录，即准予延期。

二、其他拍摄前的申报程序

（一）中外合作拍摄电视剧的具体流程

中外合作制作电视剧，主要采取联合制作［系指中方与外方共同投资、共派主创人员、共同分享利益及共同承担风险的电视剧（含电视动画片）制作方式］、协作制作（系指由外方出资并提供主创人员，在境内拍摄全部或部分外景，中方提供劳务或设备、器材、场地予以协助的电视剧制作方式）以及委托制作（系指外方出资，委托中方在境内制作的电视剧制作方式）三种形式。

申请中外联合制作电视剧立项的，应提交下列书面材料：

（1）申请书；

（2）《电视剧制作许可证（甲种）》复印件；

（3）省级广播电视行政部门的初审意见［直接从广电总局申领《电视剧制作许可证（甲种）》的中方制作机构除外］；

（4）每集不少于5 000字的分集梗概或完整的剧本；

（5）境内外主创人员（编剧、制片人、导演、主要演员）名单及履历；

（6）制作计划、境内拍摄景点及详细拍摄日程；

（7）合作协议意向书；

（8）外方法人注册登记证明（外方为自然人的，应提交履历）、资信证明。

审批机关可以要求外方提交经过公证的境外第三方担保书。

申请中外联合制作电视动画片立项的，应提交以下材料：

（1）申请书；

（2）《广播电视节目制作经营许可证》复印件；

（3）省级广播电视行政部门的初审意见［直接从广电总局申领《电视剧制作许可证（甲种）》的中方制作机构除外］；

（4）每集不少于500字的分集梗概或完整的剧本；

（5）合作协议意向书；

（6）外方法人注册登记证明（外方为自然人的，应提交履历）、资信证明。

审批机关可以要求外方提交经过公证的境外第三者担保书。

申请中外协作制作、委托制作电视剧（含电视动画片）的，应提交的材料包括：

（1）申请书；

（2）每集不少于1 500字的分集梗概或完整的剧本；

(3) 主创人员(编剧、制片人、导演、主要演员)名单;

(4) 境内拍摄景点及拍摄计划;

(5) 合作协议意向书;

(6) 审批机关可以要求外方提供的相关资信证明。

根据规定,凡直接从广电总局申领《电视剧制作许可证(甲种)》的中方制作机构申请与外方合作制作电视剧(含电视动画片)的,由中方制作机构向广电总局申报。其他中方制作机构申请与外方合作制作电视剧(含电视动画片)的,经所在地省级广播电视行政部门同意,报广电总局审批。

广电总局在正式受理中外合作制作电视剧(含电视动画片)申请后,应当在法定期限内作出是否准予拍摄的决定。其中中外联合制作电视剧(含电视动画片)的审查时间为50日(含专家评审时间30日);中外协作制作、委托制作的电视剧(含电视动画片)的审查时间为20日。符合条件的,由广电总局作出准予拍摄的批复;不符合条件的,应当书面通知申请人并说明理由。送审单位对不准予拍摄的决定不服的,可以在收到决定之日起60日内,向广电总局提出复审申请。广电总局应当在50日内作出复审决定,其中组织专家评审的时间为30日,并将决定书面通知送审机构。①

(二) 重大革命和历史题材电视剧申报与立项

重大革命和历史题材影视剧在开机拍摄之前,必须先将剧本报请国家广电总局"重大革命和历史题材影视创作领导小组"审定,该领导小组负责我国重大革命和历史题材影视剧创作的组织指导、剧本立项把关和完成片审查。领导小组下设电影组和电视剧组。经领导小组审定同意后,才可以开机拍摄。

重大革命和历史题材电视剧包括:反映我党我国我军历史上重大事件,描写担任党和国家重要职务的党政军领导人及其亲属的生平业绩,以历史正剧形式表现中国历史发展进程中重要历史事件、历史人物为主要内容的电视剧。这类题材的电视剧须报国家广电总局总编室,由电视剧组办公室报领导小组审查。

描写党政军历史上重大事件和重要领导人及其亲属生平业绩的重大革命历史题材电视剧,剧本要经省级广电部门和党委宣传部门初审通过后,报领导小组审批。申报时需提交:省级广电部门和党委宣传部门审查通过的意见,并加盖公章;中央电视台、省级电视台、各大军区和大兵种影视制作机构的申请立项报告;根据实际需要提供剧本若干份;主要参考资料清单。

重大历史题材电视剧的剧本经省级广电部门初审通过后,报领导小组审批。

---

① 参见《中外合作制作电视剧管理规定》第12条的规定。

申报时需提交:省级广电部门审查通过的意见,并加盖公章;持证电视剧制作机构的申请立项报告;根据实际需要提供剧本若干份;主要参考资料清单。剧本经领导小组审查通过后,由国家广电总局行文批复申报单位。经批准投拍的电视剧列入全国电视剧题材规划批复剧目表。①

(三)理论、文献电视专题片的申报与审批

理论电视专题片由中央和国家机关各部门,省、自治区、直辖市党委宣传部,中央电视台组织制作;文献专题片由中央和国家机关各部门以及中央电视台组织制作。根据广电总局《关于制作播出理论、文献电视专题片的暂行规定的实施办法》的规定,对理论文献电视专题片实行特别许可制度。

中央和国家机关各部门以及中央电视台组织制作理论、文献电视专题片,应将制片计划(包括片名、主题、集数、每集主要内容等)报广电总局审批。审批同意后,国家广电总局将批复件抄送中共中央宣传部。根据中央办公厅、国务院办公厅转发的中共中央宣传部、国家广播电影电视总局《关于制作播出理论、文献电视专题片的暂行规定》,省、自治区、直辖市党委宣传部组织制作理论电视专题片应事先将制片计划(包括片名、主题、集数、表现方式和主要内容)报本省、自治区、直辖市党委审批。审批同意后,省、自治区、直辖市党委将批复件抄送中宣部和国家广电总局。

(四)国产电视动画片题材规划立项

2004年5月,广电总局发出《关于对国产电视动画片实行题材规划管理的通知》,自2004年7月1日起,国家开始实行国产电视动画片题材规划制度。凡持有《广播电视节目制作经营许可证》的制作机构均可制作动画片。制作国产动画片实行题材报批,经规划审查同意立项后方能投产制作。凡未经题材规划批准立项而自行制作的国产动画片,不予审查完成片,不予发放《动画片发行许可证》,各级电视播出机构不予播出。国产动画片题材规划工作,由国家广电总局和省级广播影视管理部门两级管理。省级广播影视管理部门按照属地管理的原则负责所辖地区国产动画片题材规划的初审。中直机构和部队系统,由制作机构的上级业务主管部门负责国产动画片题材规划的初审。国家广电总局负责对全国国产动画片题材规划的终审工作。

各省级国产动画片题材申报工作,统一由省级广播影视管理部门负责;中直机关、部队系统制作机构的申报工作,统一由其上级主管部门负责。国家广电总局不

---

① 经批准立项的重大革命和历史题材电视剧,应当自剧本立项之日起1年内开拍,并在两年内摄制完成,否则视为自动取消立项。

受理制作机构直接申报的规划项目。

国产动画片题材申报需报材料包括:加盖制作机构公章的、由总局统一印制的国产电视动画片题材规划申报表;对主题思想、主要角色、故事情节有明确表述的1 500字左右的剧情简介;由省级广播影视管理部门领导签字,并加盖管理部门公章的申报意见。中直机构、部队系统参照办理。

经国家广电总局批准立项的动画项目,有效期为2年(含立项当年)。逾期制作的,项目作废。如需继续制作,须重新申报立项,有效期为1年。到期仍未制作的,取消该机构申报该项目的资格。

三、律师在电视剧立项申报业务中提供法律服务时应注意的事项

(1) 在中途参加电视剧制作的情况下,后加入的一方应当特别留意立项的有效期间。题材规划立项是拍摄电视剧的第一步。持有《广播电视节目制作经营许可证》的机构、地市级及以上的电视台(含广播电视台、广播影视集团)或者持有《摄制电影许可证》的电影制片机构,有资格申请电视剧题材规划立项。所有经总局批准立项的剧目,立项有效期为2年(含立项当年),逾期未拍者作废。仍准备拍摄的须进行二次申报立项,有效期1年,到期仍未拍摄者取消该机构再行申报该项目的资格。

(2) 取得乙种许可证之后方可开始拍摄工作,且乙种许可证仅限于核定的剧目。题材立项获得广播电视管理部门批准之后,申请人持广电总局题材规划立项批准文件复印件、编剧授权书、申请机构与制片人、导演、摄像、主要演员等主创人员和合作机构(投资机构)等签订的合同或合作意向书、《广播电视节目制作经营许可证》或电视台、电影制片机构的相应资质证明以及制作资金落实证明等材料向省级广播电视行政部门申领《电视剧制作许可证(乙种)》。乙种许可证仅针对单个剧目有效。该证在指定的电视剧拍摄完成后即告失效。如果打算制作其他电视剧,则必须按照上述程序另行提出再次申请。

(3) 领取甲种许可证的机构在法定期限内拍摄的电视剧无须单个申领制作许可证。连续2年内制作完成6部以上单本剧或3部以上连续剧(3集以上/部)的电视剧制作机构,可向广电总局申请《电视剧制作许可证(甲种)》资格。"甲种许可证"由广电总局核发。根据《广播电视节目制作经营管理规定》的规定,"甲种许可证"有效期限为2年,有效期届满前,对持证机构制作的所有电视剧均有效。

(4) 中外联合制作电视剧须满足额外的条件。如申请中外联合制作电视剧立项的条件要严格得多,比如须提交每集不少于5 000字的分集梗概或完整的剧本、境内外主创人员(编剧、制片人、导演、主要演员)名单及履历、外方法人注册登记

证明(外方为自然人的,应提交履历)、资信证明等,审批机关可以要求外方提交经过公证的境外第三方担保书。

(5) 特定题材电视剧制作主体资质的特殊要求。重大革命和历史题材影视剧在开机拍摄之前,必须先将剧本报请国家广电总局“重大革命和历史题材影视创作领导小组”审定。理论电视专题片的制作主体仅限于中央和国家机关各部门,省、自治区、直辖市党委宣传部,中央电视台组织。文献专题片的制作主体仅限于中央和国家机关各部门以及中央电视台组织。

(6) 在电影、电视剧的投融资以及立项的过程中,所应遵循的不仅仅是法律、法规,还有很多政策性的东西乃至操作惯例。这个领域的条条框框繁杂,一般人难以在短时间内理清头绪。仅就法规而言,就涉及不同层次、不同时期出台的法规,而且很多规范对同一个问题都作出了规定,对此应依据上位法优于下位法、特别法优于一般法、新法优于旧法这三个原则处理。我国在影视领域还存在大量政策性规定,往往以批复、通知、会议纪要的形式出现,有的执行起来弹性很大;有的一开始系针对某一具体事件,但其处理方法可以并且已经适用于同类型的其他事件,且已经形成某种惯例;有的政策性的东西,由于时过境迁已经失效。广播电视主管部门也会定期对过往的一些政策、规定进行清理,并在网上(www. sarft. gov. cn)发布,对此应予留意。

政策更替频仍增加了影视投资人把控未来的难度。影视投资的风险不仅来自市场,也来自政策的变动所带来的不确定性。因此,投资者、项目策划者在项目实施之前应当事先预留足够的回旋空间,多设想几个不同的方案,针对不同的情况采取妥善的应对。

第四节 本章涉及的相关法律法规

1.《电影剧本(梗概)备案、电影片管理规定》(2006 年 6 月 22 日施行)。

2.《中外合作摄制电影片管理规定》(2004 年 8 月 10 日施行)。

3. 广电总局《关于改进和完善电影剧本(梗概)备案、电影片审查工作的通知》(2010 年 2 月 4 日发布)。

4.《广播电视节目制作经营管理规定》(2004 年 8 月 20 日施行)。

5.《中外合作制作电视剧管理规定》(2004 年 10 月 21 日施行)。

附件

附件 1

摄制电影许可证(单片)

(存根)

(××)影单证字[20××]第×××号

影片名称:××××(胶片/数字)
摄制单位名称:××××文化传播有限公司
摄制单位法人代表:××××
摄制单位地址:××省××市×××大街××××号
联系电话:

领证人(签字):
签发人:
20××年××月××日

摄制电影许可证(单片)

(××)影单证字[20××]第×××号

影片名称:××××
摄制单位名称:××××文化传播有限公司
摄制单位法人代表:××××
摄制单位地址:××省××市×××大街×××号

此证只限摄制《××××》(胶片/数字)影片使用,有效期贰年;该片领取《电影片公映许可证》时,此证须交回。

发证机关(印章):
发证日期:20××年××月××日

附件 2

国家广播电影电视总局
电影管理局
《电影剧本(梗概)备案回执单》

影剧备字[200×]第×××号

存　　根

片　　名：

备案单位：

备案结果：

领 取 人：

联系电话：

签 发 人：

二〇〇×年××月××日

国家广播电影电视总局
电影管理局

《电影剧本(梗概)备案回执单》

影剧备字[200×]第×××号

________________:

你单位《　　　　　　　　　　　　》的电影剧本(梗概)已在我局备案。

国家广播电影电视总局电影管理局
二〇〇×年××月××日

附件3

《电视剧制作许可证(乙种)》
申　请　表

申领编号：______________________

许可证号：______________________

剧　　目：______________________

申请机构
名　　称：______________________

（续表）

<table>
<tr><td>机构名称</td><td colspan="6"></td></tr>
<tr><td rowspan="2">负责人或法定代表人</td><td>姓名</td><td>职务</td><td colspan="2">地址</td><td>联系电话</td><td>邮编</td></tr>
<tr><td></td><td></td><td colspan="2"></td><td></td><td></td></tr>
<tr><td>联系人</td><td colspan="6"></td></tr>
<tr><td rowspan="2">剧目</td><td colspan="3">名称</td><td>题材类别</td><td colspan="2">长度</td></tr>
<tr><td colspan="3"></td><td></td><td colspan="2">集×　分钟</td></tr>
</table>

<table>
<tr><td rowspan="17">电视剧主创人员情况</td><td></td><td>姓名</td><td>国籍（地区）</td><td>就职机构</td></tr>
<tr><td rowspan="2">编剧</td><td></td><td></td><td></td></tr>
<tr><td></td><td></td><td></td></tr>
<tr><td rowspan="2">导演</td><td></td><td></td><td></td></tr>
<tr><td></td><td></td><td></td></tr>
<tr><td rowspan="2">摄像</td><td></td><td></td><td></td></tr>
<tr><td></td><td></td><td></td></tr>
<tr><td rowspan="4">主要演员</td><td></td><td></td><td></td></tr>
<tr><td></td><td></td><td></td></tr>
<tr><td></td><td></td><td></td></tr>
<tr><td></td><td></td><td></td></tr>
<tr><td rowspan="2">制片主任</td><td></td><td></td><td></td></tr>
<tr><td></td><td></td><td></td></tr>
<tr><td rowspan="2">制片人</td><td></td><td></td><td></td></tr>
<tr><td></td><td></td><td></td></tr>
<tr><td rowspan="2">监制</td><td></td><td></td><td></td></tr>
<tr><td></td><td></td><td></td></tr>
</table>

（续表）

<table>
<tr><td rowspan="3">资金情况（万元）</td><td>自有资金</td><td colspan="2"></td><td rowspan="3">资金使用预算</td><td colspan="2" rowspan="3">制片人:（签章）</td></tr>
<tr><td>融资资金</td><td colspan="2"></td></tr>
<tr><td>其他来源</td><td colspan="2"></td></tr>
<tr><td colspan="2">剧情梗概</td><td colspan="5"></td></tr>
<tr><td colspan="2">电视剧题材规划立项审批情况</td><td colspan="5">______年　第______批已批准立项</td></tr>
<tr><td colspan="2">境外主创人员审批情况（批准文号）</td><td colspan="5"></td></tr>
<tr><td colspan="2" rowspan="3">合作机构情况</td><td>机构名称</td><td colspan="2"></td><td>经济性质</td><td></td></tr>
<tr><td rowspan="2">负责人</td><td>姓名</td><td>职务</td><td>联系电话</td><td>手机</td></tr>
<tr><td></td><td></td><td></td><td></td></tr>
<tr><td colspan="2">合作方式</td><td colspan="5">联合制作（　　）　合资制作（　　）　委托承制（　　）</td></tr>
<tr><td colspan="2">投资比例</td><td colspan="2"></td><td>版权情况</td><td colspan="2"></td></tr>
</table>

（续表）

<table>
<tr><td colspan="5">审批情况</td></tr>
<tr><td>县级以上广播电视行政部门（业务主管部门）初核意见</td><td colspan="4">负责人（签字）　　管理部门（盖章）
年　　月　　日</td></tr>
<tr><td>审批机关审核意见</td><td colspan="4">负责人（签字）　　管理部门（盖章）
年　　月　　日</td></tr>
<tr><td>发证日期</td><td></td><td>有效期限</td><td colspan="2">年　　月至　　年　　月</td></tr>
<tr><td>领证人姓名</td><td colspan="3">工作单位</td><td>联系电话</td></tr>
<tr><td></td><td colspan="3"></td><td></td></tr>
<tr><td>备注</td><td colspan="4"></td></tr>
<tr><td>填表注意事项</td><td colspan="4">1. 人员、设备、资金来源情况要如实填写。如属本单位所有，请单位人事部门、设备管理部门、财务部门分别提供说明，如系向外单位租（借）用必须有提供方与制作单位的协议书。
2. 本表所列空格如填写不下，可另加附页。
3. 该表一式两份，一份发证机关留存，一份报总局备案。</td></tr>
</table>

附件 4

《电视剧制作许可证(甲种)》
申　请　表

申领机构：____________________________(公章)

申领机构负责人签字：____________________________

申请日期：__________年__________月__________日

国家广播电影电视总局

（续表）

<table>
<tr><td>机构名称</td><td colspan="2"></td><td colspan="3">机构性质
（1. 事业单位；2. 国有独资企业；
3. 国有控股企业；4. 国有参股企业；
5. 民营企业）</td><td></td></tr>
<tr><td rowspan="2">法人代表（负责人）</td><td>姓名</td><td>职务</td><td colspan="2">地 址</td><td>联系电话</td><td>邮编</td></tr>
<tr><td></td><td></td><td colspan="2"></td><td></td><td></td></tr>
<tr><td>联系人</td><td></td><td></td><td colspan="2"></td><td></td><td></td></tr>
<tr><td rowspan="3">注册资金（万元）</td><td colspan="2" rowspan="2">合计</td><td colspan="4">其中</td></tr>
<tr><td colspan="2">固定资产</td><td colspan="2">流动资金</td></tr>
<tr><td colspan="2"></td><td colspan="2"></td><td colspan="2"></td></tr>
<tr><td rowspan="10">主要从业人员</td><td>姓名</td><td>文化程度</td><td>现任职务</td><td>职称</td><td colspan="2">主要业绩</td></tr>
<tr><td></td><td></td><td></td><td></td><td colspan="2"></td></tr>
<tr><td></td><td></td><td></td><td></td><td colspan="2"></td></tr>
<tr><td></td><td></td><td></td><td></td><td colspan="2"></td></tr>
<tr><td></td><td></td><td></td><td></td><td colspan="2"></td></tr>
<tr><td></td><td></td><td></td><td></td><td colspan="2"></td></tr>
<tr><td></td><td></td><td></td><td></td><td colspan="2"></td></tr>
<tr><td></td><td></td><td></td><td></td><td colspan="2"></td></tr>
<tr><td></td><td></td><td></td><td></td><td colspan="2"></td></tr>
<tr><td></td><td></td><td></td><td></td><td colspan="2"></td></tr>
</table>

（续表）

<table>
<tr><td rowspan="11">最近两年
电视剧
制作业绩</td><td>剧名</td><td>长度(集×分钟)</td><td>发行许可证编号</td><td>获奖情况</td></tr>
<tr><td></td><td></td><td></td><td></td></tr>
<tr><td></td><td></td><td></td><td></td></tr>
<tr><td></td><td></td><td></td><td></td></tr>
<tr><td></td><td></td><td></td><td></td></tr>
<tr><td></td><td></td><td></td><td></td></tr>
<tr><td></td><td></td><td></td><td></td></tr>
<tr><td></td><td></td><td></td><td></td></tr>
<tr><td></td><td></td><td></td><td></td></tr>
<tr><td></td><td></td><td></td><td></td></tr>
<tr><td></td><td></td><td></td><td></td></tr>
<tr><td>省级广播电视
行政部门
(业务主管部门)
初核意见</td><td colspan="4">负责人(签字)　　管理部门(盖章)
年　　月　　日</td></tr>
<tr><td>备注</td><td colspan="4">《电视剧制作许可证(甲种)》机构,每两年统一审核,其它时间不单独受理相关申请。</td></tr>
</table>

第三章　影视剧的制作

第一节　影视剧的前期拍摄

一、影视剧前期拍摄阶段主要工作

影视剧的前期拍摄一般由拍摄前准备阶段和拍摄阶段组成。

1. 拍摄前准备阶段的主要任务是摄制组全体研究讨论分镜头剧本和导演阐述,统一创作意图,完成各项创作设计,必要人员体验生活,并在技术、物资等各方面为下一阶段的拍摄工作进行充分准备。

本阶段应完成下列工作:

(1) 宣布摄制组正式成立并公布名单,确定各部门人员到组时间。

(2) 各部门阅读研讨分镜头剧本和导演阐述,明确并统一创作意图,并在收集各部门意见的基础上进行分镜头剧本的一般性修改。

(3) 提出本阶段的工作计划,报制片人、出品人备案。

(4) 选定全部演员,确定人物造型,体验生活,复查外景。

(5) 完成服装、道具的设计制作,绘制布景设计图。

(6) 完成必要的先期录音工作。

(7) 涉及军事预算的影视剧,应提前完成军事预算的编制和上报。运送和使用武器弹药,应同时到公安部门办理有关手续。需要在文物、园林部门拍摄的影视剧,应按照国家文物保护法编制拍摄计划并办理有关手续。

(8) 根据安全条例制定安全措施,明确安全分工。

(9) 完成全片摄制计划和摄制预算的编制。

(10) 完成其他必要的准备工作。

2. 在进行充分的拍摄前准备之后,影视剧即可以进入拍摄阶段,一般情况下,拍摄阶段应完成的工作有:

(1) 完成全部内景、外景、场地景、特技镜头的拍摄。

(2) 按计划拍摄的工作照和剧照。

(3) 搜集音响资料和画面镜头资料。

(4) 在拍摄的同时进行素材镜头的粗剪。

(5) 完成对白的配录工作。

(6) 完成一般性的补拍。

(7) 完成音乐作曲工作。

(8) 影视剧停机后,摄制组部分人员(摄影、美术、照明、置景、服装、道具、化妆等人员)进行本部门各种物资器材的登记整理和做移交的准备工作,上述相关人员完成创作生产小结,并回原单位。

3. 影视剧前期拍摄阶段应注意的主要问题。

近年来的影视剧运作中,多采取各方投资联合摄制的方式。在实际操作中,各方对电视剧的分期投资常常以拍摄进度作为支付投资款的时间标志。有鉴于此,在电视剧的前期摄制阶段,做好各项工作的时间控制就显得尤为重要。在与各部门人员签订合同的时候,要充分考虑联合摄制/投资合同的投资付款时间,以及影视剧在拍摄过程中向公安、园林等部门办理有关手续的时间等,以避免因为不同部门、不同事项的时限、日程冲突,导致无法及时获得投资款项,影响整个项目的顺利推进。

在相关合同中进行期限的约定时,建议将工作中的日期在协议中约定由拍摄日、掌握日、准备日、运转日、学习日、节假日、外景阴雨估计日等必要的机动日组成。在协议中通过对不同类型期限的分别组合约定,以及最终的兜底期限,保证时限约定既有利于为项目付款及整体推进提供较为确定的时间点,又具有一定的弹性,便于在影视剧拍摄中应付情势的变化以及可能的突发事件。同时,在拍摄过程中应该充分考虑,影视剧的拍摄工作要受制于投资方、承制方、导演、剧本,以及前期确定的广告植入的限制。在众多的前期合同以及实际的拍摄过程中,既要照顾到各方的利益,尽可能地将各方的利益要求确定性地纳入拍摄计划当中,同时也要对各方意见发生分歧时的最终决定权进行约定,以做到兼顾各方利益及项目推进效率二者之间的平衡。

二、影视剧拍摄的技术规格:胶片与数字、高清与标清

(一) 胶片与数字(以电影为例)

1. 胶片电影

胶片通常用于电影的拍摄,限于制作成本的原因,电视剧很少使用胶片拍摄,在此,以电影为拍摄标的来介绍一下胶片。胶片是记载电影内容的载体。胶片主

要由两部分组成：一是形成影像的感光乳剂；二是乳剂的支撑体片基，起着支撑乳剂的作用。

电影胶片标准的画面尺寸为22mm×16mm，即宽高比为1.37:1，每格画面占4个片孔。为了提高宽高比，在35mm胶片上推出了宽银幕电影。其中分为两个系列：一是在摄影机镜头前加装变形镜头，使拍摄到的影像横向压缩而纵向保持不变；放映时则在放映机镜头前也加变形镜头，使图像展开并恢复到原来的比例，以形成宽银幕的效果。在电影放映的幅式术语中称“宽银幕”。另一种则是在片窗（摄影机或放映机）处上下各遮挡一部分，使画面的宽高比加大，放映时则采用短焦距镜头展开画面，达到宽银幕的效果。术语中称“遮幅式”。

胶片电影的常见类型（按胶片尺寸）有：

（1）16毫米电影。16毫米电影胶片宽度为16毫米的电影，是窄胶片体系中应用最广的一种电影。由于16毫米电影设备轻便，胶片和加工费用较低廉，加上感光乳剂技术的不断进步，改善了放映影像的清晰度和颗粒性，因而广泛应用于科教、新闻、工业和商业等各部门。同时也用以制作故事片，供中小城镇电影院或偏远地区放映单位使用。我国现有农村放映队，大部分采用16毫米电影。16毫米电影可直接用16毫米胶片拍摄，然后印制16毫米放映拷贝，或从标准型35毫米影片缩制拷贝。反之，也可用16毫米体制拍摄原底片，再放大印制为35毫米放映拷贝。

（2）普通银幕电影。普通银幕电影亦称“标准银幕电影”、“常规银幕电影”，或相对于宽银幕电影而称之为“窄幕电影”，指放映时在银幕上投影的画面宽高比为1.33:1（35毫米标准型无声片）或1.375:1（35毫米标准型有声片）的电影。

（3）宽银幕电影。宽银幕电影是使用的银幕比普通银幕宽的电影的统称。宽银幕电影把放映画面展宽，适合人的两眼水平视角大于垂直视角和人们在日常生活中所见到的景物并无限界的特点，使观众扩大视野，增加临场真实感。宽银幕上的影像画面造成了广阔的印象，有利于增强艺术表现力，尤其适合表现大自然景色、群众场面和战争镜头。国内外的宽银幕电影有：① 宽胶片宽银幕电影；② 变形画面宽银幕电影；③ 遮幅电影。

2. 数字电影

所谓数字电影，是指以数字技术和设备摄制、制作存储，并通过卫星、光纤、磁盘、光盘等物理媒体传送，将数字信号还原成符合电影技术标准的影像与声音，放映在银幕上的影视作品，此即为完整意义上的数字电影。目前数字电影的主要形式有两种：高端的数字电影，可更好地展现视听效果；低端数字电影，存储方便，具有较强的流动性。与传统电影相比，数字电影最大的特点是不再以胶片为载体、以拷贝为发行方式，而换之以数字文件形式发行或通过网络、卫星直接传送到影院、家庭等终端用户。

数字电影是以数字方式（即“0”和“1”方式）制作、传输和放映的。它有三种制作方式：一是计算机生成；二是用高清晰数字摄像机拍摄；三是用胶片摄影机拍摄完成后，再数字化到电脑硬盘里，并通过卫星、光纤、磁盘、光盘等物理媒体传送，最后将数字信号还原成符合电影技术标准的影像与声音。

数字电影的整体技术可以划分为四个阶段：

第一阶段，把数字电影后期制作阶段的影像信号制作成数字电影母版。

第二阶段，委托专门的数字技术服务公司对母版信号进行数字压缩、加密和打包，然后通过卫星或网络传送到当地的放映院，也可以直接将母版信号刻录成DVD只读光盘或录制到磁带等载体上，通过传统的特快专递等服务发送到当地影院。

第三阶段，在当地各影院或地区数字信号控制中心对数据信号进行接收和存储，获取和发送放映授权以及解密密码等。

第四阶段，通过数字放映实现数字信号的放映。

数字电影能有效避免胶片老化、退色现象，确保画面没有任何抖动和闪烁，使观众始终能看到光亮如新的电影。此外，数字电影节目的发行不需要洗映大量的胶片，既节约发行成本又有利于环境保护。以数字方式传输节目，整部电影在传输过程中不会出现质量损失。同时数字放映设备还可以为影院提供增值服务，如实时播放重大体育比赛、文艺演出、远程教育等。这改变了影院胶片放映的单一模式，使之向实时、多功能、多渠道、多方位的经营模式转变。数字电影技术的巨大潜能，使之成为当今世界电影发展的趋势和方向。

3. 数字电影与传统胶片电影的区别

相比传统胶片电影，数字电影的优势主要体现在：

（1）节约了电影制作费用，革新了制作方式，提高了制作水准。

（2）通过高清摄像技术，实现了与高清时代的接轨。

（3）数字介质存储，永远保持质量稳定，不会出现任何磨损、老化等现象，更不会出现抖动和闪烁。

（4）发行不需要洗映胶片，发行成本大大降低，传输过程中不会出现质量损失（制作好的数字电影可以通过数字软盘进行发行或通过国际卫星发送到世界各地的影院放映，省去了费时费力的拷贝复制和运输过程）。

（5）用了卫星同步技术，还可附加如直播重大文体活动、远程教育培训等，这一点是胶片电影所无法企及的。

（二）高清与标清（以电视剧为例）

1. 高清影视剧

现在网络上流行的高清影视剧主要分两类：

一类是直接从蓝光DVD（Blue-Ray DVD，简称BD）上取下来的文件，未经任何压缩，无论是画质还是音质，都是目前互联网上能够找到的最极品的影视剧，业界通常称之为Remux。这种高清影视剧一般为1080P，体积通常十分庞大。因此并不适合在目前的互联网上流通。但Remux型的1080P高清影视剧仍然是高清发烧爱好者的最爱。

另一类高清影视剧是用MPEG-4编码进行重编码的高清作品。这类电影通常被叫做BDrip类高清影视剧（以前曾经出现过HD-DVDrip高清影视剧，后因HD-DVD在竞争中败给BD而作罢）。通常的MPEG-4重编码高清视频流采用X264算法，X264算法的效率极高，比起前几年流行的Xvid/Divx编码的算法效率高出好多，因此，同一部影片，在分辨率、码率、体积大小完全相同的情况下，画质也要比前者高出很多。所以现在绝大多数高清影视剧都采用X264编码。

高清影视剧除了在视频流上高出一筹，音频流上同样也十分先进。主流的高清影视剧通常采用DTS、AAC、AC-3等方式进行音频编码，拥有多音轨、高音质、超高震撼的极品声音效果。比起以前MP3编码的电影音效，高清电影的音频真正做到了赶超影院效果的进步。为了将视频流和音频流封装在一起，高清电影一般采用mkv格式进行封装，成为所谓的BDrip高清电影。

2. 标清影视剧

所谓标清，就是指DVD清晰度。一般DVD的分辨率为640×480、576×720。后来，考虑到高清影视剧庞大的体积不宜下载，为了缩小体积，人们压制影视剧时，缩小分辨率，使得体积缩小，便于收藏和传播。因此，有这样一类BDrip影视剧，它们的横向分辨率低于1280，但至少800，我们称之为标清影视剧，简称480P。现在网上大多数的标清BDrip大多采用848×432分辨率。

标清影视剧的视频编码、音频编码都和高清电影类似，大多采用X264+AAC组合。这使得标清影视剧有着非常优秀的画质和音效，并大大超过以前流行的DVD光碟的影音效果。标清电影的体积不大，非常适合收藏，便于传播。

随着高清影视技术的成熟，胶片高分辨率等优势已经渐渐不在。高清拍摄影视剧可以不必考虑片比损耗，高清对光线的要求也没有胶片要求苛刻，最为重要的是，高清的制作费用低廉，往往只有胶片的一半。因此，越来越多的影视剧开始采用高清拍摄。

三、中国主要影视拍摄基地

（一）中国（怀柔）影视基地

中国（怀柔）影视基地位于北京市怀柔区杨宋镇，它以中影集团电影数字生产基地为核心，将其周边1公里左右范围作为集聚产业发展的核心区，范围包括杨宋镇建设区及其周边地区，总面积5.6平方公里。

中国（怀柔）影视基地被誉为“中国影都”，基地以中国电影体制改革为机遇，以中影生产基地迁怀为原始支点，借鉴国际典范，比对国际水平，致力于建设国内首个国际化新一代专业功能聚合型国家级影视基地，开启怀柔影视基地发展为“东方好莱坞”的序幕。

中国（怀柔）影视基地正在全力打造以影视后期制作为核心的九大功能中心：

影视后期制作中心、专业技术服务中心、影视拍摄中心、影视展示与传播中心、影视版权交易中心、影视动漫制作中心、影视教育培训中心、影视制片公司集聚中心、影视旅游中心等。

许多脍炙人口的影视剧如《玉碎》、《京华烟云》、《大敦煌》、《王爷到》、《宰相刘罗锅》（2003）、《少年包青天Ⅲ》、《少年宝亲王》、《大清宫》、《故宫》、《精卫填海》、《乱世子民》、《宋莲生坐堂》、《大阿哥溥峻》等都是在这里拍摄完成的。

（二）横店影视城

横店影视城是中国乃至世界规模最大的影视拍摄基地，美国《好莱坞报道》杂志曾形象地称其为“中国好莱坞”。横店影视城创造和打破了中国世界纪录协会多项中国纪录，入选中国世界纪录协会中国最大影视城，创造了多项世界之最、中国之最。横店影视城已成为目前国内拍摄场景最多、配套设施最全、历史跨度最大的影视拍摄基地，并以其厚重的文化底蕴和独特的历史场景而被评为国家5A级旅游景区，在影视、旅游界颇具影响力。

被誉为“江南第一镇”的横店影视城坐落于浙江中部的东阳市境内，地处浙中黄金旅游线上，处于江、浙、沪、闽、赣4小时交通旅游经济圈内。

自1996年以来，横店集团累计投入30个亿，重金兴建横店影视城。现已建成广州街、香港街、明清宫苑、秦王宫、清明上河图、梦幻谷、屏岩洞府、大智禅寺、明清民居博览城等13个跨越几千年历史时空，汇聚南北地域特色的影视拍摄基地和两座超大型的现代化摄影棚，总计用地4 963亩，建筑面积495 995平方米。2004年初，横店影视城被确立为中国唯一的国家级影视产业实验区。横影产业区汇集了

305家影视公司,诞生了全国首家创业板上市影视公司——华谊兄弟。同时,其他相关的配套服务行业也应运而生。这里既能为影视拍摄提供专业制景、车辆租赁、服装道具、化妆等方面的服务,又有庞大的群众演员队伍可供选择。

影视产业的崛起,也推动了横店旅游休闲业的发展。横店影视城坚持"影视为表、旅游为里、文化为魂"的经营理念,逐步实现了影视基地向影视旅游主题公园的转变,旅游产品由观光型向休闲体验型的转变,游客在这里可深度体验影视拍摄过程,享受度假休闲乐趣。方圆仅10平方公里的横店,街市繁华,无论是高档酒店,还是基地宾馆,游乐园、夜总会、桑拿中心、演艺中心、健身中心、保龄球馆等设施均配套齐全。横店影视城正在向具有东方特色的超大型影视旅游主题公园和乡村休闲之都迈进。

自1996年以来,在这里诞生了《鸦片战争》、《荆轲刺秦王》、《汉武大帝》、《大旗英雄传》、《仙剑奇侠传》、《英雄》、《无极》、《满城尽带黄金甲》、《黄石的孩子》、《投名状》、《功夫之王》、《木乃伊3》、《画皮》、《锦衣卫》、《唐伯虎点秋香2》、《剑雨江湖》、《仙剑奇侠传三》、《梦幻诛仙》、《神话》、《神医大道公》、《美人心计》、《神话》、《宫锁心玉》、《美人天下》、《寻龙夺宝》等700多部影视剧。

(三)无锡中视影视基地

中央电视台无锡中视影视基地属于中国十大影视基地之一,是融合了影视文化与旅游文化的大型影视拍摄基地和文化旅游胜地,也是国家首批5A级旅游景区之一。无锡中视影视基地以其得天独厚的自然风光、规模宏大的人文景观和完备的影视服务功能吸引了海内外众多摄制组和游客的光临,促进了中国影视业的繁荣和无锡地方经济的发展。

无锡影视基地坐落于江苏省无锡市太湖之滨,始建于1987年,占地面积近100公顷,可使用太湖水面200公顷。

中央电视台按照"以戏带建"的方针,为拍摄电视连续剧《唐明皇》、《三国演义》和《水浒传》,相继建成唐城、三国城和水浒城三大景区。在拍摄其他影视剧过程中又建成了"老北京四合院"、"老上海一条街"等明清风格的建筑景观,颇具观赏和研究价值。三国城内的建筑雄浑刚劲,主要景点有吴王宫、后宫、甘露寺、汉鼎、曹营水寨、吴营水寨、周瑜点将台等;水浒城内的建筑工巧华丽,主要景点有皇宫、樊楼、清明上河街、御街、紫石街、水泊梁山等;唐城内的建筑金碧辉煌,主要景点有御花园、华清池、唐宫等。这些建筑都由专家们精心考证设计,较为真实地再现了时代特征。

著名的影视剧《三国演义》、《水浒传》、《唐明皇》、《杨贵妃》、《大明宫词》、《笑傲江湖》、《大宅门》、《射雕英雄传》、《天下粮仓》等 250 余部都是在这里拍摄的。

（四）涿州央视影视基地

涿州央视影视基地是目前国内规模最大的一处为影视拍摄提供场景和制作服务的场所，又是一处突出影视特色的新兴人文景点。

涿州央视影视基地始建于 1990 年 12 月，位于河北省涿州市，离北京约 60 公里，总占地面积 2 197.3 亩。四面邻河，空阔如野，自然风景优美，吸引了众多海内外游客慕名前往。

基地在“上戏带景”的方针指导下，已投资 3 亿多元先后建起了体现唐代、汉代和明、清时代风格的景点，并分为外景区、内景区、传统民居景区以及工作生活区等。

外景区有通过拍摄大型历史剧《唐明皇》建造的唐代景区，占地 150 亩。通过拍摄大型历史剧《三国演义》建造的汉代景区，占地 500 亩。特别是宏伟壮观的铜雀台景点，集亭、台、楼、阁、廊、桥、院、阙于一体，是引人瞩目的一大独特景点。

内景区为两个摄影棚，棚内可建景，有化妆室、候播大厅、监控机房。棚外有大型道具制作车间。1997 年在铜雀台下建起了仿清代的景点乾清宫、养心殿、东暖阁、西暖阁、军机处等。

近几年，涿州央视影视基地为改善旅游环境，投放了大量的人力、财力，维修增设新景点，建起了北京民俗景点四合院，并不断扩大绿化面积，形成了别具一格的园林特色。

1992 年 9 月基地对外开放以来，先后有《唐明皇》、《三国演义》、《东周列国》、《水浒传》、《武则天》、《西楚霸王》、《苏武牧羊》、《汉刘邦》、《乱世英雄吕不韦》等 140 多个中外影视剧组来到基地，拍摄了 2 500 多部（集）节目。

（五）镇北堡西部影视城

镇北堡西部影城是国家 4A 级旅游景点，被评为“中国最受欢迎旅游目的地”和“中国最佳旅游景区”，是中国文化产业成功的典范之一。镇北堡西部影城在中国众多的影视城中以古朴、原始、粗犷、荒凉、民间化为特色，素有“中国电影从这里走向世界”的美誉。又因古堡的地貌和影城内部场景代表了旧中国西北地区的乡镇风情，故被誉为“中国一绝，西北大观”。镇北堡西部影城融合了历史人文景观与现代影视艺术，是享誉海内外的中国西部题材和古代题材的电影电视最佳外景拍摄基地。2008 年镇北堡西部影城被国务院和文化部颁布为“国家级非物质文化遗产代表作名录项目保护性开发综合实验基地”后，西部影城已逐步成为中国古代北方小城镇的缩影，集中了大量中华传统物质文化与非物质文化，再现了我们祖先的生活方式、生产方式和娱乐方式。

镇北堡西部影城地处宁夏银川西郊镇北堡，距银川市35公里，是在明清时代的边防城堡基础上修建的。

镇北堡西部影城集观光、娱乐、休闲于一体，它保留和复制了在此拍摄过的电影电视的场景。影城里既有充满智慧光芒的电影资料陈列馆、古代家具陈列室、艺术摄影展示厅，又有放映厅、餐厅、茶座、陶艺坊、旅游纪念品商店、古装摄影、骑射等多项娱乐设施，并有现代科技设备可为游客提供场景道具制作MTV、影视短片、表演“模仿秀”，以及随团拍摄旅游录像片，录制成VCD光盘，在个人的家庭影院中欣赏。“来时是游客、走时是明星”，这在世界各地的影视城中是独一无二的。

这里已拍摄了获得国际国内大奖的《牧马人》、《红高粱》、《黄河谣》、《黄河绝恋》、《老人与狗》以及著名影视片《大话西游》、《新龙门客栈》、《绝地苍狼》、《嘎达梅林》、《书剑恩仇录》等60多部影视剧。

（六）上海影视乐园

上海影视乐园由上海电影电视（集团）暨上海电影制片厂倾力建造，集影视拍摄、旅游观光、文化传播为一体，再现了20世纪初的上海经典场景和建筑。上海影视乐园凭借独特的老上海景观，丰厚的影视文化，完善的游乐设施，成为影视制片人采景拍摄的天堂，游客领略、观光老上海风情的胜地，中小学生接受爱国主义教育的胜地。

上海影视乐园位于上海松江区车墩，占地3 000亩，西邻320国道，北傍北松公路，东近沪杭铁路。

上海影视乐园建立于1999年10月，目前已建成了老上海十里洋场，车水马龙的南京路，老上海民居——石库门里弄，具有欧式风情，汇聚西班牙、挪威等高档别墅的“庭院”，苏州河码头和港区，老上海闸北区，老城厢等多个景点，是一处充满了老上海古典怀旧风味的特色旅游景点。宋子文旧居、徐家汇天主教堂及电车、电话亭等充满旧上海风情的作品更是把游客带回那个纸醉金迷的年代。此外，影城还有马勒别墅、教堂、和平广场、浙江路刚桥、湖山区等景点及服装仓库、道具仓库、片库、置景车间、放映厅。基地的四个电影棚和两个电视棚，共同构成了亚洲最大的室内组合摄影棚。

除了具备极具特色的实景式场景以外，影视基地还配有完善的设施和优良的服务。影视基地附近设有上影厂的服装、道具仓库，保存有多达20万件服装和19万件道具。而与影视摄制基地毗邻的影视公寓，可提供良好而舒适的住宿环境。另外，影视基地还为入园拍摄的剧组提供影视器材租赁、景点搭置、群众演员召集等一系列与拍摄相关的一条龙服务。著名影片《风月》、《如果·爱》、《黄炎培》、《刀锋·1937》、《伯爵夫人》、《长恨歌》、《理发师》、《神话》等都是在这里拍摄的。

附：

关于故事片摄制程序及阶段划分的规定

广播电影电视部电影局一九八七年五月二十七日发布

一、为落实中央关于经济体制改革的各项方针政策，提高影片艺术、技术质量，降低成本，缩短周期，加强生产经营管理水平，合理组织生产程序，增强人员和设备的效能，充分发挥创作、管理和技术人员的积极性，特在一九七八年电影局颁发的《关于故事片摄制程序及阶段划分的规定（草案）》的基础上，总结几年来试行的经验，修改制定本规定。今后各厂故事片的摄制工作，均应按照本规定的程序进行分阶段管理。

二、自酝酿工作开始，导演和制片主任受厂长任命和委托负责实现厂对摄制组的全面领导。在摄制组，实行厂长领导下的以导演为主的导演制片主任共同负责制。导演以负责艺术创作为主，制片主任以负责生产、行政为主，但导演、制片主任对影片思想、艺术、技术质量和工作进度、成本核算等均负有共同责任。导演、制片主任应定期向厂汇报工作，厂长对摄制组工作须给予经常的指导和检查。

三、从接受经审查通过的电影文学剧本，完成分镜头剧本的再创作，到投入摄制直至影片的标准原底拷贝审查通过为止，故事影片的摄制程序共划分为三个大的时期，即酝酿时期、筹备时期和生产时期。

酝酿时期

四、电影文学剧本经厂审查通过，同时确定导演，与剧本作者交换和统一创作意图，确定和完善电影文学剧本。文学剧本定稿后，由厂与有关部门商定制片主任、摄影师、美术师和副导演人选，成立酝酿小组，对主要限额指标（内容应包括全片日程、有效长度、总成本、胶片种类、外景地范围等）提出测算，报厂初审。厂根据影片的拍摄规模及其特点，参照各项消耗定额核定全片的限额指标。以上工作完成后，由厂发布第一号生产通告，宣布人员名单，成立筹备组，进入筹备时期。酝酿时期不计入影片摄制周期。

筹备时期

五、本时期自发布第一号生产通告开始至分镜头剧本审查通过为止。本时期的期限，根据影片规模的大小定为30天至60天（大型片不超过60天，中型片不超过45天，小型片不超过30天）。本时期的工作人员为导演、制片主任、摄影师、美术师和副导演组成的“筹备小组”，并由厂指定专人负责财务工作。如有特殊情况需增加其他人员，应经厂领导批准。拍摄戏曲片时，录音师和剪辑师在本时期内参加工作。故事片采取同期录音工艺时，录音师在本时期内参加工作。进入本时期后，电影厂应限期要求筹备小组提出筹备时期的工作计划及费用预算，报厂审查。在批准前不得开支费用。

本时期的主要任务：

（一）研究文学剧本，统一创作意图。

（二）搜集资料，体验生活。

（三）初选全片外景。

（四）完成导演阐述。

（五）绘制布景气氛草图和平面草图。

（六）完成分镜头剧本。

（七）选择演员，提出候选名单。

（八）制片主任应会同有关部门、车间确定拍摄前准备阶段人员名单（特技设计、特技摄影根据规模及摄制组工作需要，由摄制组确定到组工作时间）。

（九）摄制组进入筹备时期后，制片主任要及时收集整理艺术档案资料。

（十）筹备时期的全部工作完成后，应提出筹备时期工作结束报告，报厂批准。由厂发布第二号生产通告，公布摄制组名单，正式进入生产时期。没有通过或尚需作较大修改的分镜头剧本，一律不得投入生产。

本时期注意事项：

1. 选择外景应注意外景地点尽可能集中，要求外景地不超过三个，并尽可能就近选择以缩短运转时间。如情况特殊，确需增加外景地，必须报厂领导批准。

2. 初选外景，人数应严格控制，规定为导演、制片主任、摄影师、美术师、副导演，如确需增加选景人员，可由厂领导视情况决定，但总人数不得超过 8 人。

3. 主要演员的人选应报厂批准。选择演员要与本厂演员剧团共同商量，尽量选用本厂演员。如尚不能解决，再去本省（市）其他单位选择（一般指主要演员）。如确需去外省（市）选择，应报厂领导批准（舞台戏曲片演员除外）。

生产时期

六、分镜头剧本经厂审查通过后，从宣布组成摄制组开始拍摄前的准备工作起，直至影片标准原底拷贝审查通过止，为整个影片的生产时期。

本时期的期限应根据影片的规模大小而定。一般定为 120 天至 220 天。

七、生产时期的工作程序分为以下四个阶段：

（一）拍摄前准备阶段。

（二）拍摄阶段。

（三）混录双片制作阶段。

（四）完成片制作及总结结束工作阶段。

八、每一阶段的工作日数和工作内容规定如下。

（一）拍摄前准备阶段：

本阶段的期限规定为 30 天到 55 天。

本阶段的主要任务是摄制组全体研究讨论分镜头剧本和导演阐述，统一创作意图，完成各项创作设计，必要人员体验生活，并在技术、物资等各方面为拍摄工作的顺利进行作好充分准备。本阶段应完成下列工作：

1. 宣布摄制组正式成立并公布名单（特技设计、特技摄影、烟火等人员根据影片需要由摄制组确定到组时间）。

2. 各部门研究讨论分镜头剧本和导演阐述，统一创作意图。

3. 分镜头剧本的一般性修改。

4. 提出本阶段的工作计划报厂备案。

5. 选定全部演员，并进行重场戏的排练。

6. 确定人物造型，拍摄必要的试镜头片。

7. 必要的体验生活和复查外景。

8. 完成服装、道具的全部设计和制作，绘制布景设计的气氛图、平面图和制作图。

9. 完成各部门的创作构思和设计，以及技术、生产试验工作和各项准备工作。

10. 完成必要的先期录音工作。

11. 凡涉及军事预算的影片，应在拍摄有关镜头前50天完成军事预算的编制和上报工作。运送和使用武器弹药，应同时到公安部门办理有关手续。

12. 需要在文物、园林部门拍摄的影片，应按照国家文物保护法编制拍摄计划并办理有关手续。

13. 确定需拍预告片的影片，应完成预告片的拍摄方案。

14. 根据安全条例制订安全措施，明确安全分工。

15. 完成全片摄制计划和摄制预算的编制，并于本阶段结束前10天报厂。厂应在10天内审批下达，批准前不得出外景和开拍。

（二）拍摄阶段：

本阶段的期限一般规定为60天到130天。本阶段的期限由拍摄日、掌握日、准备日、运转日、学习日、节假日、最后样片精修剪接和配对白的日数，以及外景阴雨估计等必要的机动日所组成。每个拍摄日的平均日产量定额为50—90米（按分镜头剧本计算的有效长度）。拍摄以儿童为主的或有动物的影片，可适当降低本定额。掌握日应控制在拍摄日的30%以内。

本阶段必须完成下列工作：

1. 完成全部内景、外景、场地景、特技镜头、片头字幕和预告片的拍摄。

2. 按计划拍摄的工作照和剧照。

3. 搜集音响资料和画面镜头资料。

4. 完成全部样片的精修剪辑工作。

5. 完成全部对白的配录工作。

6. 对白双片送厂领导审查后，完成一般性的修改补拍。

7. 完成音乐作曲工作。

8. 影片停机后摄制组部分人员（摄影、美术、照明、置景、服装、道具、化妆等人员）进行本部门各种物资器材的登记整理和做移交的准备工作。在作出创作生产小结及个人鉴定后，摄影大助理以下人员、美术、置景、照明、化妆人员回车间。此段时间期限为15日。如混录双片经局审查后需补戏、修改，再由摄制组通知有关人员回组工作。

9. 服装、道具人员在混录双片通过并完成移交入库手续后，可回车间。

（三）混录双片制作阶段：

本阶段期限一般定为连续日15天到20天。

本阶段应完成下列工作：

1. 完成全片音乐录音工作。

2. 完成全片音响效果录音工作。

3. 完成混合录音。

4. 厂审查混录双片。

5. 送局审查混录双片（送审时间不计入生产周期）。

6. 混录双片送审时，应同时提交按规定需提供的宣传资料（剧照、海报、文字材料、主创人员小传等）及影片完成台本。

7. 中外（包括港澳）合资拍摄的影片送审混录双片时，应同时送交影片拍摄协议书或合同副本。混录双片经局审查通过后，由厂发布第三号生产通告，进入完成片制作阶段。

（四）完成片制作及总结结束工作阶段：

本阶段的期限一般定为连续日18天到20天。本阶段参加的人员为导演、制片主任、摄影、录音、副导演、场记、剪辑、剧务、核算员。

本阶段应完成下列工作：

1. 洗印原底校正拷贝、标准拷贝并送电影局审查，同时提交厂技术部门签发的拷贝技术鉴定书。如对混录双片有修改，应同时提交订正后的完成台本各一本。

2. 根据需要情况完成预告片的制作。

3. 导演和制片主任分别交出艺术总结和生产总结。

4. 剪辑、录音部门分别整理镜头资料和音响资料，并列出清单送交有关单位保存。

5. 影片经局通过后一个月内清理完全部财务账目，完成影片摄制成本结算。

6. 整理好从文学剧本到影片完成为止的各种资料，列出清单送交厂资料保管部门入档保存。

7. 由厂公布影片审查评定的意见和影片摄制日程计划及摄制预算的执行情况，宣布摄制组工作结束。

九、凡需抢拍季节性或时间性镜头者，必须先完成抢拍部分镜头剧本，提出抢拍部分日程计划和预算，报厂核定后进行。抢拍计划应力求精确、周密，防止拍而不用造成浪费。

十、酝酿时期实际发生的费用应计入摄制成本。

十一、影片成本限额指标应不超过上年度同类影片的实际成本数，影片的摄制预算必须在成本限额的范围内编制，如果超过，另行考核。

十二、影片的文学剧本、分镜头剧本和全片摄制计划、预算及其执行结果的资料，均应抄送电影局备查。

十三、各阶段中的期限均不包括影片重大人事变动,剧本或主要工作人员疾病等耽延的时间。

十四、影片如需要大修改时,摄制组应拟出具体修改方案,连同其所需用时间的计划及预算报厂审查。

十五、摄制组基本成员编制,参加期限的规定及故事片摄制过程中应注意之问题见附件。

十六、本规定自公布之日执行。

第二节 影视剧的后期制作

一、后期制作的主要工作及人员职责

后期制作中的主要工作有剪辑,录制,制作特技、字幕和片头片尾,混录合成。其中主要的参与人员有剪辑师、录音师和音乐制作人。

1. 剪辑师

当剪辑师拿到剧本并对其进行分析时,剪辑师的工作便已经开始了。剪辑师的主要工作就是重新剪裁编辑镜头素材,使之形成完整的故事。

剪辑分为粗剪和精剪。粗剪往往随着拍摄的进行就已经展开,而精剪则是后期剪辑师所要进行的工作。经过拍摄阶段同期的粗剪,到后期制作中剪辑师就要对作品进行精剪。值得一提的是,在后期精剪阶段,导演往往参与其中甚至在其中起到很大的作用。精剪是一项创造性的工作,有人将其称之为“第三次创造”,剪辑师会根据自己的理解和与导演的沟通,将镜头重新编辑,形成不同的效果。

2. 录音师

录音师在后期制作中的工作分为三个部分:录制对白、创作音响效果和录制音乐。在后期制作中,录音师主要针对前期录音中效果不理想的部分进行补录,或者针对后期录音的影视剧组织演员录制对白,并且针对画面和对白录制一些音响音效。

录制音乐主要包括主题曲、片头曲、片尾曲和配乐等。此部分工作主要是与音乐制作人(包括词曲作者、歌手、乐队等专业人士)合作完成。

3. 音乐制作人

音乐制作中参与的人员有词曲作者、演唱者、录音制作者,同时可能涉及来自音乐著作权集体管理组织[中国音乐著作权协会(简称“音著协”)和中国音像著作

权集体管理协会(简称“音集协”)]的授权。

影视剧中音乐的来源分为专门为影视剧创作的原创音乐和已经存在的既有音乐作品。如果是原创音乐,后期制作所涉及的人员就主要有作曲家、词作者和演唱者。

词曲作者的工作其实从导演说明创作意图时就已经开始,词曲作者会根据导演的创作意图先进行创作,然后根据拍摄的进行而不断修改,最后随着影视剧作品的成形,音乐作品也随之完成。这时,就可以交给演唱者进行演绎。

在使用已有音乐作品时,往往需要购买使用这些音乐的权利,这些权利主要掌握在三方(词曲作者、表演者和唱片公司)手中。有时这些权利会通过音著协和音集协行使,因此对音著协和音集协也要有所了解。

音著协,全称中国音乐著作权协会。音著协成立于 1992 年 12 月 17 日,是由国家版权局和中国音乐家协会共同发起成立的目前中国大陆唯一的音乐著作权集体管理组织,是专门维护作曲者、作词者和其他音乐著作权人合法权益的非营利性机构。从机构性质看,音著协虽由国家版权局和中国音乐家协会共同发起成立,但性质是非营利性质的社团,并不属于行政管理部门;从权利来源看,音著协虽是专门维护音乐著作权人合法权益的机构,但其权限并非来自于国家授权,而是来源于其自身与音乐作品著作权人签订的合同。

音集协,全称中国音像著作权集体管理协会,是经国家版权局正式批准成立的我国唯一的音像集体管理组织,依法对音像节目的著作权以及与著作权有关的权利实施集体管理。音集协根据会员的授权以及相关法律法规,与音像节目的使用者签订使用合同,收取使用费。

二、剪辑:粗剪与精剪

一般情况下,剪辑工作可以笼统地分为两个部分:粗剪及精剪。

粗剪是指在剪辑过程中,将镜头和段落依大概的先后顺序加以接合的影片初样。根据确切剪接点剪接出来的片子,则叫做精剪。粗剪之后,留给剪辑师的也只是一堆原材料,精剪是一项创造性的工作,一个优秀的剪辑师能在这个基础上创造出令人赏心悦目的效果,这对于影视剧最终呈现出来的艺术表现是至关重要的。

一部影视剧的剪辑工作往往不是由一位剪辑师能够完成的,一般情况下,剪辑师需要多名助手来辅助其工作。在实务中,最常见的做法是选定剪辑师之后,让剪辑师自己去挑选得力的助手,这样可以最大限度保证工作的质量和效率。

另外,需要注意的是,导演与剪辑师对于影片最终呈现的艺术效果都是十分重要的，二者的分工合作形式很大程度上取决于两者之间的合作关系。影视剧的总体艺术构思由导演设计，但剪辑师的工作很大程度上决定了电视剧画面的最终效果。当二者的意见出现分歧时，应确定一个统一的决议标准，以保证影片制作进程及艺术效果。

作为制片方，通常要将电视剧作品的知识产权牢牢掌握在手里，同时，也要尊重剪辑师的署名权。如果剪辑师未经制片方认可，即删减了电视剧中的植入广告镜头，则极有可能导致制片方违约。因此，为了避免此类违约风险的发生，应该与剪辑师作明确约定。

三、特效制作

影视剧后期制作的主要工作是通过3D计算机动画和合成技术制作特效镜头，然后把各种实景素材以及特效镜头进行剪辑组合，同时为影视剧制作声音。最后进行音画合成，完成一部完整的影视剧。

在现代的后期制作中，利用计算机数字手段制作特效、片头片尾，是提升电视剧整体艺术表现的重要手段，特效、片头片尾的制作对于电视剧的艺术水准，以及最终的发行效果的作用日益重要。

后期制作中还应当整理出字幕并进行细致校对，保证文字准确。

四、音乐、音效及配音

（一）音乐

在电视剧中使用音乐要充分考虑版权问题，避免因为存在权利瑕疵而造成著作权侵权纠纷。在实务中，要根据不同情况制定处理方案。

一般情况下，影视剧中使用的音乐有两种来源：一是委托音乐人专门为电视剧创作音乐；二是直接使用既有的音乐作品或者对既有的音乐作品进行改编后使用。

在第一种情况下，出品方应该与受委托为电视剧创作音乐的音乐人或音乐人所属公司签订相关音乐的委托创作合同，在合同中应对如下主要内容进行约定：

（1）委托事项。

（2）受委托创作音乐的数量、长度、标准。

（3）音乐的使用范围。出品人是否可以在电视剧之外独立使用、发行该音乐。

（4）知识产权归属。

（5）作品的提交方式及提交形式。在实务操作中，受委托创作音乐作品的，一般至少分为小样及定稿两个阶段提交，而作品提交的形式，可以总谱、录音带、光碟等形式提交。作品的提交阶段往往要与委托人对于音乐作品质量的验收以及报酬的分期支付联系在一起。

(6) 报酬支付方式。

(7) 保密事项。如果要委托或聘任艺人对音乐作品进行演奏、演唱，作为出品方还应与音乐作品的表演者签订委托或聘用合同，在合同中除了对委托或聘用事项要进行明确约定之外，对表演者所表演的音乐作品的词曲著作权以及表演者权的分别归属、音乐的使用范围、艺人对影片的推广、影片对艺人的署名等问题也要进行约定。

在第二种情况下，即直接使用既有音乐作品，只要使用的音乐作品没有超过版权保护期限，就应当取得作品权利人的许可，并支付许可使用费，在具体的处理上，应该区分不同情况：

(1) 仅取得音乐词曲作者的授权许可，出品方自行委托艺人或艺术团体表演该作品。出品方应取得音乐的词曲作者，或者负责行使、管理音乐版权的主体的授权许可，并支付许可使用费用。在许可使用合同当中，应当对如下主要内容进行约定：

① 授权使用音乐的数量、长度；

② 授权使用的范围、使用期限、使用方式：常见的事项包括授权许可的音乐使用范围是在一部电视剧还是若干部电视剧中使用，出品人是否有权以改编的形式使用授权音乐等；

③ 授权许可费的支付；

④ 保密事项。

在获得上述授权之后，出品方一般还需要委托或聘用艺人或演艺团体对音乐作品进行演唱、演奏等，并与艺人或演艺团体签订委托或聘用合同。在合同中，应对工作时限、音乐的词曲版权及表演者权的分别归属、艺人参与电视剧推广活动的安排、电视剧中对艺人的署名，以及音乐的使用范围等进行约定。

(2) 如果在电视剧中要使用已经由特定的艺人或演艺团体演奏、演唱的，且已经由唱片公司结集、制作为录音制品的音乐作品，除了应当取得音乐版权人的许可之外，还应该取得该作品表演者的授权许可，以及唱片公司的许可。如果出品方直接与唱片公司签订授权许可合同，则在合同中应该明确唱片公司是否有权代理词曲作者以及表演者进行授权。

① 如果唱片公司有权代理词曲作者及表演者进行授权，则要在合同中明确约定，唱片公司向出品方的授权已经包含了词曲作者及表演者的授权，被许可人和唱片公司双方约定的许可使用费中应包含向词曲作者应付的许可使用费，同时唱片

公司应向被授权人提供词曲作者及表演者的授权书。

② 如果唱片公司无权代理词曲作者和/或表演者进行授权，在这种情况下，唱片公司给被许可人的授权只是录音制品的授权，被许可人向唱片公司支付的许可使用费不包括词曲作者和/或表演者的许可使用费。此种情况下被许可人应另行取得词曲作者和/或表演者的授权许可并支付报酬。

在实务操作中，获取上述三种权利的途径比较多样，可以直接自权利人处取得，也可以自音乐著作权集体管理组织处取得。但无论如何，作为出品方，要保证其所取得的音乐作品的权利链的完整、清晰，以避免可能产生的著作权侵权纠纷。

（二）音效

音效是提升电视剧感染力的重要手段。在制作音效的过程中，包括同期音效以及后期音效两个部分。就该部分工作，在实务操作中，常常委托、聘用音效制作团队完成上述工作。在与音效制作公司签订的合同中，应对下列问题进行明确约定：

（1）工作内容。一般完整的音效制作至少应该包括同期声录音、同期声录音剪辑、音响效果剪辑、配音、拟音、音乐编辑、混录及国际声带制作、光学转录等不同的工作内容。

（2）工作期限。完整的音效制作应在前期拍摄与后期制作两个阶段中均有进行。

（3）工作安排。

（4）工作成果的提交，工作成果的技术及格式要求。

（5）知识产权归属。

（6）保密条款。

（三）配音

在电视剧需要进行后期配音的情况下，应与配音演员或配音演员所属的公司签订委托或聘用合同。在配音合同中，应对配音的工作量、语种、资料提供及验收、工作质量标准、验收程序、工作成果提交方式、工作时限、知识产权归属、保密等事项进行约定。

五、制作字幕

字幕的制作主要包括制作片头、片尾出现的演职员表和剧中人物的对白、独白。根据国家语言文字工作委员会、原广播电影电视部联合发布的《关于广播、电影、电视正确使用语言文字的若干规定》的规定，字幕必须使用国家公布的规范的语言文字，并按照电视播出单位对字形、位置、大小等要求制作，不能出现错别字。

以电视剧为例，如果电视剧字幕的文字质量不能达标，可能存在造成电视剧无法正常播出的风险。根据2011年7月1日起正式执行的广电总局办公厅《关于进一步加强电视剧文字质量管理的通知》的规定，中央电视台和省级电视台卫视频道如发现黄金时段拟播电视剧单集字幕错别字达两处，应退回制作机构进行修改，并可根据合同条款要求制作机构承担相关责任，文字质量不达标不得播出。

另外，根据上述通知，电视剧制作机构应对所制作的电视剧进行文字质量检查，确保电视剧用字用语正确、规范，避免出现字幕错别字，同时尽可能减少读音错误、用词错误和表达错误。送审电视剧时，除提交以往规定材料外，还需提交由广电总局制定的《制作机构电视剧文字质量自检承诺书》一份，表明已由专人按照国家语言文字规范标准对送审电视剧文字质量进行了检查，如因文字质量不达标受到处理的，自行承担后果。作为电视剧播出机构，在向总局上报黄金时段拟播剧目时，除提交规定材料外，也需提交由广电总局统一制定的《播出机构电视剧文字质量承诺书》一份。

因此，要提醒电视剧制作机构应充分关注字幕文字质量给电视剧播出所带来的风险，以及在送审、播出环节上所应补充的程序性材料。

鉴于国家广电主管部门对字幕的文字质量采取了更加严格的管理措施，且电视剧字幕的制作，在实际操作中常常是委托、聘用专业团队完成的，因此，在与专业团队所属公司签订的委托或聘用合同当中，应该对双方的主要权利义务进行明晰的约定：

（1）电视剧的集数、时长。

（2）工作内容，一般包括字幕的整理及校对两部分内容，字幕涵盖的范围应该根据电视剧的内容而定，应包括演员台词、画外音、对出场人物的简介等。

（3）工作标准，应包括字幕整理校对工作所依照的标准或辞书、字幕出错率、语气词、标点符号的处理、字幕分行断句处理、群杂处（即不同内容相交叠处）的优先关系等。

（4）工作时限及工作成果的提交。

（5）报酬支付方式。

（6）知识产权归属。

（7）保密约定。

六、制作片头、片尾、特效及预告片

在现代影视剧中,特技效果对于影视剧最终呈现的艺术表现是至关重要的。精彩的片头、片尾以及预告片对于影视剧能否吸引观众,达到最佳的发行效果也非常重要。在影视剧的后期制作中,特技效果、片尾以及预告片的制作工作往往委托专业的制作团队完成。作为出品人应与制作团队所属公司签订有关上述内容制作的委托或聘用合同。在合同中,对于以下问题应该进行明确约定:

(1) 工作的内容、期限及时间安排、场所。

(2) 特技效果的技术标准。

(3) 材料提供和工作成果的提交方式。

(4) 对提交的工作成果的修改要求。

(5) 知识产权归属。

(6) 保密约定。

七、混录合成

混录合成是将影视剧中所有的声音、画面按照其应有的位置、效果混合录制完成,混录合成之后,影视剧最终的面貌就定型了。

混录合成阶段要完成下列工作:

(1) 完成混合录音。

(2) 制片人审查。

(3) 将混录双片转制为 DVD 后送局审查。

"混录双片",由经剪辑完成的工作样片和混合录音后的磁性声带片两部分组成。双片的用途是为听取审查意见后便于修改,通过审查或经修改通过审查之后,即可根据混录双片制作播出介质。

在影视剧的混录环节中,所涉及的主要问题包括设备的租用以及混录人员的委托聘用。因为混录设备的租金一般都比较高,因此在设计租用合同及委托或聘用合同的时候,要充分考虑时间问题,对于委托、聘用人员的时间安排要尽量紧凑,并且尽量能够通过合同控制委托聘用人员的时间及工作量,以避免不必要的延长租用设备的时间所造成的成本浪费。

第三节 电影的审查许可

一、电影审查

电影制片单位摄制完成的影片,需按电影剧本(梗概)备案程序,送电影制片单位所在地省级广电部门的电影审查机构初审,形成初审意见后由省级广电部门报广电总局电影审查机构进行终审。全国除吉林、广东、浙江、陕西、湖北等省和北京市以外的省级广电部门,负责所属电影制片单位摄制的电影片初审工作,形成初审意见后报广电总局电影审查机构进行终审。

中央和国家机关(军队)所属的电影制片单位摄制的各类影片,直接报广电总局电影审查机构审查。广电总局电影审查机构审查的影片,审查合格的,由广电总局颁发《电影片公映许可证》;审查不合格或需要修改的应书面通知制片单位。

实行属地审查的省级电影审查机构(吉林、广东、浙江、陕西、湖北等省的省级广电部门),除对所属电影制片单位摄制的重大革命和重大历史题材影片、重大文献纪录影片、中外合作影片进行初审并报广电总局电影审查机构终审外,对其他各类影片进行终审(特殊题材影片须有省级相关主管部门的意见)。实行属地审查的北京市广电局,负责对所属电影制片单位摄制的重大革命和重大历史题材影片、重大理论文献影片和中外合作影片,以及其他影片中的胶片电影进行初审,对其他影片中的数字电影进行终审。审查合格的,由省级广电部门颁发《影片审查决定书》和《送审标准拷贝技术鉴定书》,制片单位持此文件并备齐相关材料到广电总局领取《电影片公映许可证》;需要修改或审查不合格的,应说明理由并书面通知制片单位;省级广电部门对个别难以作出审查决定或制片单位对审查决定不服的影片,可以提交广电总局电影审查机构审查,但需提供书面意见和理由。

电影制片单位对广电总局电影审查委员会的审查决定不服的,可以自收到审查决定之日起30个工作日内向广电总局电影复审委员会提出复审申请。广电总局电影复审委员会应在20个工作日内作出复审决定,复审合格的,由广电总局颁发《电影片公映许可证》;复审不合格的,书面通知制片单位。

电影制片单位取得《影片审查决定书》和《电影片公映许可证》后,即可进入发行阶段。

二、电影故事片(胶片、数字)送审须知

(一) 故事片(胶片、数字)混录双片送审步骤(初审阶段:内容审查)

1. 程序

影片摄制完成后,先送混录双片审查,广电总局电影审查委员会自收到混录双片(数字电影送 HDCAM 带)及相关材料之日起 20 个工作日内作出审查决定。审查合格的,发给《影片审查决定书》和《电影片公映许可证》片头。审查不合格或需要修改的,应在《影片审查决定书》中作出说明,并通知制片单位。

2. 混录双片(胶片、数字)送审须送交下列材料

(1) 胶片电影送混录双片一套或 BETA 带一套(送审 BETA 带需事先书面申请并经同意,且技术检查合格),数字电影送高清数字节目带(HDCAM)一套。

(2) 故事片(胶片、数字)送审清单一份,送审单一式三份并附电子版,须加盖第一出品单位公章。

(3) 影片主创人员名单一份(附电子版)。

(4) 影片英文片名译名的报告(由备案单位提前书面报告,经同意后印制在中文片名下面)。

(5) 增加、变更出品单位或摄制单位的,须提前申报(附合同),并经电影局批复同意后,报送同意增加、变更出品单位或摄制单位批复的复印件;没有提前申报的,须补报相应材料,出品单位、摄制单位数量为两个或两个以上的,须附合同;在字幕中出品人数量和出品单位数量须一致,且出品人数量不得超过出品单位数量。所有出品单位、摄制单位的变更须在领取公映许可证之前完成。

(6) 故事片(胶片、数字)完成台本的电子文档。

(7) 交回该片的《电影剧本(梗概)备案回执单》或《摄制电影片许可证(单片)》的原件或复印件。

(8) 如故事片变更片名,须报送更改片名批复的复印件,须在领取公映许可证前变更。

(9) 领取公映许可证片头时经办人的授权书(须加盖第一出品单位公章)。

(二) 胶片电影标准拷贝和影片数字母版送审(终审阶段:技术审查)

1. 程序

该阶段所送缴材料全部纳入国家电影艺术档案管理,概不退还,制片方应自行做好母版留存工作。

混录双片审查通过后的胶片或数字电影送审,广电总局电影审查委员会自收

到标准拷贝或数字母版(影片片头须加龙标)及相关材料之日起 10 个工作日内作出审查决定。审查合格的,发给《电影片公映许可证》;审查不合格或需要修改的,应通知制片单位。数字母版通过技术审查后将由技术处发放《数字电影技术合格证》及光盘。

2. 胶片电影送审标准拷贝须送交下列材料

(1) 标准拷贝一套和一套通过技术审查的影片数字母版——松下 D5 或索尼 HDSR 等(片头都须加龙标),影片数字母版需同时报送《电影片数字母版制作送审单》,须加盖制作单位公章;合格的数字母版将支付 3 万元补贴。

如果不能同时送交影片数字母版,则送交标准拷贝两套(片头须加龙标),其中一套送缴广电总局电影局,另一套送缴中国电影资料馆并将中国电影资料馆的回执交电影局,该种情况则无任何补贴。

(2) 影片 DVD 三套(中外合拍片四套)、Beta 录像带全本、Beta 宣传带(长度为 10—15 分钟)、终混八轨带各一套(每份带子与包装盒的正面、侧面均须贴有片名及出品方的标签)。

(3) 定为民族语影片,须送国际乐效一套。

(4) 洗印加工单位出具的《送审标准拷贝技术鉴定书》。

(5) 故事片(胶片、数字)相关剧照若干或海报(1—2 张)并附光盘。

(6) 领取影片公映许可证的授权书(须加盖第一出品单位公章)。

3. 数字电影送审数字母版必须报送的材料

(1) 影片数字母版一套——松下 D5 或索尼 HDSR 等(片头须加龙标)(片头声音下载)并同时报送《电影片数字母版制作送审单》,须加盖制作单位公章。

(2) 影片 DVD 三套(中外合拍片四套)、数字高清带 HDCAM 带、BETA 宣传带(长度为 10—15 分钟)各一套(每份带子与包装盒的正面、侧面均须贴有片名及出品方的标签)。

(3) 定为民族语影片,须送国际乐效一套。

(4) 相关剧照若干或海报(1—2 张)并附光盘。

(5) 领取影片公映许可证的授权书(须加盖第一出品单位公章)。

附件

附件 1

故事片(胶片)送审清单

片　　名:____________________　　　　公映许可证号:[200　]______号
送报单位:____________________　　　　送审时间:______年____月____日

一、混录双片送审须送交下列材料(内容审查)

序号	项目	有	无
1	混录双片(经放映室验收)一套或 BETA 带一套(需事先申请,并达到技术要求)		
2	《国产影片审查报批表》一式三份并附电子文档(需加盖第一出品单位公章)		
3	《主要创作人员登记表》一份并附电子文档		
4	影片英文译名报告(需提前书面报告,经同意后印制在中文片名下面)		
5	同意增加或变更出品单位、摄制单位的批复的复印件或合同,且出品单位数量与出品人数量相符(出品人即是法定代表人)		
6	完成台本的电子文档		
7	交回《摄制电影许可证(单片)》或《电影剧本(梗概)备案回执单》		
8	同意更改影片片名的批复的复印件		
9	经办人领取电影片头的授权书(须加盖第一出品单位公章)		

二、标准拷贝送审须送交下列材料(技术审查)(所交材料均不退还)

序号	项目	有	无
1	标准拷贝一套(片头须加公映许可证龙标)		
2	中国电影资料馆出具的收到标准拷贝的回执或送交电影局数字电影母板一套如 D5、HDSR(经技术鉴定合格后,由电影资料馆支付 3 万元补助,该补助仅限于胶片电影转成的数字母板)		
3	影片 DVD 三套(每份带子与包装盒的正面、侧面均须贴有片名及出品方的标签,下同)		
4	Beta 带一盘		
5	Beta 宣传带(长度为 10—15 分钟)		
6	终混八轨带一套		
7	定为民族语影片的,须交国际乐效一套		
8	洗印加工单位出具的《送审标准拷贝技术鉴定书》		
9	影片如有修改,送交最终完成台本的电子文档		
10	相关剧照或海报(附光盘)		
11	增加摄制单位的合同一份		
12	经办人领取公映许可证的授权书(须加盖第一出品单位公章)		

领取电影片头后签字:________________,电话:______________________
领取电影公映许可证后签字:__________,电话:______________________
联系人:__________________________,电话:______________________

附件 2

20××年故事片(数字)送审清单

片　　名:____________________　　　　　　　公映许可证号:[200　]________号
送报单位:____________________　影数技字[20　]______号　20______年____月____日

一、数字电影初审须送交下列材料(内容审查)

序号	项目	有	无
1	数字电影送高清数字节目带(HDCAM)一套(每份带子与包装盒的正面、侧面均须贴有片名及出品方的标签)		
2	《国产影片审查报批表》一式三份附电子文档(需加盖第一出片单位公章)		
3	《主要创作人员登记表》一份(附电子文档)		
4	影片英文译名报告(需提前书面报告,经同意后印制在中文片名下面)		
5	同意增加或变更出品单位的批复的复印件或合同,且出品单位数量与出品人数量相符(出品人即是法定代表人)		
6	完成台本电子文档		
7	交回《摄制电影许可证(单片)》或《电影剧本(梗概)备案回执单》		
8	同意更改影片片名的批复的复印件		
9	经办人领取电影片头的授权书(须加盖第一出品单位公章)		

二、数字电影终审须送交下列材料(技术审查)(所交材料均不退还)

序号	项目	有	无
1	数字电影母版一套(松下 D5 或索尼 HDSR 等,片头须加公映许可证龙标。每份带子与盒子的正、侧面均须贴有片名及出品方的标签,下同)		
2	电影片数字母版制作送审单		
3	影片 DVD 或 1/2 录像带三套		
4	数字高清带 HDCAM 带或 BETA 带一套		
5	Beta 宣传带(长度为 10—15 分钟)一套		
6	影片如有修改,送交最终完成台本的电子文档		
7	定为民族语影片的,须交国际乐效一套		
8	相关剧照或海报(附光盘)		
9	增加摄制单位的合同一份		
10	经办人领取公映许可证的授权书(须加盖第一出品单位公章)		

电影片头领取人:____________________,电话:____________________

电影公映许可证领取人:______________,电话:____________________

联系人:____________________________,电话:____________________

附件 3

国产影片审查报批表

<table>
<tr><td>片名</td><td></td><td>片种</td><td></td><td>成本预算</td><td></td></tr>
<tr><td>英译名称</td><td></td><td>本数</td><td></td><td>长度/时长</td><td></td></tr>
<tr><td>幕幅别</td><td></td><td>声音制式</td><td></td><td>色别</td><td></td></tr>
<tr><td>出品
单位</td><td colspan="2"></td><td>法人
代表</td><td colspan="2"></td></tr>
<tr><td>摄制
单位</td><td colspan="2"></td><td>法人
代表</td><td colspan="2"></td></tr>
<tr><td>编剧</td><td colspan="2"></td><td>摄影</td><td colspan="2"></td></tr>
<tr><td>导演</td><td colspan="2"></td><td>作曲</td><td colspan="2"></td></tr>
<tr><td rowspan="2">主要演员</td><td colspan="5">（男）</td></tr>
<tr><td colspan="5">（女）</td></tr>
<tr><td>故事梗概</td><td colspan="5">（出品单位盖章）
送审时间：</td></tr>
</table>

（续表）

[省广电局电影审查意见]	签字（盖章） 年 月 日
广电总局电影审查委员会审查意见	年 月 日

附件 4

主创人员登记表

	姓名	性别	身份证号	代表作品
编剧				
导演				
摄影				
作曲				
美术指导（含服装、化妆、道具）				
录音				
剪辑				
其他				
主要演员	所饰角色	性别	身份证号	代表作品

附件 5

电影片数字母版制作送审单

（统一机打）

<table>
<tr><td>片名</td><td colspan="2"></td><td colspan="2">出品单位</td><td colspan="2"></td></tr>
<tr><td>片长</td><td></td><td>片种</td><td></td><td>联系人及电话</td><td colspan="2"></td></tr>
<tr><td>画幅</td><td></td><td colspan="2">数字调色工具</td><td></td><td>声音制式</td><td></td></tr>
<tr><td colspan="2">图像扫描格式</td><td colspan="2"></td><td>视频量化比特数</td><td colspan="2"></td></tr>
<tr><td colspan="2">母版视频信号取样格式</td><td colspan="2"></td><td>声音取样量化比特数</td><td colspan="2"></td></tr>
<tr><td>画面素材</td><td colspan="6">胶转数/数字中间片/数字拍摄</td></tr>
<tr><td colspan="3" rowspan="4">影片声音制作单位
（公章）</td><td colspan="4">单位名称：</td></tr>
<tr><td colspan="4">地址：</td></tr>
<tr><td colspan="4">联系人及电话：</td></tr>
<tr><td colspan="4">注：声音素材保留一年</td></tr>
<tr><td colspan="3" rowspan="4">数字母版制作单位
（公章）</td><td colspan="4">单位名称：</td></tr>
<tr><td colspan="4">地址：</td></tr>
<tr><td colspan="4">联系人及电话：</td></tr>
<tr><td colspan="4">数字母版制作单位鉴定意见：</td></tr>
<tr><td colspan="3" rowspan="3">电影技术审查单位
（公章）</td><td colspan="4">技术审查意见：</td></tr>
<tr><td colspan="4">技术审查结论：</td></tr>
<tr><td>影片技术合格证号</td><td colspan="3"></td></tr>
</table>

注：电影技术审查部分由电影主管部门填写，制片单位送审数字母版时不填该项内容。

附件 6

送审标准拷贝技术鉴定书

（统一机打）

<table>
<tr><td colspan="4">片名：</td><td colspan="5">出品单位：</td><td rowspan="13">鉴定意见：

鉴定员：________年____月____日
鉴定科长：________年____月____日
厂技术负责人：________年____月____日</td></tr>
<tr><td colspan="4">底片加工单位：</td><td colspan="5">拷贝加工单位：</td></tr>
<tr><td colspan="4">拍摄素材：</td><td colspan="5">录音制作单位：</td></tr>
<tr><td colspan="5">拷贝使用素材： 原底/翻底/数字中间片</td><td colspan="4">声音制式：单声道/SR/SRD/DTS</td></tr>
<tr><td>本数：</td><td colspan="2">总长度：______米</td><td colspan="3">放映时间：______分钟</td><td colspan="3">画幅比：1.33/1.66/1.85/2.35</td></tr>
<tr><td colspan="9">底片：</td></tr>
<tr><td colspan="9">正片：</td></tr>
<tr><td colspan="4">配光师：</td><td colspan="5">印片机：</td></tr>
<tr><td colspan="4">配光方法：</td><td colspan="3">最高光号：</td><td colspan="2">最低光号：</td></tr>
<tr><td>本号</td><td>1</td><td>2</td><td>3</td><td>4</td><td>5</td><td>6</td><td>7</td><td>8</td></tr>
<tr><td>标准片 D。</td><td></td><td></td><td></td><td></td><td></td><td></td><td></td><td></td></tr>
<tr><td>声带位置</td><td></td><td></td><td></td><td></td><td></td><td></td><td></td><td></td></tr>
<tr><td>单本长度</td><td></td><td></td><td></td><td></td><td></td><td></td><td></td><td></td></tr>
<tr><td rowspan="8">单本鉴定情况</td><td>1</td><td colspan="7"></td><td rowspan="8">电影局技术审查意见：

技审人员：________年____月____日</td></tr>
<tr><td>2</td><td colspan="7"></td></tr>
<tr><td>3</td><td colspan="7"></td></tr>
<tr><td>4</td><td colspan="7"></td></tr>
<tr><td>5</td><td colspan="7"></td></tr>
<tr><td>6</td><td colspan="7"></td></tr>
<tr><td>7</td><td colspan="7"></td></tr>
<tr><td>8</td><td colspan="7"></td></tr>
</table>

第四节 电视剧的审查许可

在我国的电视剧管理体制下，电视剧以任何形式进行公开发行、播出和评奖，都要取得广电主管部门的行政许可。而要取得上述行政许可，必须以通过广电主管部门的内容审查为前提。电视剧未经广电主管部门的内容审查而擅自发行、播放、进出口、评奖的，当事人要承担《广播电视管理条例》、《电视剧内容管理规定》中所载明的法律责任。具体的责任形式包括责令停止违法活动、给予警告、没收违法所得、罚款、由原批准机关吊销许可证等。如果情节严重，还可能被追究刑事责任。

一、审查的机关和权限划分

我国电视剧的审查分为省及中央两级审查，两级广电部门具体的职责划分如下：

1. 省级影视剧审查机构的职责

(1) 审查本行政区域内制作机构制作的、不含国外人员参与创作的国产剧；

(2) 初审本行政区域内制作机构制作的、含国外人员参与创作的国产剧；

(3) 初审本行政区域内制作机构与境外机构制作的合拍剧剧本（或者分集梗概）和完成片；

(4) 初审本行政区域内电视台等机构送审的引进剧。

2. 国家广播电影电视总局影视剧审查委员会的职责

(1) 审查直接备案制作机构制作的影视剧；

(2) 审查聘请相关国外人员参与创作的国产剧；

(3) 审查合拍剧剧本（或者分集梗概）和完成片；

(4) 审查引进剧；

(5) 审查由省、自治区、直辖市人民政府广播影视行政部门电视剧审查机构提请国务院广播影视行政部门审查的电视剧；

(6) 审查引起社会争议的，或者因公共利益需要国务院广播影视行政部门审查的电视剧。

国家广播电影电视总局影视剧复审委员会的职责是：对送审机构不服国家广播电影电视总局电视剧审查委员会的审查结论或省级电视剧审查机构的审查结论

而提起复审申请的剧目进行审查，并作出审查结论。

综上，按照有关规定向广电总局直接备案的制作机构拍摄的电视剧报总局电视剧审查委员会审查。各地电视剧制作机构制作的，不含境外人员参与制作的国产电视剧，报本地省级电视剧审查机构审查。但是如果各地制作机构制作的电视剧包含境外人员参与制作，或者电视剧属于合拍剧、引进剧，则应先报本省电视剧审查机构进行初审，在初审通过后，将电视剧随初审意见一并报总局电视剧审查委员会进行审查。无论是对于省级广电部门还是对于总局审查委员会的审查结论不服，申请人均应向总局电视剧复审委员会提起复审，并由总局复审委员会作出复审结论。

二、审查内容及程序

1．电视剧的审查标准

根据《电视剧内容管理规定》第5条的规定，电视剧不得载有下列内容：

（1）违反宪法确定的基本原则，煽动抗拒或者破坏宪法、法律、行政法规和规章实施的；

（2）危害国家统一、主权和领土完整的；

（3）泄露国家秘密，危害国家安全，损害国家荣誉和利益的；

（4）煽动民族仇恨、民族歧视，侵害民族风俗习惯，伤害民族感情，破坏民族团结的；

（5）违背国家宗教政策，宣扬宗教极端主义和邪教、迷信，歧视、侮辱宗教信仰的；

（6）扰乱社会秩序，破坏社会稳定的；

（7）宣扬淫秽、赌博、暴力、恐怖、吸毒，教唆犯罪或者传授犯罪方法的；

（8）侮辱、诽谤他人的；

（9）危害社会公德或者民族优秀文化传统的；

（10）侵害未成年人合法权益或者有害未成年人身心健康的；

（11）法律、行政法规和规章禁止的其他内容。

2．电视剧审查程序

国产剧的制作机构在制作期限内完成电视剧以后，应当向审查机关提出申请，并提交以下材料：

根据《电视剧内容管理规定》第22条的规定，送审国产剧，应当向省、自治区、直辖市以上人民政府广播影视行政部门提出申请，并提交以下材料：

（1）国务院广播影视行政部门统一印制的《国产电视剧报审表》；

（2）制作机构资质的有效证明；

（3）剧目公示打印文本；

（4）每集不少于500字的剧情梗概；

（5）图像、声音、字幕、时码等符合审查要求的完整样片一套；

（6）完整的片头、片尾和歌曲的字幕表；

（7）国务院广播影视行政部门同意聘用境外人员参与国产剧创作的批准文件的复印件；

（8）特殊题材需提交主管部门和有关方面的书面审看意见。

根据《中外合作制作电视剧管理规定》第14条的规定，申报中外联合制作电视剧（含电视动画片）完成片审查，应提交以下材料：

（1）省级广播电视行政部门的初审意见［直接从广电总局申领《电视剧制作许可证（甲种）》的中方制作机构除外］；

（2）广电总局准予拍摄的批复和合拍电视剧（电视动画片）题材规划的复印件；

（3）图像、声音、时码等符合审查要求的大1/2完整录像带一套；

（4）每集不少于300字的剧情梗概；

（5）与样带字幕相同的片头、片尾字幕。

根据广电总局《引进境外影视剧及其他境外电视节目审批流程》的规定，申请引进境外影视剧，应向广电主管部门提交下列材料：

（1）《引进境外影视剧申请表》；

（2）引进合同（中外文）；

（3）版权证明（中外文）；

（4）具备完整的图像、声音、时码的DVD样片一套；

（5）每集不少于300字的剧情梗概；

（6）与样带字幕一致的片头、片尾字幕。

另外，送审单位应关注以下有关完成片送审的补充规定。

根据广电总局办公厅《关于变更电视剧送审样片介质的通知》的规定，自2008年1月1日起，凡电视剧送审样片一律改为DVD，不再接受大1/2录像带。因此，无论是国产电视剧还是中外合拍电视剧，送审片的介质都只能是DVD。

在电视剧送审中，根据2011年7月1日起正式施行的广电总局办公厅《关于进一步加强电视剧文字质量管理的通知》的规定，申请人在申请完成片审查时，还应提交由广电总局制定的《制作机构电视剧文字质量自检承诺书》一份。省、自治区、直辖市以上人民政府广播影视行政部门在收到完备的报审材料后，应当在50日内作出许可或者不予许可的决定；其中组织专家审查的时间为30日。许可的，发给由广电总局统一印制的《电视剧（电视动画片）发行许可证》。经审查需要修改的，送审机构应当在修改后，依照本规定重新送审。不予许可的，应当通知申请人并书面说明理由。

送审机构对不予许可的决定不服的，可以自收到该决定之日起60日内向国务院广播影视行政部门提出复审申请。国务院广播影视行政部门应当在收到复审申请50日内作出复审决定；其中复审时间为30日。复审合格的，发给电视剧发行许可证；不合格的，应当通知送审机构并书面说明理由。

3. 有关重大革命和历史题材电视剧完成片审查的特殊规定

根据广电总局2003年发布的《关于调整重大革命和历史题材电影、电视剧立项及完成片审查办法的通知》的规定，对于重大革命和历史题材电视剧完成片的报审，有以下特殊规定。

我国重大革命和历史题材影视剧创作的组织指导、剧本立项把关和完成片审查工作由广电总局成立的重大革命和历史题材影视创作领导小组负责。

在审查程序上，此类题材电视剧制作完成后，应经省级广电部门认真初审并报领导小组审查。报审时须提交：

（1）国家广电总局同意投拍的批复。

（2）描写我党我国我军历史上重大事件和重要领导人及其亲属生平业绩的电视剧，需提交中央电视台、省级电视台、国有制作机构或各大军区和大兵种影视制作机构的《电视剧制作许可证》复印件，重大历史题材电视剧需提交其制作机构的《电视剧制作许可证》复印件。

（3）符合审查要求的样带两套。

（4）片头、片尾完整字幕。

重大革命和历史题材电视剧经领导小组审查通过后，由国家广电总局核发《电视剧发行许可证》。

凡属军队系统制作机构单独摄制的此类题材电视剧，须经摄制单位所属军队各大单位政治部初审同意后，再按上述程序报批。

4. 通过审查的电视剧

电视剧获得总局颁发的发行许可证，就证明电视剧已经通过了内容审查，可以进行发行、播放、评奖等工作。但在此之后，根据《电视剧内容管理规定》第27条的规定，广电总局如出于公共利益的需要，仍有权利对电视剧通过作出责令修改、停止播出或者不得发行、评奖的决定来进行管理。

5. 发行许可证

(1) 发行许可证的性质是国家对影视作品的公映、播放的行政许可证明。许可证载明的主要内容如下:① 编号;② 电视剧长度、集数;③ 制作机构;④ 合作机构;⑤ 播出范围及时段;⑥ 电视剧制作许可证编号。

(2) 电视发行许可证的编号含义:

① 国产电视剧“电视剧发行许可证”的编号为(×)剧审字(年份)第××号。其中“(×)”为发证机构的识别简称,由国家广播电影电视总局电视剧审查委员会核发的为“(广社)”,由国家广播电影电视总局委托中央电视台核发的为“(央)”,由总局委托总政宣传部艺术局核发的为“(军)”,由省级电视剧审查机构核发的为本省级行政区划的简称。第“×××号”为发证序号。

② 国产电视动画片编号为“(×)动审字(年份)第×××号”。

③ 合拍剧“电视剧发行许可证”的编号为“广社合审字(年份)第×××号”,由国家广播电影电视总局电视剧审查委员会核发。

④ 引进剧“电视剧发行许可证”的编号为“广社进审字(年份)第×××号”,由国家广播电影电视总局电视剧审查委员会核发。

(3) 发行许可证的主要法律意义:

① 取得发行许可证可以证明电视剧已经取得了发行、播放、评奖的行政许可,对电视剧进行发行、播放、评奖在不侵犯公共利益的情况下,一般不会受到来自政府的追究。

② 在摄制过程中,电视剧的长度、集数、主创人员等可能会发生变化,这些信息最终应以《发行许可证》为准,在取得《发行许可证》之前所签订的合同,应就合同签订时的信息与《发行许可证》所载明的信息之间可能存在的差异进行约定,可以约定为以《发行许可证》所载明的信息为准,如果存在差异,应以《发行许可证》载明的信息为准,不影响合同的有效性。

③ 电视剧发行许可证是电视剧发行环节中的必备文件,电视剧发行许可证虽然不是电视剧的著作权权属证明文件,但是却是获取电视剧收益权(如发行权)的重要凭证。因此,在起草各种发行合同中,通常都要将取得发行许可证作为合同履行的前置条件及合同附件。

④ 发行许可证上载明的制作机构及合作机构并不一定能够囊括电视剧所有的著作权人,电视剧具体的著作权归属,应当结合电视剧的署名、各方的联合摄制/投资合同、电视剧发行许可证以及电视剧的著作权登记,共同判断电视剧的真正著作权人。

第五节　律师在影视制作中提供法律服务应注意的问题

一、注意处理好剧本版权问题

剧本是进行影视制作的基础,在此阶段能否处理好法律问题是决定一部影视作品能否出现法律问题的前提。在实践中,影视剧本的运作通常有两方面:一是将小说改编成剧本;二是委托作者针对制片者的要求创作剧本。对于前一种情况,制片方与原作者协商时取得了对小说的改编权,但根据《著作权法》的规定,还应取得将改编的剧本拍摄成电影、电视剧、电视电影等形式的权利,同时制片方还享有与他方合作拍摄或转让拍摄权的权利。这样,制片方才能将小说拍摄成影视剧充分享有自主权。在实践中,往往在协商时忽略了上述权利要求,致使不必要的纠纷产生。针对委托作者直接创作剧本的情况,制片者应注意与作者约定清楚剧本的版权由谁来享有。如果约定不清楚,根据《著作权法》的规定,剧本的版权应归创作者享有。

二、注意影视制作资格问题

由于影视制作资格问题与影视剧版权有紧密关系,所以显得尤为重要。根据《著作权法》第 15 条的规定,影视剧的著作权由制片者享有。但是对于"制片者",法律并未给出明确的概念。根据《电影管理条例》第二章的规定,只有符合一定的条件,经过政府主管部门审批才有资格成为真正的制片者。只有成为真正的制片者,才能享有影视剧的版权。因此,在现实中,许多投资者自以为对一部影片出资了,就理所当然享有该片的版权,实际上他们根本不具有制片者的资格,而是至多享有投资回报的权利,同时也承担相应的风险。真正具有制片者资格的单位,却常常因为资金运作短缺而无法承担全部的摄制经费,因此只能向社会融资。当制片者与投资方共同摄制一部影片时对于影片版权的约定就显得尤为重要。

有的合作双方约定由投资方享有版权,仅支付出品者(制片者)管理费,这样的约定是违反法律、法规的。因为这样的约定实际上就是"卖厂标"的行为。所以这样做只能由制片者承担无限的制作风险,如果再将制作管理权给予对方,对摄制管理完全失控,制片者承担的风险将是巨大的。因此,无论影片版权在合同中如何进行约定,制片者参与管理摄制工作的义务和责任都是不能推托的。

三、注意影视剧中的法律瑕疵问题

从普法角度讲，运用影视剧来宣传法律、诠释法律，的确不失为一种深入浅出、形象生动、直接有效的普法手段。由于影视作品本身具有的直观性、娱乐性和易接受性等特点，通过影视作品传播的途径而获得最基本的法律常识的教育是可行的。我们不需要阅读大量的法律条文和法律著作，而是通过欣赏一些以法律为主题或与法律有关的影视作品就可以了解我国的法律文化和重要的司法制度。但是，留意近年来热播的某些与法律有关的影视剧，有一个问题不容回避：这些作品中存在着法律常识错误、误定罪名乱判刑罚、混淆法律基本概念、误读司法机关基本职权，甚至歪曲司法独立基本原则等许多法律知识上的瑕疵问题。

从某种意义上说，我们的影视作品也可能具有传播法律知识、弘扬法律精神、培养法律意识的功能。作为影视剧组聘请的法律专业人士，要主动辅导编导人员学习一些与剧情有关的法律知识，做好剧情涉及法律内容的审查指导，完成对法律精神的践行与弘扬，避免影视作品创作人对法律采取随意粗略的态度，避免可能的法律误导和消极影响。

四、注意影视制作与环境保护问题

近年来，剧组破坏景区环境的新闻屡见报端，如“《无极》剧组污染香格里拉”、“《楚留香传奇》剧组破坏新疆唐代烽燧环境”、“新版《水浒传》剧组破坏黄河湿地生态环境”等。虽然国家对影视剧组在景区内进行拍摄做了严格的限制，虽然教训就在眼前，但一些剧组仍旧冒犯景区环境，此类事件还是时有发生。

影视剧组到景区内取景拍摄不是不可以，关键是如何让景区环境不受到破坏。剧组选择景区拍摄，无非是为了制造视觉奇观，给观众以艺术审美享受，但它必须有一个底线，就是不能以践踏景区环境为代价。

其实，影视应该是宣传环保理念的有效媒介，因为影视作品得益于环保事业的扎实推进。有数据佐证，美国公民的环保意识70%来自于影视。显然，有些影视剧组环保意识淡薄，它们非但没有承担其应有的社会责任，却反其道而行之，肆意破坏景区环境。

需要注意的是，随着环保意识的加强，国家、社会和景区单位对影视制作中破坏生态环境的行为必然不再姑息纵容。而在法治社会愈来愈健全的今天，对影视制作破坏景区环境的行为不应止于道德谴责，罚几个款了事。相应的监管责任的加强，必然导致违法成本的大幅提高，甚至可能直接追究相关负责人的法律责任。

为此，律师应该在为影视制作提供法律服务的过程中，悉心关注影视制作中的环境保护问题尤其是景区环保问题，针对影视制作的具体情况，引导影视制作人员树立良好的环保法律意识，制定内部切实有效的环保法律控制措施，确保组剧是环保剧组、绿色剧组，避免出现破坏环保的不良拍摄行为，避免产生社会不良影响，也避免相应法律后果的承担。

五、注意影视剧制作预算超支问题

影视投资必须提前做好充分、合理的测算，像设备、劳务、集数、周期等都是相对固定的，每个影视剧项目正式启动前，制作成本往往是做过调查研究和多轮核算的。但是，俗话说，计划赶不上变化，再怎么事先深思熟虑，也难免百密一疏，各种事先预料不到、考量不足的情形难免会出现，超支、超期也是影视制作项目的常态。投资高达 5 600 万美元的《赤壁》，也曾因超支问题，拍摄一度叫停，中影集团投入近 200 万美元的担保资金保证了影片的继续拍摄。另外像"重拍《红楼梦》看似一座金山，但却铺在沙子上，需要用心才能把它捧起来"①。艺无止境，《红楼梦》在拍摄期间自称资金紧张，剧组"到手的投资是 4 500 万，而实际花了 1.13 亿"。还得在拍摄期间不断"化缘"。但投资方又觉得，剧组对于置景、道具等方面过于强调，而最应该投入、最能让观众产生感悟和共鸣的人物、音乐、音效又不太到位。可见，超支与超期也往往成了投资方之间、投资方与剧组之间最敏感、最纠结、最矛盾而又得时常面对的问题。

律师在帮助上述一方或多方处理这些预算超支问题时，既得尊重原有合同预算条款的效力及相应法律、法规的规范意见，又得充分理解影视制作过程中所出现的"艺无止境"和"钱有穷尽"，懂得在动态中把握项目整体法律关系，积极协调各方利益关联，维护各方权益的动态平衡，充分保障影视项目的正常进行，最终实现影视制作各方利益的和谐共赢。

为了预防因超支带来的一系列不良后果，律师在法律服务中通常可以借鉴以下做法：

(1) 在投资协议中约定，投资方的制作费用投资为投资上限，任何情形下不得出现超出该制作预算额度的情况，或者预算额度超支比例不得高于投资总额的 5%。这种约定最大限度地保证了投资方投资总额的稳定性，并最大限度地控制了影视制作的成本，但不利于适应影视制作过程中的各种突发情况及市场变化。

---

① 《北京晨报》2010 年 9 月 22 日《制片人谈得失：新红楼梦赚钱了，但是利薄》，出自新版《红楼梦》总制片人之一、投资方之一的华录百纳影视公司副总经理罗立平。

（2）在投资协议中约定，仅在实现得到各投资方书面认可的情形下，方可增加影视制作费用投入。这种约定要求承制方在存在预算超支可能的情况下通知投资方并征得其同意，否则不得超支。这种约定有益于投资方在衡量利弊后根据实际情况作出真实的意思表达，但弊端在于，如果投资方拒绝追加投资，则可能因资金不足导致影片的最终质量受到影响。

（3）在投资协议中赋予承制方或主要投资方拥有向他方融资的权利。在各投资方拒绝对影片的制作追加投资的情况下，承制方或主要投资方可以运用手中的融资权利，吸收对影片制作投资感兴趣的其他主体进行投资，这样，既不违背原有投资方的投资意志，也可以缓解影视制片资金短缺的燃眉之急，保证影片的完成质量。

（4）考虑到投资方拒绝追加投资的一个重要原因是对影片制作费用实际开支情况的质疑，可在摄制合同中约定，影片各投资方对制作费用支出情况享有知情权和财务监督权，可随时查看各项收支的原始凭证及相关文件，并可约定投资方享有制作费用的审计权利。保证账目的公开透明，也是促进影片投资方与承制方公平合作的有利做法，并可在各方产生异议时，第一时间提供解决异议的有利途径。

（5）制作费用的实际收支情况在影视剧制作过程中的具体操作更多的掌握在导演和制片人手中。因此，在聘用导演、制片人的合同中，约定聘用人员严格遵照投资方的制作预算实施费用收支是十分必要的。为了对聘用人员形成切实约束，可配合相应的违约条款。当然，向相关聘用人员追究违约金及赔偿损失并非本条款的初衷，更多的是希望聘用人员以此为约束，严格落实制作费用预算。

六、注意影视剧制作超期问题

影视制作通常会经历漫长的制作周期，再加上影视制作过程本身复杂多变的特性，比如为了外景拍摄需要等待暴雨、阴天或日出、海水涨潮等非人力能够控制的因素，影视制作的周期控制显得尤为困难。特别是追求影片艺术效果的导演，有时为了精益求精，会不断选换场景、重拍、补拍镜头等，影视制作的周期拖延已经司空见惯。但是这种拖延却会导致影视制作的成本增加。比如，众所周知，主创人员的薪酬是影视制作的一项重要支出，但主创人员的酬金跟聘用日期是紧密相连的，制作周期的延长势必成为影视剧制作的沉重负担，特别是各位投资方，对影视制作周期的把握更是成为其关注的重中之重。

当然，影视制作超期的法律后果决不仅限于制作费用的增加。

一部影视作品的盈利主要来自发行阶段的控制。为了影视剧的顺利发行，通常在影视作品尚未完成,甚至尚未投入正式制作的时候就已经开始了发行活动,这种现象叫做影视剧的预售。预售合同的签订通常以一定时期影视作品的完成和确保顺利发行为基础。影视制作周期的延长无疑将导致一部分发行合同内容的变更。在没有牢牢把握发行弹性期间安排的情况下,制作周期的变动很有可能会面临发行合同违约的风险。从商务上考虑,投资方的投入回笼往往需要资金流动的顺畅,制作超期导致发行拖延,最终影响的必然是投资方的资金流转,这在投资方的商务运作中可能引发的后果是难以想象的。

又如,目前各项广告投入,特别是植入式广告的资金投入日渐成为影视制作的重要资金来源,对于广告赞助商的发行期承诺也显得愈发重要。制作超期对于这些合同来说无疑也将构成重要挑战。这些都是制作周期拖延可能带来的法律风险。

再如,在制作超期的情形下,如果主创人员的档期调配不开,则有可能面临影视作品无法完成的风险,这个后果是十分严重的。

影视制作超期的问题可能引发后果的严重性可见一斑。

为了避免影视超期的发生,通常可采用的做法有:

(1) 在影视作品投资制作合同中,明确约定投资方、制片方对影视制作周期及进度的制定享有最终决定权,以在源头上明确对其加以限定,同时能使投资方感受到权利得到保障。

(2) 在制片人聘用合同中明确约定制片人作为投资方、制片方的代表,严格督促影视作品的制作按照既定的摄制计划完成,保证摄制进度,并定期汇报。此种做法可以令投资方、制片方牢牢把握影视制作的进程,并可对随时出现的意外事件及时作出反应。

(3) 在导演聘用合同中明确约定导演在影视制作过程中应严格遵守既定的摄制计划及进度。导演是影视制作最直接的操控者,在影视制作过程中起着不可替代的作用。前已述及,导演在影视制作过程中出于对影视作品艺术效果的追求,往往会忽略制作费用的投入和制作周期的限制。这种精益求精的态度是值得赞赏的,但是从影视作品的收支平衡角度考虑,时常会令众多投资方、制片方十分头疼。这样的约定,通过提示导演把握制作周期的重要性,最能直接掌握影视制作的进程。

对于影视制作预算的超支及超期现象的控制和预防,最直接的做法就是通过签订各种合同时予以明确约定,进而形成约束。此外,较为常见的做法就是通过摄制组建立的一系列制度加以约束,比如,建立完善的剧组财务制度,增加财务透明度,严禁虚报冒领、弄虚作假,加强定额管理。

一旦超期、超支现象真的发生，对于各方纠纷的解决，除了依靠纠纷各方的协调、谈判，最终可能还是要靠法院、仲裁等司法程序予以解决。当然，这是我们都不愿看到的。因此，牢牢把握各项合同的约定尤为关键。

第六节　影视剧制作环节相关法律法规

1.《电视剧内容管理规定》(2010 年 7 月 1 日实施)。

2.《电影管理条例》(2002 年 2 月 1 日实施)。

3.《电影剧本(梗概)备案、电影片管理规定》(2006 年 6 月 22 日实施)。

4.《广播电视管理条例》(1997 年 9 月 1 日实施)。

5.《广播电视节目制作经营管理规定》(2004 年 8 月 20 日实施)。

6.《广播电视设施保护条例》(2000 年 11 月 5 日实施)。

7.《广播电视视频点播业务管理办法》(2004 年 8 月 10 日实施)。

8.《广播电台电视台播放录音制品支付报酬暂行办法》(2010 年 1 月 1 日实施)。

9.《广播电影电视行政复议办法》(2001 年 5 月 9 日实施)。

10.《关于进一步加强电视剧文字质量管理的通知》(2011 年 7 月 1 日实施)。

11.《互联网信息服务管理办法》(2000 年 9 月 25 日实施)。

12.《进口影片管理办法》(1981 年 10 月 13 日实施)。

13.《卫星地面接收设施接收外国卫星传送电视节目管理办法》(1990 年 5 月 28 日实施)。

14.《卫星电视广播地面接收设施管理规定》(1993 年 10 月 5 日实施)。

15.《信息网络传播权保护条例》(2006 年 7 月 1 日实施)。

16.《有线电视管理暂行办法》(1990 年 11 月 16 日实施)。

17.《中外合作制作电视剧管理规定》(2004 年 10 月 21 日实施)。

18.《〈中外合作制作电视剧管理规定〉的补充规定》(2008 年 1 月 1 日实施)。

第四章　影视剧组的管理

第一节　影视剧组的设立

一、关于影视剧组

剧组是由导演、演员等组成的拍摄电影或电视剧的小组，是影视剧生产过程中的一个阶段性的组织形式，是整个影视剧生产过程中人员最多、资金支出量最大、组织工作最复杂的阶段。从广义上讲，剧组包括一部影视剧在筹备阶段、拍摄阶段和后期制作阶段的全部组织形式，但通常所说的剧组一般是指影视剧在拍摄阶段的组织。

剧组是由制片人（投资商）组建的临时性机构，不进行工商登记。剧组既不属于法人，也不属于其他经济组织，不具有独立从事民事行为的能力，不能独立承担民事责任。但是，在实践中，相当多的影视合同是以“某某剧组”的名义签订的，这已成为影视圈的惯例。由于剧组不具有民事行为能力，实际上是代表设立它的一个组织或多个组织从事活动的。如果剧组是某个影视制作单位组建的临时性机构，并依照影视制作单位为其确定的职责和权限代表影视制作单位对外开展活动，剧组的活动由该影视制作单位承担法律后果；如果是由两个以上的单位共同出资组建的临时性机构，则属于法人合伙型联营，剧组代表设立它的多个单位从事活动，其法律后果由该多个单位共同承担。

剧组内部还要进行层级划分和部门设置，一般来说，剧组分为导演、摄像、美术、制片四大部门。其中，导演部门又分为导演组、演员组、剪辑人员组、武术组、录音组等；摄像部门又分为摄像组、照明组等；美术部门又分为美术组、服装组、化妆组、道具组、置景组、烟花（机械）组、特技组等；制片部门又分为制片主任、制片副主任、现场制片、外联制片、会计、剧务组、车务组等。除了这四大部门之外，剧组中还有一些工作人员，如执行制片人、监制、宣传人员、法律顾问等。

剧组人员的职责和相关权利义务应通过剧组合同进行规范。剧组所涉及的合同包括委托创作合同、版权转让合同、合作合同、赞助合同、人员聘用合同、房屋租赁合同、器物购买合同、器物租赁合同、委托承制合同等。剧组合同除了应具备《中华人民共和国合同法》所规定的一般性条款(如标的、数量、质量、价款或报酬、履行地点、期限和方式、违约责任等)外,还有一些特殊的内容,如演员是否带助理、差旅费承担、住宿标准、通信费补助、延期拍摄酬金等。剧组合同还有一些自身的特点,如对有单位的主要演员,剧组除了与演员个人签订合同外,还需要与演员所在单位签订单位劳务合同,并支付一定的单位劳务费。再如在工作时间方面,国内剧组可以借鉴美国剧组的做法,逐步推行 12 小时工作限时制。

剧组的管理涉及多个方面,如演员管理,拍摄现场管理,摄制程序管理,财务、物资管理,影视剧内容合法性管理,日常行政管理和思想管理等。在设置程序方面,可以参照《关于故事片摄制程序及阶段划分的规定》(广电部 87 电字第 317 号)的内容。在财务、物资管理方面,又涉及预算管理、纳税管理、赞助管理等,其中税务管理方面应了解财政部、海关总署、国家税务总局《关于文化体制改革试点中支持文化产业发展若干税收政策问题的通知》(财税[2005]2 号)的内容。一个剧组的活动会涉及多个行政主管部门,如广电、劳动、环保、税务、出版、公安、消防等部门。如近几年就多次发生因剧组破坏环境从而被环保部门处罚的事件。对于剧组行为合法性和影视剧内容合法性的管理,剧组可以通过聘用法律顾问,保障剧组活动合法、合规,并保障影视剧的内容没有法律漏洞。

二、剧组主创人员及其基本职责

在我国,剧组人员通常被分为主创人员和辅助人员。剧组主创人员一般是主要创作部门的负责人,通常一个剧组的主创人员包括:制片人、监制、制片主任、导演、编剧、主要演员、摄影师、美术师、录音师、剪辑师。剧组是一个临时性的集体,在制片人的领导下,分为以导演部门为核心的艺术创作部门和以制片主任为核心的制片部门。剧组中存在着领导与被领导的纵向关系,也存在着横向的部门之间的协调关系。如何处理好这些部门之间的关系,也是对剧组的考验。

1. 出品人

出品人是电影生产企业、电视剧制作机构的法定代表人或主要负责人。出品人的资格以电影生产企业和电视剧制作机构登记、注册并获得电影电视剧生产资格而取得的。出品人以法定代表人的身份承担影视剧作品的社会责任和法律责任。

出品人一般不参与电影电视剧生产的具体过程,主要负责单位或企业的日常管理等对影视剧生产的宏观管理。他们没有一般的佣金,只获得所处职位的薪水。

当一个剧组既有出品人又有制片人时，制片人是由出品人聘请的，负责整个剧组的运作。

2．制片人

制片人是影视剧生产经营过程的核心组织管理者。他受影视剧出品人或投资人的委托，负责影视剧全过程的实施、组织和管理，是一个影视剧剧组的最高管理者，对出品人或投资人负责。但是目前我国的制片还很不“职业”，制片人往往需要同时负责筹集资金或提供资金。

制片人相当于项目总经理。制片人的主要职责是决定影片投产方案、主创人员组成及影片销售方式，并监督影片的全部制作过程，从购买剧本的文学素材版权和/或组织撰写电影剧本，为所负责的制片方案筹集资金，到决定此资金的预算及最后的利润分配方式，并与主创人员谈判及签订合同，批准制作开支，一直到影片完成销售。

3．监制

监制是影视剧方案的总负责人，主要职责与制片人相似，但如果一项影视剧制作设有此职务，他的位置就在制片人之上，即由监制发起、策划整部影片，指定制片人和导演，并为影视剧筹集资金。监制负责一个剧组除艺术创作部分外的运营事务，包括何时杀青、进度如何等。

4．制片主任

制片主任对制片人负责，是制片人最主要的助手。在现代电影或电视剧摄制组中，制片主任的主要工作是协助制片人编制影片预算，制定生产计划，确保摄制组日常工作的正常运转与控制经费支出。制片主任根据制片人的授权，代表摄制组与外界就外景场地、协助人员等问题进行谈判，并签署有关协议。

制片主任下设现场制片、生产制片、后勤制片、外联制片、美术制片等助理。其中，现场制片负责拍摄现场的运转协调、负责催场（督促拍摄进度）、解决现场各部门争端、组织清场、提供现场通讯联络方案及提供现场拍摄条件等。生产制片（统筹）专门负责制定和协调生产计划，是生产调度的主要承担者。后勤制片（生活制片）负责管理剧组的吃住行与车辆，提供后勤保障。外联制片负责对外联络，联系外景地、拍摄场地等。美术制片负责协调美术道具等部门。

5．导演

导演是剧组艺术创作的组织者和领导者，是将剧本搬上银幕的人。导演对制片人负责，在制片主任的配合下筹备拍摄工作。承担的工作主要有：组织主创人员，研究、修改剧本，阐述创作意图，确定主要演员，选景，现场拍摄工作指导，后期制作中指导剪辑、录音等。即从现场拍摄到后期制作，直至影视剧完成，导演都要参与其中。

6. 编剧

编剧是为影视剧提供剧本的人,剧本是一个贯穿整个影视剧制作过程的概念。通常情况下,剧本的来源有三种:编剧独自完成剧本的创作;编剧改变既有的小说或其他文学作品;或者是在题材确定后,由制片人选择导演、策划、编剧等共同创作剧本。因此,编剧的工作主要是在前期筹备中创作剧本。

但是进入拍摄环节后,编剧的工作还涉及"不断地调整",根据拍摄的实际需要及拍摄置景地的客观条件,按照与导演的讨论意见,调整修改剧本,并针对剧本和剧情对演员进行辅导。

7. 主要演员

演员主要分为三类:主要演员、配角、临时演员。每个剧组划分演员的标准都是不统一的,剧组往往会从多方面考虑。

8. 摄影师

摄影师对导演负责,是导演在创作方面最主要的合作者之一,主要负责银幕形象的构思和体现,与导演、美术师配合,尽量体现导演的构思。摄影师提出摄影预算,并根据预算及导演的要求选择摄影机以及照明等设备,参与选景,有时也会参与选演员以及服装、化妆等方面的决定。

9. 美术师

亦称美术设计师,负责整部剧的造型设计工作。美术师的工作开始于拍摄准备阶段,根据剧本以及导演的构思对造型进行设计。美术师的工作极为繁杂,从人物服装设计到化妆设计,从道具设计到布景,都是美术师的工作范围。

附:

《摄制组成员编制及参加期限表》说明

广播电影电视部电影局一九八七年五月二十七日发布

一、表列人员系故事片摄制组基本成员编制,共26人。因特殊情况需增加人员编制应经厂审批同意。有条件的厂可根据工作需要配备总导演、总摄影师、总美术师。

二、酝酿和筹备时期原则上规定导演、制片主任、摄影师、美术师、副导演等人参加工作,本时期应指定专人负责财务工作,如需增加其他人员,由摄制组根据工作需要报厂批准。

三、凡有大量先期录音工作的影片(如戏曲、音乐歌舞片),其作曲录音人员应在筹备时期进组,参加分镜头剧本。

四、特技组人员(包括设计、摄影等)应根据影片计划,需拍特技镜头的数量及复杂程度等,由摄制组确定其参加摄制工作的期限。厂应重视和充分发挥特技创作的特点,并给予必要的创作条件。

五、烟火、武器、风雨工作人员另按计划需要，由厂调派参加摄制组工作。

六、照明工作、置景工人（包括木、漆、泥瓦、纸工）和绘景人员，参加摄制工作的时间和人数，根据影片摄制所需各有关工作的工作量和进度要求，由厂和各车间具体安排。

七、司机和发电车人员由厂视情况需要派出。

八、在远地外景拍摄时，可根据需要配备医生一名。

关于故事片摄制过程的注意事项：

一、电影分镜头剧本，是影片摄制的总体设计和施工蓝图，直接关系到未来影片的艺术、技术质量；同时又是影片生产的计划组织工作的依据，同影片的摄制期限及费用预算有着极为密切的联系。因此，导演在编写分镜头剧本时，同时要充分注意到规定的影片长度、时间、成本和布景掌握、面积的限额指标。

二、导演在摄制组内要组织创作人员对分镜头剧本的主题和表现形式进行研究，并尽可能求得统一理解，如有个别意见分歧，应由导演、制片主任研究决定，重大问题应报厂批准决定。

三、推行排戏制度，是提高质量减少摄制中不必要损失的有力保证。因此，主要场面及可能排戏的场面，应尽可能经过排练。

四、"摄制日"的工作时间一般规定为 8 小时至 10 小时，不包括少数人事前准备及事后料理工作在内。如遇特殊情形可以考虑延长，内景期间并应按有关规定办理手续。

五、厂要经常关心摄制组的学习安排。政治部门有关学习文件资料和要求等应及时送达给摄制组。摄制组根据影片生产情况保证安排好全组的学习。

六、凡拍摄有危险性场面时，导演、制片主任和摄制组的安全组长必须特别注意，并应作出保证工作人员安全的各种有效措施。必要时应申报保险或报厂请保卫部门派人到现场检查，共同做好安全工作。

七、厂应制定摄制组的"外景守则"并要特别强调群众纪律。应规定摄制组在外景拍摄结束后全面检查执行情况，向厂作出汇报。

八、混录双片送电影局审查时，导演和制片主任应到局听取审查意见。

九、厂的技术领导及技术鉴定部门必须经常监督洗印车间在规定时间内洗印出符合与摄制组商定的技术数据的工作样片，以保证及时看到和准确鉴别摄制组所拍底片的质量。

十、厂的技术领导应采取有效措施，严防发生任何底片事故，以免造成无可挽救的损失。

十一、为提高影片的艺术质量，导演和剪辑人员对全部样片的精修工作很重要。因此，对拍摄阶段后期的剪辑工作，必须给予应有的时间保证，一般不得少于 15 个工作日。

十二、酝酿、筹备时期，以及生产时期的"完成片制作及结束工作阶段"是整个影片创作生产的开头和结尾，这两部分工作能否及时做好，对保证影片的艺术质量、影片摄制的计划组织工作及时完成情况的考核、经验的积累等方面关系极大。摄制组的导演和制片主任必须按照规定的期限和要求认真做好。厂负责分管上述工作的领导应该经常注意督促检查，防止自行其是。

十三、各厂应恢复和健全由生产副厂长（或生产办公室）召集的生产调度会议制度，使全厂人力、拍摄场所、器材等得以充分利用，并解决厂内各部门与摄制组之间，摄制组与摄制组之间发生的具体问题，以保证摄制工作的顺利进行。

十四、厂内行政管理部门等应该面向生产、面向摄制组，关心群众生活，努力做好后勤保证工作。

第二节　影视剧组的劳务合同

影视剧摄制过程中涉及剧本创作、资金筹备、演职人员聘用等众多问题，均需依靠合同确立各主体之间的法律关系。完备的合同能够在一定程度上弥补法律、法规的不足；明确合同各方的权利义务，能够减少甚至避免不必要的纠纷出现。因此，合同条款应尽量完备，内容及用语须明确，争议解决条款须规范；同时，需注意具备影视行业惯例与特征。

劳务合同是一种以完成一定劳务为标的的合同，接受劳务方向提供劳务方支付报酬。导演、摄影、演员等影视创作人员与制作单位之间构成劳务交易关系，双方签订的是演职人员劳务合同。演职人员劳务合同属于以劳务为标的的经济合同，具有短期性劳务、一揽子交易的性质，与劳动合同关系不同。因此，这类合同应当按照《合同法》来规范，而不受《劳动合同法》的规范。演职人员与制作单位的地位是完全平等的，在处理演职人员与影视制作单位的纠纷时，一般不按照处理劳动争议的程序进行，而是采取处理一般民事纠纷的方式和程序。而且在我国目前的司法实践中，一般对演职人员与影视制作单位之间的纠纷都是按照一般民事案件（劳务聘用合同纠纷）处理的。①

演职人员劳务合同，是为完成电视剧摄制签订的重要合同类别。演职人员劳务合同的内容主要包括：当事方——制片方及演职人员；合同标的——演职人员的劳务；合同的数量及质量——对演职人员提供劳务服务的内容与质量要求；履行期限——演职人员提供劳务的时间；劳务报酬——演职人员提供劳务所得酬金；履行期限、地点及方式；违约责任；争议解决条款等。

除上述一般性质的劳务聘用合同条款以外，特定的主创人员聘用合同性质属于著作权合同范畴，如《聘用编剧合同》的实质属于《委托创作合同》，其特有条款如：作品成果的著作权归属条款、作品使用许可条款。

---

①　参见魏永征、李丹林主编：《影视法导论——电影电视节目制作人须知》，复旦大学出版社2005年版，第241页。

一、聘用编剧合同

一部影视剧从构思到摄制完成的整个过程,文学剧本的创作是至关重要的环节,文学剧本的好坏关系着影视剧的效果和质量。内容完备的聘用编剧合同,有利于明确制片方和编剧的权利和义务,并能够最大限度地确保文学剧本按照制片方的要求得以完成。

编剧的工作大致可以分为三种情形:根据制片方的要求,为影视剧创作原创文学剧本;以制片方提供的文字作品为基础,为影视剧改编文学剧本;根据制片方的要求,对他人未完成的文学剧本继续进行创作、修改或润色,直至最后定稿。

影视剧编剧合同,除具备演职人员聘用合同的一般条款之外,重点需针对编剧劳务的特殊性,对于其工作内容、工作成果的交付、酬金的取得方式、工作成果著作权及相关权利约定、更换编剧等条款进行约定。

假设甲方为制片方,乙方为电视剧编剧,劳务合同应该注意的主要条款有:

1. 工作内容方面

根据编剧在具体聘用项目中从事的工作内容不同,本条款可能有如下几种情形:

"乙方根据甲方要求,为电视剧编写原创文学剧本。"

"以甲方享有著作权(或经权利人合法授权享有电视剧剧本改编权利)的文字作品《________》为基础,为电视剧《________》改编文学剧本。"

"对未定稿的电视剧文学剧本进行修改、润色直至定稿。"

2. 工作成果的交付及酬金的支付方面

编剧工作成果的交付,通常与酬金交付方式相衔接,以编剧各阶段工作成果的完成为交付该阶段劳务报酬的标准:

"(1) 合同签订后________个工作日内,甲方向乙方支付剧本总酬金的________%,即人民币________万元整。

(2) 乙方需在甲方首次支付剧本酬金之日起________日内,交付本片故事大纲和人物小传,经甲方书面认可(即经甲方对剧本故事大纲和人物小传进行讨论后,在甲方提出的修改意见的基础上,甲方认可乙方可进行分场提纲创作)后,甲方向乙方支付剧本总酬金的________%,即人民币________万元整。

(3) 剧本故事大纲和人物小传通过甲方书面审核确认之日起________日内,乙方需向甲方交付本片分场大纲,经甲方书面认可(即经甲方对剧本分场大纲进行讨论后,在甲方提出的修改意见的基础上,认可乙方可进行剧本初稿的创作),甲方向乙方支付剧本总酬金的________%，即人民币________万元整。

（4）分场大纲通过甲方书面审核确认之日起________日内，乙方完成初稿创作并提交甲方审核。经甲方审核并书面认可后，甲方向乙方支付剧本总酬金的________%，即人民币________万元整。

（5）乙方根据甲方对初稿的修改意见，在________日内完成剧本的二稿创作，并提交甲方讨论审定。经甲方审核并书面认可后，甲方向乙方支付剧本总酬金的________%，即人民币________万元整。

（6）该片开机前，乙方根据甲方意见进行剧本修改，致剧本定稿经过甲方最终确认后，甲方向乙方支付剧本总酬金的________%，即人民币________万元整。

（7）在该片制作过程中，乙方需根据甲方及导演意见及广播电视主管部门的审核意见，随时对剧本作出修改调整。该片通过广播电视主管部门审核，获得影片公映许可证之日起________日内，甲方向乙方支付剧本总酬金的________%，即人民币________万元整。至此，乙方全部合同义务履行完毕，甲方完成全部酬金的支付。”

3. 工作成果的权利归属方面

此项权利约定基于甲乙双方的协商，结果各异。关于剧本著作权归属的约定，通常有以下情形：

“文学剧本的著作权归乙方享有，但甲方享有依据本文学剧本摄制并发行本合同所指电视剧的权利。”

“文学剧本的作者署名权归乙方所有，除此以外的全部权利自始/自甲方支付各创作部分的酬劳之日起，归甲方所有。”

此外工作成果的权利归属还涉及由文学剧本摄制而成的电视剧作品权利及其他衍生产品权利等。此类权利如决定是否摄制电视剧的权利、决定是否与他方联合摄制电视剧的权利，电视剧作品的发行权利，漫画、游戏等衍生产品的相关权利，电视剧续集拍摄、前传拍摄的权利，根据电视剧作品摄制电影作品、舞台剧作品的权利等的归属及分配问题，也需纳入编剧聘用合同的相关内容。如以下条款安排：

“甲方自始享有根据该剧本摄制的各种语言版本的影视剧的全部版权、衍生制品的所有权利，以及将该片翻拍为广播剧、舞台剧和摄制或拍摄续集、重拍电影、电视、电脑及网上游戏及互联网产品等的一切权益。”

“该片拍摄剧本完成后，甲方有权决定是否继续投资开拍该片，及决定在何时何地开始筹拍该片。

甲方有权决定独立摄制或与任何单位、个人联合摄制本片，并决定本片的主创人员；甲方并有权将该片转让给其他单位或个人拍摄，乙方不得干涉。”

4. 更换编剧方面

在编剧工作过程中,经常出现编剧无力按照制片方要求完成工作的情形。在此情形下,如果制片方没有补救措施,则会导致电视剧摄制周期的拖延,造成制片方的巨大损失。考虑到制片方重新聘用编剧的权利及后果,在编剧合同中,通常存在如下类似条款:

"乙方提交的剧本经修改后仍不能达到甲方要求时,甲方保留聘请其他人员进行本剧剧本的修改和创作的权利,甲乙双方同意,在此情况下,其他编剧对剧本所作的修改不视为对乙方权利的侵犯。甲方就经其认可的、乙方已完成的该部分剧本同样拥有完全版权。"

"此情形下,甲方有权决定编剧的署名方式及排序,并有权根据乙方后续参加文学及剧本创作和修改的情况,酌情决定减少支付,直至不再支付尚未向乙方支付的酬金。"

除上述条款外,编剧聘用合同的诸多条款都是值得在细节之处多加留意的,比如保密条款。对于故事创意及情节的保密义务,对于编剧聘用合同来说也是十分重要的。如果编剧或重要当事人将故事创意及重要情节提前泄露出去,不论从同业竞争压力角度考虑,还是从影视剧作品的收视率出发考量,都将给制片方带来巨大损失。因此,此类条款的设计也是需要多加注意的。

二、聘用导演合同

从某种程度而言,导演可谓一部影视剧摄制的灵魂人物。导演的作用是否得到充分发挥,导演工作是否顺利完成,关系着影视剧是否能够顺利拍摄及拍摄的最终效果。目前,有的导演隶属于某制片方或将自己的相关工作委托给了经纪公司;另有一部分导演属于自由之身,既无工作单位,也无经纪公司。在前一种情况下,制片方需与导演的工作单位或经纪公司签署合同;后一种情况下,制片方仅需直接与导演签订聘用合同即可。

导演聘用合同,除了具备合同的一般性质条款之外,较为重要的条款是导演的人身性质条款、工作效果条款等。相对于直接与导演本人签订的聘用合同,制片方与导演的工作单位或经纪公司签订的合同,除了需注意约定前者体现的重点条款之外,还需对该单位或经纪公司与导演的劳动关系、酬金支付对象,以及导演向制片方出具承诺书等事项进行约定。因此,此处选用第一种情形为例,假设甲方为制片方,乙方为导演所在单位或经纪公司,对导演聘用合同的部分条款进行说明。

1. 人身性质、单位或经纪公司与导演的劳动关系导演聘用具有较强的人身性质。制片方是出于对特定导演的选择而签订的此类合同。因此,制片方通常希望,即便在导演与其单位解约的情形下,该导演也仍然能履行聘用合同约定的导演工作。

因此,考虑到导演聘用的人身性质,合同中通常可采用如下约定:

“乙方保证,乙方与导演依法建立了劳动合同关系(或委托代理关系)并订立了劳动合同(或委托代理合同)。导演在本合同中的工作结束之前,其与导演之间的劳动合同(或委托代理合同)持续有效。”

“乙方保证,在本合同约定的期限内,指定导演将受聘于甲方并独立完成受聘事项。”

“在本合同生效期间内,不论因乙方或导演任何一方的原因导致乙方与导演订立的劳动合同(或委托代理合同)终止,导演仍应依据本合同的规定履行其作为电视剧导演的职责;若导演因其与乙方订立的劳动合同(或委托代理合同)终止而拒绝继续履行其作为本合同中电视剧导演的职责,由此给甲方造成的一切损失,乙方与导演承担连带赔偿责任。”

2. 工作效果方面

制片方聘请导演,一个重要原因是基于对导演完成电视剧制作效果的期待。因此,保证质量地完成电视剧的摄制工作是制片公司的根本要求。但在实践中,导演时常会为了追求电视剧作品的艺术效果而不顾摄制周期及经济成本等因素。为避免因此造成的制片方损失,聘用导演合同中可以设计如下条款:

“导演应根据拍摄预算、拍摄计划和工作进度表审慎、经济、高效地完成该剧的摄制工作,确保该剧拍摄质量和拍摄进度,杜绝超期和超支现象。”

“甲方与导演如因创作问题发生矛盾时,双方应认真研究,及时协商解决;无法达成一致意见时,以甲方的创作意见为准。”

“导演可对文学剧本提出修改意见。经甲方书面同意,可按照导演修改意见对文学剧本进行修改。”

“因导演擅自对文学剧本进行更改,导致电视剧最终未通过国家主管部门的审查,乙方和导演应对甲方因此遭受的损失承担连带赔偿责任。”

3. 酬金支付方面

此类合同是制片方与导演所在单位或经纪公司签订,因此,在合同中通常约定制片方直接向该单位或经纪公司支付导演酬金,导演无权直接向制片方主张酬金:

“甲方应将本合同规定的酬金直接向乙方支付,导演无权就其依据本合同为甲方提供的工作向甲方索取任何性质的酬金。本合同另有规定除外。”

“在本合同生效期间内,若导演向甲方出具书面文件,证明其与乙方订立的劳动合同(或委托代理合同)业已终止,且乙方对此证明并不否认,甲方有权将尚未发生的酬金依据本合同规定的支付时间及方式直接向导演支付。"

4. 导演承诺书

由于此类合同的签约主体是制片方与导演所在单位或经纪公司,根据合同相对性理论,并不能确保该合同内容直接对导演产生约束力。为了使合同对导演产生约束力,此合同的设计中通常要求导演签订《导演承诺书》。

该承诺书内容旨在证明导演承认该单位或经纪公司有权签订该导演聘用合同;导演自身将接受该聘用合同全部条款的约束;承诺导演提供的一切工作内容均属原创,不含任何侵权行为;承认制片方向该单位或经纪公司直接支付报酬的效力等。具体条款用语设计可以灵活多样。

三、聘用制片人合同

制片人是一部影视剧制作的总负责人,从融资、摄制计划及摄制预算的制定与实施、导演及演员等主创人员的选聘到发行等影视剧摄制过程中的相关事项,都离不开制片人的工作。

在聘用制片人合同中,从制片人角度考虑,较重视的是酬金条款、电视剧作品的署名权条款及工作中发生的各项费用承担问题;从制片方角度考量,关注点在于制片人的工作效果条款。以下假设甲方为制片单位,乙方为制片人,对合同条款作示范说明。

1. 费用支付

为保证双方支取酬金的公平、公正,制片人酬金的支付方式往往采用分阶段支付的方法:

"甲方向乙方支付的工作酬金共计________元。本合同签订后________日内,甲方向乙方支付总酬金的________%,即人民币________万元整;电视剧开机之日起________日内,甲方向乙方支付总酬金的________%,即人民币________万元整;摄制任务完成一半之日起________日内,甲方向乙方支付总酬金的________%,即人民币________万元整;电视剧拍摄停机之日起________日内,甲方向乙方支付总酬金的________%,即人民币________万元整;电视剧通过广电总局审查通过________日内支,甲方向乙方支付总酬金的________%,即人民币________万元整。"

2. 工作效果

此类条款中需明确制片人在影视剧摄制中的具体工作内容和工作效果,其中较重要的条款是关于制片人需严格掌握制作预算的执行。基本表述如下：

"在受聘期间乙方需要提供以下服务：监督实施电视剧的制作计划和制作预算执行；监督电视剧文学剧本的完善和修改；组织进行编剧、导演、动画设计等主创人员的选任；监督协调制作部门工作、监督电视剧的制作；监督电视剧的后期制作，并向甲方或甲方指定的发行商交付电视节目母带；应邀参与电视剧的宣传推广活动。"

"电视剧摄制计划和摄制预算一旦经过甲方书面认可并确定，乙方应严格执行，未经甲方同意，乙方不得擅自更改。"

3. 工作中的各项费用承担

此类条款较多体现的是商务性质问题，此类条款通常可设计如下：

"从乙方工作正式开始之日至乙方工作结束之日，甲方应负责安排乙方在片场所在地或其他工作地点的住宿、饮食、交通，费用由甲方承担。若甲方要求乙方到国内其他拍摄场地工作，甲方应承担往返交通费用。若甲方要求乙方到国外的拍摄场地工作，甲方应负责办理相关证件和手续并承担一切费用。"

4. 作品的署名权

本条款涉及乙方作为电视剧制片人的署名权利，对于制片人来说是较为重要的权利，但条款设计难度不大。

一般此条款可以约定为"若电视剧得以摄制完成并公开发行，且乙方履行了本合同下的全部义务，乙方依法享有在电视剧及相关衍生产品中的署名权。该署名权的具体方式及安排由甲方决定"。

四、聘用演员合同

演员的适当选用有时会成为一部电视剧成功的关键。演员是否能够在影视剧的摄制过程中充分发挥水平，演员与制片方的关系是否和谐，关系到影视剧的摄制进程和最终效果。因此，聘用演员合同值得倍加关注。

与聘用导演的情况相类似，目前，一部分演员隶属于影视制片方或将自己的事业委托给了经纪公司；另一部分演员属于自由之身，既无工作单位，也无经纪公司。在这两种情况下，制片方签订的演员聘用合同也是不同的。在前者情况下，制片方需与演员的工作单位或经纪公司签署合同；在后者情况下，制片方仅需直接与演员签订聘用合同即可。

在聘用演员合同中，需明确的基本条款大体包括：演员在电视剧中出任的角色；演员的报酬支付方式；演员的工作效果条款；演员参加开机仪式、宣传活动的义务等。

相对于直接与演员本人签订的聘用合同,制片方与演员的工作单位或经纪公司签订的合同除了需注意约定前者体现的重点条款之外,还需对该单位或经纪公司与演员的劳动关系条款、酬金支付对象条款,以及演员向制片方出具承诺书等事项进行约定。鉴于第一种情形更为复杂,以此情形为例,假定甲方为制片方,乙方为演员所在单位或经纪公司,对演员聘用合同的部分条款进行说明。

1. 人身性质、单位或经纪公司与演员的劳动关系

演员聘用具有较强的人身性质。制片方是出于对特定演员的选择而签订的此类合同。即便演员与单位解约,制片方也仍然希望演员能够履行聘用合同的权利义务。

因此,考虑到演员聘用的人身性质,合同中通常可采用如下约定:

"乙方保证,乙方与演员依法建立了劳动合同关系(或委托代理关系)并订立了劳动合同(或委托代理合同)。演员在本合同中的工作结束之前,其与演员之间的劳动合同(或委托代理合同)持续有效。"

"乙方保证,在本合同约定的期限内,指定演员将受聘于甲方并独立完成受聘事项。"

"本合同规定的演员工作期限内,乙方不会使演员受聘于除甲方以外的人和第三方,也不会向演员安排其他工作。"

"在本合同生效期间内,不论因乙方或演员任何一方的原因导致乙方与演员订立的劳动合同(或委托代理合同)终止,演员仍应依据本合同的规定履行其作为电视剧演员的职责;若演员因其与乙方订立的劳动合同(或委托代理合同)终止而拒绝继续履行其作为本合同中电视剧演员的职责,由此给甲方造成的一切损失,乙方与演员承担连带赔偿责任。"

2. 工作内容及效果

此类条款中通常要约定演员出演的剧中角色、工作的主要内容及工作效果。通常可采用如下表述方式:

"根据本合同的条款及条件,甲方聘请乙方演员________在甲方摄制的电视剧《________》中,出演'________'角色。因电视剧本调整,角色名称以甲方核定为准。"

"乙方工作正式开始之日至乙方工作结束之日,演员应专职为甲方工作,不得参演其他影视作品。"

"在电视剧停机之后,甲方有权要求演员参加配音、补拍、重拍等不超出演员职业职责范围的电视剧的其他摄制工作。但不得超过________天。否则,每超过一

天应向乙方支付酬金________元。乙方应协调演员的档期,确保演员能够参加上述工作。"

3. 宣传配合及相关权利

演员参与电视剧宣传有时是必要的。事实证明,演员参与电视剧宣传活动可以提升电视剧的宣传效果。但宣传活动时常与演员的档期调配及肖像权等问题发生冲突,因此,在聘用演员合同中,明确约定演员配合电视剧宣传的各项义务是十分必要的。如:

"甲方为宣传推广电视剧目的,有权无偿使用或许可播放者、发行者使用演员的姓名和肖像,并及于相关衍生产品或服务。"

"甲方有权要求演员参加电视剧的开机仪式、首播仪式以及其他宣传活动,无须就此向乙方另行支付酬金。但甲方要求演员参加的活动最多不超过________次,否则每超过一次应向乙方支付酬金________元,此情形下,乙方有权拒绝甲方的要求。"

4. 酬金支付

演员的酬金支付往往也要根据其工作内容的完成情况分期支付。此外,在制片方与演员单位或经纪公司签订的合同中,酬金的支付对象问题也是值得说明的。

"甲方需向乙方支付的酬金总额为人民币________元。甲方承诺按以下分期向乙方指定账户支付报酬:

A. 第一期款于本合同签订之日起________日内,甲方向乙方支付总酬金的________%,即人民币________元整;

B. 第二期款于乙方演员出演的剧情拍摄完成一半之日起________日内,甲方向乙方支付总酬金的________%,即人民币________元;

C. 第三期款于乙方演员拍摄工作完成后________日内,甲方向乙方支付总酬金的________%,即人民币________元;

D. 第四期款,如乙方演员需参加后期配音,则在演员配音工作完成之日起________日内,甲方向乙方支付总酬金的________%,即人民币________元整;若乙方演员不需要参加后期配音,则于第三期付款时全部付清。"

"乙方及乙方演员收取的劳务报酬为税前/税后款,劳务报酬所需税款由乙方/甲方承担。"

"甲方应将本合同规定的酬金直接向乙方支付,演员无权就其依据本合同为甲方提供的工作向甲方索取任何性质的酬金。本合同另有规定除外。"

"在本合同生效期间内,若演员向甲方出具其与乙方订立的劳动合同(或委托代理合同)业已终止的书面证明,且乙方对此证明并不否认,甲方有权将尚未发生的酬金依据本合同规定的支付方式直接向演员支付。”

5. 演员承诺书

由于此类合同的签约主体是制片方与演员所在单位或经纪公司，根据合同相对性理论，并不能确保该合同内容直接对演员产生约束力。为了使合同对演员产生约束力，此合同的设计中通常要求演员签订《演员承诺书》。

该承诺书内容旨在促使演员声明该单位或经纪公司有权签订该演员聘用合同；演员自身将接受该聘用合同全部条款的约束；承认制片方向该单位或经纪公司直接支付报酬的效力等。

五、聘用未成年演员合同

与成年演员相比，未成年演员是影视剧演员中的特殊群体，因此，聘用未成年演员合同也具备一定的特殊性。

由于未成年人属于无民事行为能力人或限制民事行为能力人，制片方通常与未成年人的合法监护人签订聘用合同；制片方通常会将酬金直接支付给未成年人的合法监护人；鉴于未成年人的生活学习状况可能与电视剧摄制相冲突，此类合同中也需要对相关事宜作出明确约定。假设甲方为电视剧制片方，乙方为未成年人的合法监护人，此类合同的若干特殊条款可作如下设计：

1. 监护人权利声明

因此类合同中影视剧制作单位的签约相对方为未成年人的合法监护人，而非未成年人本身，因此，对于其合法监护人身份需要进行核实和确认，确保该签约方具备签订合同的资格。基本约定如下：

“乙方保证，乙方为演员的合法监护人，有权代表演员签署本合同；乙方提供的其为演员监护人的法律文件真实、合法、有效。”

2. 酬金支付

将酬金直接支付给演员的合法监护人，是对演员权利的一种维护。但为避免不必要的纠纷，合同中需约定，制片方依据合同约定向演员的合法监护人支付酬金后，即认定为已完成向演员付酬的义务。此条款可设计如下：

“因演员为未成年人，甲方应将本合同规定的，需向演员支付的酬金直接支付至乙方指定账户。”

“甲方按本合同的规定向乙方支付酬金即视为甲方履行了向演员支付酬金的义务。”

3. 演员的学习生活

鉴于演员为未成年人,学习生活中的诸多事项可能会对电视剧拍摄档期调节及摄制工作的顺利进行产生重大影响。同时,集中拍摄任务对于未成年人的学习生活也会产生一定的影响。因此,聘用合同中应明确约定此类事宜:

"在演员工作正式开始之前,甲方有权要求演员参加拍摄筹备会、试装、试拍等拍摄筹备期内需要演员参与的工作,无须另行向演员支付酬金。乙方应协调演员的档期或在校就读时间,确保演员能够参加上述筹备期工作。"

"在本合同的期限内,甲方应当保证演员足够的休息和学习时间,并派专人负责照顾演员在摄制组的生活。如需要演员参加电视剧的宣传活动,应尽量避免占用演员的在校学习时间。由此产生的相关费用由甲方承担。"

"乙方应保证演员全身心地投入到电视剧的拍摄中,若拍摄过程中,演员出现哭闹等影响拍摄进程的情形,乙方应尽快排除不利因素,确保拍摄进度;若演员拒绝拍摄,或演员的其他行为致使电视剧的拍摄中断,甲乙双方可以协商解决,协商不成,甲方有权解除本合同。"

六、聘用特技演员合同

在影视剧拍摄过程中,有时演员本人不能完成带有特技性质的镜头。考虑到剧情需要,就要聘用特技演员参与电视剧的摄制。

在聘用特技演员合同中,存在一些特殊条款安排。包括:在剧本变更导致特技难度增加时,特技演员可以要求增加酬金;制片方有义务为特技演员办理商业保险等条款。假设甲方为制片方,乙方为特技演员,此类合同的部分条款可作如下约定:

1. 剧本及特技难度变化

考虑到特技演员表演的安全性及技术难度等问题,涉及特技表演部分的剧本变更通常是要经过特技演员同意方可实施的;若剧本修改后,特技难度提高,通常情况下,特技演员可以要求增加酬金,反之,酬金不得减少:

"甲方可以根据拍摄需要对特技镜头拍摄脚本进行更改,但事先必须征得乙方同意。"

"特技镜头拍摄脚本修改后,若特技难度或危险程度有明显增加,乙方有权要求增加酬金数额,增加数额由甲乙双方根据特技难度及业内标准和行业惯例另行签订补充协议确定,作为本合同的附件;若特技难度减小,本合同规定的乙方酬金不变。"

2. 商业保险

由于特技表演经常带有一定的危险色彩，为了保障特技演员的人身安全，在聘用特技演员合同中通常要求制片方为特技演员办理商业保险：

“为确保乙方在特技表演过程中的人身、财产安全，甲方应为乙方办理商业保险，具体包括：________。”

七、聘用临时演员合同

在影视剧拍摄过程中，常常要聘用临时演员。与临时演员签订的合同如果约定不够明确，则会导致纠纷频现。

聘用临时演员的合同与聘用演员合同有很多细节上的差别。比如：酬金的支付按日计算；由制片方决定是否为临时演员署名及如何署名；临时演员需严格遵守摄制组纪律，不得扰乱摄制组秩序；制片方可随时解除聘用合同等。

假设甲方为制片方，乙方为临时演员，聘用临时演员合同需注意的条款有：

1. 酬金支付

临时演员的工作具有临时性，因此，在酬金支付问题上的特殊性就体现为短期结算，通常是按日结算：

“乙方酬金按日进行结算，标准为每日人民币________元（大写：________________），自乙方工作正式开始之日起，甲方每日于乙方工作结束后以现金形式向乙方支付。”

2. 剧组秩序

临时演员通常不具备专业演员的经验，对摄制组的各项纪律规定并不十分清晰，甚至可能因接触新鲜场景、见到喜欢的演员而导致情绪激动，扰乱摄制组秩序。因此，聘用临时演员合同有必要对此作出相关规定和说明，以保证电视剧摄制的顺利进行：

“乙方在工作过程中应接受甲方的指导和管理，遵守甲方制定的规章、制度。”

“乙方在工作期间，不得擅自向电视剧导演、主要演员及其他主创人员要求合影、索要签名等，不得干扰电视剧的正常拍摄秩序。”

3. 临时演员的署名权

对于临时演员的署名权，通常聘用合同中会约定制片方有权决定是否署名及署名方式：

“电视剧的著作权由甲方依法享有。”

“甲方有权根据乙方出演角色等情况自行决定是否将乙方姓名列入电视剧演

职人员名单。如需要署名,则乙方署名的格式、具体位置及字体大小由甲方根据国家的相关规定办理。"

八、聘用工作人员合同

影视剧摄制组除了影视剧主创人员之外还存在大量的工作人员。这些工作人员的聘用也需要借助签署书面聘用合同。制片方与拟聘用的工作人员签订相关书面合同时,需要对聘用人员的工作内容、效果及工作时间等问题加以明确约定。假设甲方为制片方,乙方为拟聘用的工作人员,此类合同需明确:

1. 工作内容

摄制组工作人员的工作内容各有不同,明确聘用人员的工作内容,是实现合同目的、追求工作效果的基础。如对服装设计的聘用合同中,就可以对其工作内容作如下约定:

"乙方应保证履行下列工作职责:在导演和制片主任的领导下,在美术师的指导下,依据本剧造型的总体构思,负责对剧中人物的衣着服饰进行设计,提出服装制作保障预算,并负责整个服装组工作的具体组织和落实……"

2. 工作人员纪律及制片方的决定权

为了保证摄制工作的顺利进行,要求工作人员应严格遵守摄制组规章制度,在工作意见出现分歧时以制片方的意见为准:

"乙方保证在电视剧摄制期间,工作尽职尽责,严格遵守甲方的各项规章管理制度,积极配合甲方工作,认真完成自己所担负的任务,工作如遇问题或有建议应提前与甲方协商,协商意见不一致,以甲方的最后决定为准。"

3. 工作时间

影视剧摄制的工作时间通常为不定时工作制,对此也应该在聘用合同中有所体现:

"由于影视制作的特殊性,乙方同意不按正常的工作日计算劳务服务时间,并认可甲方所付酬金已充分考虑了可能的超时等情况,如有超时等情况乙方不得再要求甲方支付任何费用。"

第三节　影视剧组基本管理制度

一、影视剧组管理概述

影视剧组是由参与影视剧拍摄工作的成员组成的团队。每部电视剧的题材、成本、制作规模等情况各异，剧组的构成及规模也有所差别。通常电视剧摄制组都包括制片组、导演组、摄像组、录音组、美术组五个主要部门。

剧组本身是为完成特定影视剧摄制项目组建的临时团队，影视剧摄制完成后，剧组即告解散。这种松散的临时性组合并不具备法人资格。

关于剧组的基本组织结构，可参见下表：

摄制组	制片部门	制片人、执行制片人、制片主任、责任制片、生产制片、生活制片、外联制片、剧务、会计、场务
	导演部门	导演、副导演、导演助理、责任编辑、场记、演员、武术指导、剪辑
	摄像部门	摄像、摄像助理、跟机员、照明
	录音部门	录音、音乐
	美术部门	美术、服装、化妆、道具、置景、烟火、枪械

影视剧剧组是为了摄制影视剧的目的临时设立的，各部门也在此意义上临时组合在一起。为了协调剧组各部门的相互关系，制片部门通常会制定一系列摄制组内部管理规定。

剧组内部管理规定的基本作用是，从影视剧摄制工作顺利完成的需要出发，根据剧组面临的具体摄制任务及条件，在各项合同基础上，确认剧组工作总体目标，制定剧组的工作标准，确立协调部门与人际关系的准则，规范剧组全体工作人员的日常行为。

剧组内部管理规定的主要内容包括：财务管理规定、安全管理规定、日常管理规定、工作程序规范等其他规定。

二、影视剧组管理的主要内容

（一）财务管理规定

财务管理，此处主要是指对影视剧生产成本的计划与管控。影视剧的生产过程是各种资源的配置过程，其中最关键的是资金的使用与管理问题。在电视剧生产中，成本控制极为关键，关系着制片方的重要经济利益。

影视剧生产成本是影视剧摄制组或制片方成本构成中的核心部分。

通常，在影视剧摄制开始之前，制片方会明确影视剧的制作成本范围、剧组账户的设立、摄制预算执行及投资款的追加等事宜，并以此作为影视剧摄制组财务管理的标准。

拍摄期间，制片主任负责控制摄制预算的落实，审核摄制组的一切经费支出。所有部门的报销单据要经过当事人、部门负责人和制片主任签字，然后通过会计复审并报销。会计协助制片主任管理摄制资金，负责剧组工作人员酬金的发放，建立剧组账目，并对剧组各部门收支、工作人员酬金发放情况进行详尽登记。剧组各部门购买的物品都要经过制片部门的验收、登记，拍摄结束后回收处理。

影视剧组制定财务管理规定，是为了明确电视剧财务收支与报销的办法、标准、程序及权限等事项，以保证影视剧摄制在制片方的预定标准中顺利执行。因此，把握财务管理规定的核心内容，应从制片人的成本管控初衷着手。

以电视剧联合摄制合同为例，假设甲方为电视剧主要承制方，乙方为出资方，有关成本管控的合同条款通常有：

1. 关于摄制成本范围

此类条款明确约定了投资方的出资用途，在联合摄制合同条款中至关重要。除了对相关用款事项进行明确约定外，更深远的影响在于，清晰地描述此类条款，可明确划分电视剧摄制成本与宣传发行成本等的界限，尽可能减少可能出现的费用争议。大概表述为：

“双方同意，该剧的摄制成本内容包括：摄制权版权费、剧本费用、前期筹备费用、所有演职员酬金、保险及税费、前期拍摄、后期制作、剧组运作费用、开关机仪式、新闻发布会、宣传画册、题材申报及审片费用。”

2. 关于剧组账户的设立

通常，在联合摄制合同中会规定承制方开设剧组账户，便于电视剧投资款的汇入和投资方对承制方各项支出的监督。此类条款大概表述为：

“经双方约定，本片的投资应当分期注入由甲方为剧组开设的专用摄制账户（户名：________摄制组；开户行：________________；账户：________________）。”

根据项目需要，为平衡投资方与承制方的资金使用风险，很多情况下，会在一方名下设立共同监管的剧组账户，一方持法人人名章，一方持财务章，共同签章行使剧组资金的领用。

3. 关于摄制预算

摄制预算的制定是联合摄制合同中一项重要内容，它是投资方对于主要承制方费用支出的主要限制手段，此类条款中，投资方通常会明确要求承制方费用支出应严格遵照预算条款，不得超出预算范围。

"本片所有费用支出实行预算制，按照双方书面认可的制作预算执行。"

"甲方在本片制作管理过程中，应按照预算方案和拍摄方案推进本片制作；如出现意外因素，或者预算方案、拍摄方案涉及的具体事项因与实际不符而无法实施、需要调整，或者出现预算外开支时，甲方与乙方进行协商处理，双方应本着面对现实、特事特办的原则及时做出处理意见或确认意见，该处理意见或确认意见即作为预算方案、拍摄方案进行调整的依据。"

4. 关于追加投资

在电视剧摄制过程中，如果预算外支出无法避免，以至于投资方的投资款将不足以支付全部费用，可能就会涉及追加投资的问题。此类条款，基本表述如下：

"双方同意，如本片在制作过程中出现不可归责于任何一方的超支（即超出投资总额），双方将按投资比例依照本协议约定追加出资。

在上述情形下，双方对追加的投资应按双方另行约定的时间同步到位，另行约定的追加投资到位时间，以不影响本片拍摄、满足剧组正常运转为原则确定投资到位时间。"

5. 关于财务管理及监督

在联合摄制各方中，实际操作财务事项的主要是承制方，为了监督承制方的财务支配行为，各投资方通常会在联合摄制合同中设计相应的监督条款，规定各投资方的知情权、监督权等。

"甲方指派一名财务人员，按照财务制度分工负责剧组的财务工作。摄制组定期向甲乙双方报告该剧前后期制作进度及财务收支状况，每周提供一份有制片主任和财务签名的财务报表报告交予甲乙双方，全剧拍摄结束后，剧组财务应提供全套账目供双方审查。"

6. 关于财务监制

越来越多的公司会聘请一个财务监制监管影视剧摄制费用。这一职位通常也可能会由制片主任兼任，但是有些制片项目中还会有一个专门叫做财务监制的人出现。出任这一职位的人大多数都有很强的制片或者财务方面的背景。

在一部影视剧制作中，投资款一般是由制片人掌握，制片人委托财务监制进行保管，制片主任用钱，应该向制片人提出申请，制片人审核同意后，通过出纳交付现金，这才是合法的财务程序运转。也就是说，制片主任是财务管理的具体实施者，财务监制是制片人对资金进行使用监控的重要手段。

对此，影视剧组内部的财务管理制度通常会作出相应的规定：

“各部门在规定时间内按剧本及导演要求作出详细预算，经制片主任审核报制片人批准后予以实施。”

“严格经费管理。各部门要依据预算合理使用和报销经费。”

此外，财务管理规定会对借款、支出、报销费用等事项在程序上进行严格的规定；同时，对乘机、乘车、住宿费用标准等也会进行相应的规定，以严格管控预算的支出。

（二）税务管理规定

总体而言，作为一个影视剧组，共要缴纳如下主要种类税费：个人所得税（劳务报酬所得和特许权使用费所得）、营业税、企业所得税、演职人员个人收入的营业税。

1. 个人所得税

个人所得税是对个人（自然人）取得的各项应税所得征收的一种税。就影视剧拍摄而言，涉及两种收入取得方式：劳务报酬所得和特许权使用费所得，因此所得税也有相关两种。

（1）劳务报酬所得税。《个人所得税法实施条例》中明确将影视劳务所得列为劳务报酬[①]所得，所以影视劳务报酬的纳税就须依照《个人所得税法》中有关劳务报酬的规定办理。《个人所得税法》第3条第（4）项规定：“劳务报酬所得，适用比例税率，税率为百分之二十。对劳务报酬所得一次收入畸高的，可以实行加成征收，具体办法由国务院规定。”《个人所得税法》第6条第1款第（4）项规定：“劳务报酬所得、稿酬所得、特许权使用费所得、财产租赁所得，每次收入不超过四千元的，减除费用八百元；四千元以上的，减除百分之二十的费用，其余额为应纳税所得额。”

《个人所得税法实施条例》第11条规定：“税法第三条第四项所说的劳务报酬所得一次收入畸高，是指个人一次取得劳务报酬，其应纳税所得额超过2万元。对前款应纳税所得额超过2万元至5万元的部分，依照税法规定计算应纳税额后再按照应纳税额加征五成；超过5万元的部分，加征十成。”

根据上述规定，得出下表（实践中，财会人员用此表速算）：

---

① 《个人所得税法实施条例》第8条第1款第（4）项规定：“劳务报酬所得，是指个人从事设计、装潢、安装、制图、化验、测试、医疗、法律、会计、咨询、讲学、新闻、广播、翻译、审稿、书画、雕刻、影视、录音、录像、演出、表演、广告、展览、技术服务、介绍服务、经纪服务、代办服务以及其他劳务取得的所得。”

个人所得税税率表(劳务报酬所得适用)

级数	含税级距	不含税级距	税率%	速算扣除数
1	不超过 20 000 元的	不超过 16 000 元的	20	0
2	超过 20 000 元至 50 000 元的部分	超过 16 000 元至 37 000 元的部分	30	2 000
3	超过 50 000 元的部分	超过 37 000 元的部分	40	7 000

注:1. 本表所称的应纳税所得额是指依照《个人所得税法》第 6 条的规定,每次收入不超过 4 000 元的,减除费用 800 元;4 000 元以上的,减除 20% 的费用后的余额。

2. 应交个人所得税的计算公式:

应交个人所得税 = 应纳税所得额 × 适用税率 - 速算扣除数

小提示:

① 剧组所有人员的酬金都属于劳务费范畴。

② 如何理解"一次收入"①:例如某演员在 4 月份的 2 日、4 日、14 日、23 日分别从某一个剧组取得了 4 次收入,由于这 4 次收入是在一个月内取得的,要把这 4 次收入算作"一次收入"来计算纳税。再比如,某演员一个月内在北京市海淀区的四个剧组拍戏取得 4 次收入,这 4 次收入要加起来算"一次收入"纳税。但是,这时的纳税要求该演员自己到当地的地税局自行申报。如果该演员在一个月内从不同的区或县拍戏取得收入,则只需分别计算纳税额。还要注意同一项目连续收入的,以一个月内取得收入为一次。

③ 按照《个人所得税法》第 8 条②的规定,剧组作为演职人员个人所得税的"扣缴义务人",对剧组演职人员的个人劳务所得税,负有代扣代缴义务,而且要办理"全员全额扣缴申报"。如果剧组没有履行代扣代缴义务,可被税务机关依照《税收征收管理法》第 69 条的规定,除向纳税人(演职人员)追缴税款外,还要对扣缴义务人(剧组)处应扣未扣、应收未收税款 50% 以上 3 倍以下的罚款。

④ 需要注意的是,《北京市地方税务局对北京市关于演职人员个人所得税征

---

① 《个人所得税法实施条例》第 21 条规定:"税法第六条第一款第四项、第六项所说的每次,按照以下方法确定:(一) 劳务报酬所得,属于一次性收入的,以取得该项收入为一次;属于同一项目连续性收入的,以一个月内取得的收入为一次。(二) 稿酬所得,以每次出版、发表取得的收入为一次。(三) 特许权使用费所得,以一项特许权的一次许可使用所取得的收入为一次。(四) 财产租赁所得,以一个月内取得的收入为一次。(五) 利息、股息、红利所得,以支付利息、股息、红利时取得的收入为一次。(六) 偶然所得,以每次取得该项收入为一次。"

② 《个人所得税法》第 8 条规定:"个人所得税,以所得人为纳税义务人,以支付所得的单位或者个人为扣缴义务人。个人所得超过国务院规定数额的,在两处以上取得工资、薪金所得或者没有扣缴义务人的,以及具有国务院规定的其他情形的,纳税义务人应当按照国家规定办理纳税申报。扣缴义务人应当按照国家规定办理全员全额扣缴申报。"

收管理施行办法补充规定的通知》(京地税个[2000]347号)已经废止,究竟演员怎么纳税,应看他与单位是否有劳动合同,也就是说,他如果参加自己单位的演出,按工资按月计缴个人所得税。如果没有劳动合同,不是该单位的员工,则按劳务报酬计税。

(2) 特许权使用费所得,是指个人提供专利权、商标权、著作权、非专利技术以及其他特许权的使用权取得的所得。《个人所得税法实施条例》第8条第1款第(6)项规定:“特许权使用费所得,是指个人提供专利权、商标权、著作权、非专利技术以及其他特许权的使用权取得的所得;提供著作权的使用权取得的所得,不包括稿酬所得。”

仅对电视剧组来说,常涉及的特许权使用费为购买剧本拍摄权的费用(提供著作权的使用权取得的所得,不包括稿酬所得)。

计算公式:应纳个人所得税税额 = 应纳税所得额 × 20%

税率计算:个人取得特许权使用费所得每次收入不超过4 000元的,可以扣除费用800元;每次收入4000元以上的,可以扣除20%的费用,其余额为应纳税所得额。特许权使用费所得适用20%的税率。

小提示:

① 对特许权使用费所得,是以某项使用权的一次转让所取得的收入为一次的。如果该次转让收入是分笔支付的,则无论几次支付均应将其合并为一次收入征税。如某编剧将20集的电视剧本拍摄权于2005年9月转让给甲公司,转让价40万元,甲公司8月支付使用费6万元,9月支付使用费9万元,10月支付使用费25万元,该编剧转让特许权使用费所得应缴的个人所得税为:

转让剧本拍摄权给甲公司应缴个人所得税 = (6 + 9 + 25) × (1 − 20%) × 20%
= 6.4万元

② 特许权使用费不存在劳务报酬所得一次收入畸高问题,因此不存在加成征收的问题。

2. 营业税

影视剧组最终的产品主要是该剧的音像版权(图书版权要是作者是否转让了该权益),其中各种版权的全部销售收入就是该剧的营业额。纳税人提供应税劳务、转让无形资产或者销售不动产,按照营业额和规定的税率计算应纳税额。

计算公式:纳税人提供应税劳务、转让无形资产或者销售不动产,按照营业额和规定的税率计算应纳税额,应纳税额计算公式:

应纳税额 = 营业额 × 税率

其适用税率按《营业税暂行条例》所附的《营业税税目税率表》第8项规定转

让无形资产计算,为5%(不要与文化体育业的3%混淆)。

实例:

假设一部20集电视剧在发行中得到如下收入:

大陆首播权每集40万元,收入为20×40=800万元

境外播映权每集20万元,收入为20×20=400万元

二轮重播播映权每集3万元,收入为20×3=60万元

VCD、DVD音像制品版权每集5万元,收入20×5=100万元

某网站一年的点播费1万元,收入为1万元

则该剧的营业额为:

$$800+400+60+100+1=1\,361 \text{万元}$$

该剧的营业税为:

$$1361\times 5\%=68.05 \text{万元}$$

小提示:

剧组的营业税是由版权受让方代扣的,也就是说,这68.05万元在购片方付款时会直接扣除。

3. 企业所得税

一般的影视剧组的收入是先回到投资方的账户上,而后再由投资方根据公司或企业的利润情况按年度申报企业所得税。根据《企业所得税法》的规定,企业所得税的税率为25%;应纳税所得额是企业每一纳税年度的收入总额,减除不征税收入、免税收入、各项扣除以及允许弥补的以前年度亏损后的余额。

一般来讲,企业所得税对于影视公司来说是主要的纳税税种,是电视剧投资方应当重点考虑的纳税问题,但是对于持平甚至亏损的影视投资方来说,由于收入无法抵消支出,所以不用交企业所得税了,这时,营业税反倒成了最重的税种,因为营业税是与成本费用无关的。

实例:

仍照前例,假设某剧全部收入为1 361万元,而该剧的全部成本费用为800万元,销售中的各种税费为:1 361×5.5%[①]=74.855万元,则本剧的净收入为1 361−800−74.855=486.145万元,假设投资公司当年的其他办公、人员费用(以及法

---

① 这5.5%的由来:

营业额×5%+营业额×5%×7%(城建税)+营业额×5%×3%(教育附加费)

=营业额×5%+营业额×5%×(7%+3%)

=营业额×5%+营业额×0.5%

=营业额×5.5%

律法规允许其他税前扣除部分)支出为50万元,则该投资公司当年的企业税前会计利润为:

$$486.145 - 50 = 436.145 \text{ 万元}$$

则应交企业所得税为:

$$436.145 \times 25\% = 109.036 \text{ 万元}$$

该公司当年的纯利润为327.109万元。

小提示:

剧组接受的各种捐赠、赞助的货币性资产,须并入当期的应纳税所得,依法计算缴纳企业所得税。[①] 影视剧组接受的捐赠赞助的非货币性资产,需按接受赞助、捐赠时资产的入账价值确认赞助、捐赠收入,并入当期应纳税所得,依法计算缴纳企业所得税。

4. 演职员个人收入的营业税问题

一般我们谈到剧组演职人员的纳税问题时,通常想到的是个人所得税,其实剧组聘用演员的纳税问题,还涉及演职员个人收入的营业税问题。《营业税暂行条例》第1条就规定:"在中华人民共和国境内提供以下本条例规定的劳务(以下简称应税劳务)、转让无形资产或者销售不动产的单位和个人,为营业税的纳税人,应当依照本条例缴纳营业税。"

计算公式:应纳税额=营业额×税率,税率一般为3%。[②]

小提示:

---

① 《企业所得税法》第6条规定:"企业以货币形式和非货币形式从各种来源取得的收入,为收入总额。包括:(一)销售货物收入;(二)提供劳务收入;(三)转让财产收入;(四)股息、红利等权益性投资收益;(五)利息收入;(六)租金收入;(七)特许权使用费收入;(八)接受捐赠收入;(九)其他收入。"

② 营业税税目税率表

税目	税率
一、交通运输业	3%
二、建筑业	3%
三、金融保险业	5%
四、邮电通信业	3%
五、文化体育业	3%
六、娱乐业	5%~20%
七、服务业	5%
八、转让无形资产	5%
九、销售不动产	5%

关于起征点,营业税起征点的幅度规定如下:(1) 按期纳税的,为月营业额 1 000—5 000 元;(2) 按次纳税的,为每次(日)营业额 100 元。

5. 影视剧组演职人员的合理避税问题

囿于影视剧制作过程中演职人员费用的逐年提升,采用有效的方式避税不失为一种降低拍摄成本的办法。对于影视剧组而言,在个人所得税方面:

(1) 剧组的个人所得税主要由劳务报酬产生,而劳务报酬所得实际上适用 20%、30%、40% 三级超额累进税率(前文已述)。而目前很多剧组并没有进行税务筹划,一般的付款方式多为 3 次,少数为 4 次。应改变以往少次、每次多付的付款方式,改为多次、每次少付的付款方式。如某演员的酬金共 20 万元,当期共 4 个月,如按 3 次付款,每次分别为 20%、30%、50%,金额为 4 万元、6 万元、10 万元,分别在第一、第三、第四个月付款,则总的劳务税额为:7 600 元、1.22 万元、2.5 万元,共计 4.48 万元。[①] 如果进行纳税统筹后,可将该演员的纳税分为 4 次或者 5 次(即将第一次纳税期提前或最后一次纳税期适当推后),则付款方式改为:20%、20%、20%、20%、20%,则总税额为每次 7 600 × 5 = 3.8 万元。这样可节约 15.18% 的税款,共 6 800 元。当然分多次付款会加重剧组财务人员的工作强度,但孰轻孰重呢,适当给财务人员加点薪,最后是双赢,何必大钱不省省小钱。

(2) 按北京市有关规定,劳务所得一次收入 800 元以下的不交纳个人所得劳务税。劳务报酬所得每次收入不超过 4 000 元的,减除费用 800 元后按 20% 纳税;4 000 元以上的,减除 20% 的费用,其余额为应纳税所得额。

因此,对相当一部分特约和临时演员的劳务报酬,如总片酬超过 800 元时,能提早签约的就应提早签约、发剧本、付首付款,能不一次给付的就应尽量跨月份,分 2 到 3 次或更多次数给付,通过这样的精打细算也能为剧组实现一定的合理避税。

(3) 运用双合同办法控制税费增加,即主要演员和一般演员应使用不同的合同。主要演员、特行演员可酌情签订税后酬金合同,而一般演职员原则上一律为税前酬金合同。

(三) 安全管理规定

对于影视剧组而言,安全管理意义重大。其主要内容围绕人员和财产安全这一核心展开。通常包括:人员安全、驻地安全、场景安全、交通安全、器材安全、特技

---

① 应纳税额 = 应纳税所得额 × 适用税率 − 速算扣除数

40 000 × (1 − 20%) × 30% − 2 000 = 7 600

60 000 × (1 − 20%) × 40% − 7 000 = 12 200

100 000 × (1 − 20%) × 40% − 7 000 = 25 000

安全、饮食安全、经费安全、防病及其他安全事宜等。

人员安全是摄制组安全工作的出发点和立足点，所有安全管理的工作都是为人而做的。重要演职人员，比如主要演员的伤亡，给剧组带来的后果将是灾难性的。

财产安全同样需要制片部门特别关注。影视剧组大多拥有大量价格昂贵的摄制器材，高投资影视剧组还会用造价高昂的摄影棚，搭建耗资巨大的场景、模型，服装道具堆积如山，拍摄大型战争场面时还会出现很多易燃、易爆危险品等。关注财产安全的必要性不必待言。

为了切实达到保障影视剧组安全的效果，剧组通常会设立专门的安全小组，指令制片人为主要负责人，制定适合本剧组的安全管理规定。并明令剧组全体人员严格按照安全管理规定行事，对于违反规定的，予以严肃处理。

1. 落实负责人

落实负责人是安全管理规定首先要解决的问题。基本表述为：

"导演、制片主任为《________》摄制组安全生产的第一责任人，现场制片和各部门组长为执行责任人。"

2. 安全保障及实施

这是安全管理规定中对于安全管理的核心规定，通常包括安全管理的具体措施。范围及表述多样，如可规定：

"在拍摄对人员或设备等存在安全隐患的镜头时，要提前进行论证，在确定安全的情况下方可进行拍摄，并服从现场和安全员的统一安排。"

"实行一票否决制，生产中不论任何人提出有安全隐患，只要该安全隐患不能及时有效地解除，现场管理者有权决定停止或修改拍摄方案。"

（四）其他管理规定

影视剧组的各项管理规定种类繁多，事项复杂。其他管理规定，如餐饮、交通、住宿等方面的内容，对于剧组的顺利运行都具有重要意义。

此处仅以车辆使用管理规定为例。

车辆使用应以实用为原则；明确车辆使用过程中的各项费用承担；按照需要进行车辆调度；严格管理车辆进出；加强交通安全的管理等。

就此，在一份摄制组车辆管理规定中是这样表述的：

"摄制组安排专人负责加油和临时路桥费、停车费报销"；

"驾驶员必须按规定填写车辆使用情况登记表，不得以任何借口不填、漏填或故意错填"；

“收工后未经允许任何车辆不得以任何借口离组”；

“遵守交通规则安全行车。长途行车必须按计划行驶，不得以任何借口超车、违章和加班赶路”。

近来，醉酒驾车备受社会关注，并已纳入《刑法》调整范畴。在这样的大背景下，在摄制组的车辆管理规定中对醉酒驾车事宜进行相应规定也是十分必要的。此条款可设计为：

“演职人员在醉酒状态下不得调用摄制组车辆。如因醉酒驾车遭受任何形式处罚的，制片方可立即解除与该演职人员的聘用合同；因其行为给摄制组、该剧及制片方带来任何损失的，该演职人员需承担全部赔偿责任。”

总之，为保障电视剧制作过程的顺利进行，必须制定各项管理规定。摄制组对于此类文件的设计及健全需给予高度重视。

三、剧组管理制度参考

（一）摄制组行政管理制度

为维护本摄制组的正常拍摄秩序，落实摄制组工作人员职责安排，保证拍摄的质量和周期，特制定本制度。

1. 本片施行制片人领导下的导演、制片主任分工负责制，全体演职人员应听从指挥，服从安排，自觉遵守和履行所签订的《演员聘用合同书》或《职员聘用合同书》中所约定的条款，积极高效地完成本职工作。

2. 拍摄计划由制片部门综合导演、演员、美术及外联等各部门意见拟定，并经导演、制片主任签字生效后以书面形式下达各部门执行。摄制组工作人员必须遵守制片部门的拍摄计划，统一行动，严格按照拍摄计划开展工作。任何人无权擅自改变拍摄计划，若遇特殊情况须改变原计划时，应经制片部门研究批准并作出书面变更确认后方可进行。

3. 拍摄前，各部门必须根据拍摄计划的安排，做好一切必要的准备工作，并按制片部门规定的时间，准时到达拍摄现场。如因个人原因不能准时起床、化妆、就餐、随队到达现场时，无论任何人均应由其个人承担单独就餐或赶往拍摄现场的交通费用以及由此给摄制组不能执行拍摄计划而带来的全部损失，摄制组有权依据《演员聘用合同书》或《职员聘用合同书》的约定进行相应处罚。

4. 演职人员在本摄制组工作期间，不得同时兼任其他摄制组的工作，如遇出国访问、中央政府指令演出等重要事项而需离开摄制组时，应在得到行程通知后第一时间告知制片主任，并经制片主任报制片人同意方可离开摄制组，摄制组无须为演职人员承担与本剧拍摄无关或合同约定范围之外的差旅等相关费用。

5. 拍摄现场不准会客、饮酒、闲聊、打闹、说笑或进行打扑克、下棋等娱乐活动，拍摄中也不得有接打与摄制组工作无关的手机电话、接发手机短信等干扰摄制组正常工作的行为。所有演职人员在合同期内严禁在摄制组驻地打麻将或以各种方式进行赌博等违法犯罪活动，如有违法行为责任自负。在演职人员涉嫌刑事犯罪时，摄制组有权单方即时解除与该人员的合同关系。

6. 搞好文明拍摄工作，爱护拍摄景地的各种建筑、器物和树木、植被，自觉保护拍摄现场的环境。爱护使用并妥善保管好摄制组自有、租用、借用的器材、设备和物品。现场的各类物品，一律不得私自动用或随意带离现场，出现现场财物损毁现象，摄制组有权追究当事人和所属部门领导的责任，由此造成经济损失的，由责任人或责任方承担全部赔偿责任。拍摄现场不准以天气炎热为由赤背工作，除剧情需要外，不准在禁烟场所以创作为名吸烟。如有违反，所产生的有关罚款和损失由吸烟人自行负责。

7. 各部门负责人应采取切实可行的安全措施，提高演职人员的安全意识，共同搞好防火、防电、防盗抢、防雷击、防撞砸、防车祸、防食物中毒等安防工作，保证拍摄工作安全有序地进行。

8. 各部门之间既要分工明确，又要发扬互助合作的精神，做到分工不分家，以协商谦让的态度解决现场不同部门之间出现的矛盾和分歧，如不能达成一致时，应提交现场制片裁决处理。不应互相推诿、指责，不得由此对外散布有损本剧或摄制组声誉的言论，如意见分歧较大时应留待当天拍摄结束后协调解决处理，不得因此影响现场既定的拍摄工作。

9. 要树立导演在专业艺术上的权威，拍摄前各部门应就可能出现的问题及时主动和导演沟通，避免在拍摄现场产生分歧导致拍摄工作不能正常进行。现场因创作出现意见分歧时，最终的裁决权归属于导演。如因创作分歧而出现拒演拒拍或罢演罢拍时，全部责任由首先实施拒演或罢拍行为的一方承担。

10. 本摄制组统一安排住宿，未经制片主任同意，任何人不得以任何理由在外居住，不得以任何理由在摄制组内留宿非摄制组人员。摄制组所有人员都应自觉遵守摄制组的作息时间，自觉注意不影响其他人员的正常休息。同时，全体摄制组人员均应遵守摄制组驻地的各项管理规定，自觉爱护驻地的设施，尊重服务人员，注意节水节电。

11. 摄制组的拍摄、生活用车辆由专人统一管理，任何人无权擅自动用车辆。司机要爱护车辆，遵守交通秩序，保障安全行驶，严禁酒后驾车，不得转借他人驾驶，否则发生交通事故由过错司机自行负责。

12. 拍摄期间，未经制片人允许，摄制组任何成员不得将拍摄内容及摄制组情况透露给外界媒体，不得随意接受外界媒体的采访。不得随意利用博客、MSN、电子邮件、微博等网络方式传播摄制组拍摄情况。拍摄期间及拍摄完成后，摄制组所有人员应维护摄制组的名誉和利益，不得发表不利于本片的言论，并有责任参加本片完成后的宣传工作。

13. 全组人员都应互相尊重，注意维护摄制组内部团结，任何人无权对本组其他人员进行威胁、咒骂或人身攻击。注意尊重拍摄现场所驻地当地群众，尊重少数民族的风俗习惯。

14. 严格遵守摄制组财务管理制度，不得以任何借口不执行或不服从财务人员的要求和审核。各部门采购物品由摄制组指定部门和人员采买统购。

15. 工作现场一律佩戴胸牌，佩发的胸牌不得损坏、丢失。

16. 实施安全生产一票否决制（细则见安全生产管理规定）。

17. 违反本规章制度，不服从摄制组领导管理，影响拍摄进度或发生责任事故，给摄制组造成不良影响或经济损失的，摄制组将视情节轻重给予批评和经济处罚（罚金从劳务费中扣除），并追究有关责任人的赔偿责任。严重违反本规章制度的，摄制组有权单方解除合同，尚未支付的劳务费不再支付，给摄制组造成损失的，摄制组有权追偿。

18. 本制度最终解释权在本片制片方及《________》摄制组。

（二）摄制组安全生产管理制度

1. 导演、制片主任为《________》摄制组安全生产的第一责任人，现场制片和各部门组长为执行责任人，全组成员都要视安全生产为己任，及时发现和消灭所有的安全隐患，杜绝安全事故发生。

2. 不得以抢时间、赶进度等借口，无视安全生产。

3. 科学合理安排生产，把安全隐患消灭在萌芽中。

4. 在拍摄对人员或设备等存在安全隐患的镜头时，要提前进行论证，在确定安全的情况下方可进行拍摄，并服从现场和安全员的统一安排。

5. 统一指挥，统一调度，服从指挥，安全有效地规避风险。

6. 从小事做起，从我做起，时刻关注安全，安全生产人人有责，从各部门自身工作实际出发，保持持续抓安全，牢固树立安全生产指导原则。

7. 实行一票否决制，生产中不论任何人提出有安全隐患，只要该安全隐患不能及时有效地解除，现场管理者有权决定停止或修改拍摄方案。

8. 本安全管理条例适用于在摄制组工作的任何工作人员。

9. 本条例最终解释权在本片制片方及《________》摄制组。

（三）摄制组财务管理制度

1. 各部门在规定时间内按剧本及导演要求作出详细预算，经制片主任审核报制片人批准后予以实施。

2. 严格经费管理。各部门要依据预算合理使用和报销经费。

3. 借款。摄制组各部门各项开支的金额必须按预算限定的项目、范围执行。各部门每次预支款的金额最高限额为________元。在每项工作开支前，各部门组长应以书面形式上报用款计划书，列明项目、用途、金额，由制片主任审核批准并签字后方可借出。大宗采购由制片人批准，财务支付，采购部门不能以借款形式由部门支付。

4. 支出。各部门负责人在借出资金后，必须按计划书要求，本着节约的原则予以支出。一次性支出在________元以上的（如劳务费支出、购置固定资产、材料设备、服装道具等）必须附有合同（或协议），并由制片部门安排专人同往结算，该单据须由2人共同经手。结算金额超过________元的对公业务，原则上采用支票结算。特殊情况特殊处理。

5. 报销。报销费用必须出示国家税务部门认可的真实有效的票据，且必须按财务制度要求，按规定粘贴票据，认真逐项填写报销凭单，然后每份报销凭单需经会计审核票据有效性及核对金额签字确认后，再经部门负责人签字，然后报制片主任批准签字后方可到会计处领款。对大宗采购（________元以上）需报制片人批准签字后才能予以报销。采购物品多且发票上不能列明的，要附有销售方出具的物品清单，物品清单应当印有销售方的印章。属固定资产及大宗采购等器材物品，经制片主任审核签字后，须到财务人员处登记后购买，然后按制度报销。如有不符合财务审核管理制度的，财务有权不予报销。

没有特殊原因，在开支发生3日内必须报销，结清前款，方可进行第二次借款。过期无故不报销者，借款从个人酬金中抵扣并不再批准借款。

6. 严格控制白条。对确属无法开具正式发票的经费开支，事先需向审批人说明情况，经批准后方可实施。白条要详细列出购买地点、日期、品名、数量、单价、总价、收款人签字、经办人、证明人和批准人签字后方可履行报销手续。

7. 非消耗品登记。凡因需要购置的非消耗品，要填写固定资产登记表，注明日期、品名、规格、质料、数量、价格、使用目的。因拍摄需要造成损毁、消耗时，由组长提出书面报告，经审批人批准后予以核销。因个人原因造成的损坏、丢失，由个人承担。

8. 乘车限制。严格控制乘坐出租车,因公需要乘车时,原则上由摄制组派车。因特殊情况摄制组不能派车时,首选公交车,如需乘坐出租车时,事先须经制片部门批准后方予报销。非工作原因乘坐出租车一律不予报销。

9. 乘机限制。原则上不准乘坐飞机,特殊情况确需乘坐飞机的应经制片主任或制片人批准,未经批准一律不予报销。合同另有规定的按合同执行。

10. 通信费用。摄制组不负担个人通信费用,确因工作需要报销通信费的,须经制片部门批准后酌情予以报销。

11. 食宿安排。摄制组工作人员及演员住宿、用餐,由剧组统一安排。因不服从安排且未经批准而产生的住宿费、伙食费由个人承担。

因公需在外用餐,须经审批人批准并及时通知伙食管理人员,按摄制组统一标准在外就餐。超出标准部分由个人承担。其他个人用餐不予报销。

12. 尾款支付。摄制组杀青及演员杀青时,演员必须由演员副导演和统筹同时出具角色完成情况说明,财务据此支付尾款。摄制组工作人员必须妥善交接清楚所属资产后才予支付酬金尾款。

13. 本制度适用于在摄制组工作的任何工作人员。

14、本制度最终解释权在本片制片方及《________》摄制组。

(四)摄制组车辆管理制度

1. 摄制组所有车辆由制片部门统一管理、调度指挥,所有驾驶员必须服从调度指挥。

2. 摄制组安排专人负责加油和临时路桥费、停车费报销。

3. 驾驶员必须按规定填写车辆使用情况登记表,不得以任何借口不填、漏填或故意错填。

4. 收工后未经允许任何车辆不得以任何借口离组。

5. 遵守交通规则安全行车。长途行车必须按计划行驶,不得以任何借口超车、违章和加班赶路。

6. 未经允许任何驾驶员不得将车辆借给他人驾驶,因此造成事故的由驾驶员全部负责。

7. 保障车辆安全、合理使用。驾驶员须坚持每趟出车前的例行检查,发现安全隐患及时排除。驾驶员须勤勉尽职,对未经合理使用造成车辆损坏的,由驾驶员自行负责。

8. 驾驶员不得在现场打牌、喧哗,车辆中如有摄制组财产,驾驶员不得离开车辆,厢车货厢钥匙必需交使用部门人员管理。

9. 本制度最终解释权在本片制片方及《________》摄制组。

(五) 摄制组岗位管理制度

1. 制片组岗位职责

(1) 制片人

影片制作管理的总负责人。主要职责包括决定影片投产方案、主创人员组成及影片销售方式并监督影片全部制作过程,购买剧本的文学素材、组织撰写电影剧本、为所负责的制片方案筹集资金,决定资金的预算及利润分配方式、与主创人员的谈判及签订合同、批准制作开支等。

(2) 制片主任

摄制组的行政领导者与组织者。主要职责包括根据分镜头剧本及导演的创作意图编制和执行摄制计划和成本核算,参与选择演员,确定外景地点,审核布景设计等工作。对影片的政治思想内容和拍摄进程负主要责任,同时也对影片的艺术和技术质量负责。

制片主任职责要求:

① 深刻理解党的路线、方针、政策,熟知有关影视的法律、法规。熟悉当前国内影视作品生产、制作、管理、发行的程序、方法和特点。以良好的信誉和高度的敬业精神,确保影视作品的精品质量。

② 根据剧组的不同情况,制定和组织落实剧组的日常行政管理。亲自编制剧组预算,制定整体拍摄计划,选定剧组驻地,参加选景工作并及时处理大的外联工作。指导和督促剧组统筹及时制订、下达阶段拍摄计划和逐日拍摄计划。

③ 有很强的组织管理能力,善于科学、周密地进行组织管理。对急、难、险、重的镜头拍摄必须亲自到场协调组织,注意观察了解并善于发现剧组各部门管理工作中存在的各种问题和隐患,及时帮助、督促、协调各部门加以解决。

④ 严格把好剧组财物收支关,在后勤采办、道具购租、服装定制、办公用品报销等各个环节,充分运用个人经验,采取各种有效措施,坚决杜绝贪污和浪费。

⑤ 作风正派,公私分明,廉洁自律,以勤俭、高效、果决、沉稳的形象影响和带动全组克服一切困难,正确处理各种意外事件,完成拍摄。注意加强和维护剧组的团结。

⑥ 注意关心全组人员的生活伤病的防治。对导演和主创人员及主要演员的在组日常生活,更应经常过问,亲自交代,在住宿、就餐、乘车、休息等方面给予适当照顾。

⑦ 遇事主动与导演协商,保证导演在拍摄现场的权威,定期向导演和制片人

征求意见，自觉接受剧组领导小组和本剧监制的监督。善于听取各部门演职人员的建议，努力营造团结和睦气氛，不断改进工作。对少数剧组人员的不合理要求，坚决按原则、规章办事。

⑧ 指导处理好各种公共关系，维护剧组的外部形象。

⑨ 按投资方要求与剧组演职人员签约，制定合理的酬金标准，维护投资方和演职员双方的公平利益，不以任何形式和借口收取回扣。

(3) 现场制片人

现场制片人职责要求：

① 在制片主任和导演的领导下工作。主要负责协助制片主任抓好剧组的日常行政管理制度的落实、车辆的计划使用、现场拍摄工作的协调和组织保障。在外联制片不在现场时，负责组织消除现场所有临时出现影响拍摄的因素。

② 熟悉影视制作的详细过程和有关法规及本剧组各项规章，有丰富的现场工作经验和很强的组织管理能力。责任心强，思考问题全面细致、富于条理，并特别注意讲究工作方法。吃苦耐劳，年富力强，做事讲究效率。

③ 有良好的个人信誉和很高的敬业精神，能廉洁自律，自觉维护剧组的声誉和利益。所有经手的账务都应做到手续完备、注记清楚、结算及时，并保证绝对不含任何虚假成分。自觉自愿地接受剧组账务人员和领导小组的各种审检和复查。

④ 注意尊重导演、主创人员和主要演员，在乘车、食宿等方面的安排上注意给予照顾。主动和剧组各部门搞好团结，建立良好的工作关系。

⑤ 以身作则，模范遵守剧组的各项规定。认真做好安全防事故的工作。

(4) 外联制片人

外联制片职责要求：

① 在制片主任和导演的领导下工作，主要负责协助制片主任完成选景地的使用报批、签署协议，与驻地公安、消防、劳动等部门通报和商洽有关剧组工作的拍摄问题。提前于剧组赶赴外景地联系安排食宿、交通保障等事宜。处理剧组与外部的各种纠纷及事故的善后等工作。

② 熟悉影视制作的有关法规和要求，有丰富的社会经验和良好的公关能力，讲究仪表，注意形象，并善于从保障剧组拍摄连续进行的目的出发，灵活、果断地处置外联工作中的各种问题。

③ 有较高的个人信誉和廉洁的工作作风。外联工作中涉及场地租金等问题时，不以收取回扣等谋取个人利益为目的提高场租、虚开发票，损害剧组利益。自觉自愿地接受剧组账务和领导小组的各种审核和复查。

④ 注意请示和汇报。由于外联工作的重要性和单独性，要求外联制片应注意

随时保持通讯联络畅通，对有关的谈判和处理意向，应按有关规定及时向制片主任或剧组领导小组其他成员请示。

⑤ 在大场面或其他难度较大的镜头拍摄时，应尽量到现场协助各部门组织和协调有关工作。同时负责处理现场中各种影响拍摄的外部因素，完成制片主任和导演交给的其他工作。

⑥ 模范遵守剧组的各项规定，注意维护剧组团结和外部形象。

2. 导演组岗位职责

（1）导演

导演是在制片人确定的生产计划和预算范围内，在影片创作的各个阶段里指导演员和摄制组的活动，将剧本内容转化为影视剧的图像和声音的人。导演对制片人负责。

导演职责要求：

① 正确理解党的路线、方针、政策，熟悉国家有关影视工作的法律、法规，熟悉社会主义市场经济条件下影视生产的一般规律和特点，努力满足影视作品社会效益和经济效益的共同要求。

② 熟悉电视剧拍摄、制作的全过程和技术要求，准确把握剧情背景的人文特点和全片的风格基调，正确指导演员和各创作部门完成角色表演和场景拍摄。导演对拍摄进度和全剧艺术创作负主要责任。

③ 在合同期内，切实做到全职为聘方服务，全心投入拍摄和制作工作，在计划资金和时间内充分发挥主观能动性，高效、节俭、富于创造性地完成摄制，不为摄制工作之外的事务分散精力和占用时间。时刻保持旺盛的创作热情，确保剧作成为精品。

④ 根据编剧和制片人所定剧本，及时编写导演工作台本和分镜头剧本，主动与制片人或编剧联系，交换对剧本改动的意见和设想，善于集思广益。组织各部门的创作人员和技术人员，研究有关资料、分析剧本、统一创作意图，力求人物和画面的完美。

⑤ 根据各方面推荐和提议与制片人充分协商，准确选定主要演员。

⑥ 根据美术和制片部门的建议，指导和完成选景工作。

⑦ 尊重演员和工作人员，注意维护剧组的团结融洽，对工作中出现的矛盾和意见，采取向制片部门反映、与制片人协商、向执法部门提起法律仲裁等正当方式解决，不在剧组内部非正式公开场合发表。

⑧ 模范遵守剧组的各项规定和要求，自觉承担属于个人开支的一切费用。

(2) 副导演

导演最主要的助手,就其工作内容对导演负责。

副导演职责一般要求:

代表导演组与制片主任合作编制切实可行的摄制计划;代表导演监督服化道工作情况,检查落实;协助导演组织现场,根据导演要求组织、指导临时演员和群众演员,组织演员走戏、遛戏;代表导演部门跟制片部门协调演员调度计划,代表导演联系演员,组织演员在指定的时间到达指定的现场。

副导演职责要求(负责演员):

① 在导演(执行导演)的具体领导下工作。有丰富的演员工作经验,掌握较全面的演员情况,熟悉各类演员的形象、表演特征,负责对剧中各主要接戏演员提出多个人选方案供导演和制片人考虑。认真完成导演交给的其他各项事务。

② 按导演通知单和阶段拍摄计划,及时准确地通知演员到组,保证拍摄计划的顺序完成。积极帮助演员熟悉台词和剧情。

③ 善于领会导演的创作意图,善于集思广益。对导演和制片人既定的演员人选,应无条件接受,积极取得联系,促成双方合作。

④ 认真做好演员的情况登记和展示,按标准制表规范填写,认真保管,方便本剧有关部门人员随时查阅。拍摄结束后按合同要求将演员资料原件或复印件及时上交甲方。

⑤ 热情接待来组寻戏演员,积极宣传本剧。注意自身形象,维护剧组声誉。根据导演交代独立完成一般演员的试戏试装工作。

⑥ 提出合理的演员酬金标准,协助完善演员的聘任合同,绝不以任何形式和借口克扣演员的酬金。

⑦ 同演员建立良好的工作关系。协助制片部门做好演员的管理工作。

副导演职责要求(现场工作):

① 在导演(执行导演)的具体领导下主要负责协助导演的现场拍摄工作。负责群众演员的甄选、通知、现场组织、表演处理和一般服装、化妆、道具问题的协调和检查。协助导演完成搜集资料、编写分镜头剧本、制作场景表、选外景、配音及混合录音的检查等工作。剧组不设统筹时,下达导演通知单。

② 熟悉剧情和导演的创作风格,当好导演的参谋,适时、主动地提出群众场面拍摄的合理化建议。

③ 作风正派、吃苦耐劳、热情敬业。有较高的组织管理能力,无论任何场面,都能保证群众演员调度有序。善于在困难艰苦的不利条件下,调动群众演员的情绪,保障拍摄顺利进行。和群众演员建立良好的工作关系,尊重他们的人格。组织

群众场面时，应语言文明，讲究方式，不说带脏字和责骂的话，不取笑、嘲弄、歧视群众演员。

④ 做好群众演员的情况登记。拍摄结束时注意配合各部门做好对群众演员人数及使用的服装、道具、物品的清点。协助制片部门做好群众演员的乘车、就餐、候场等管理工作。

⑤ 严格按剧组的规定、标准给群众演员结算报酬，不私自贪占、克扣群众演员的劳务费。

⑥ 协助现场制片处理现场意外事故。

（3）场记

场记负责在专用的场记单上详细记录拍摄过程发生的一切，如场景名、镜号、机位、对白变化、表演的衔接、镜头长度、主要道具的使用情况、导演对已拍摄镜头的评价等；场记应随时跟在导演身旁，记录导演对剧本的修改和其他决定；督查穿帮（镜头内任何错误的内容）、台词错误，提醒导演是否有镜头遗漏；打场记板，记录时码；协助制片部门填写生产日报表；整理台词字幕；整理完成台本。

场记职责要求：

① 在导演的具体领导下工作，前期负责协助完成场景表的编制、场景人物统计；拍摄中负责填写场记单、拍板、台词揭示、保管拍摄用空白带和素材带，如有必要，填写拍摄日志。参加后期工作中，负责查找素材、抄录时码、编制完成台本。

② 热爱场记工作，敬业勤勉，诚实守信。有高度的责任心，工作一丝不苟，条理分明。会熟练使用电脑。

③ 场记单的填写应使用复写方式，一式两份（剪接人员一份），做到格式规范、字迹清楚、没有遗漏。现场工作时，场记单和拍摄完成的素材带必须随身携带，加强保管，无极特殊情况不交任何人代管，对演员台词的变化应作出详细记录和提示，保证演员表演的情绪、动作、服装、道具、化妆的连接。必要时画出草图。每日拍摄结束后及时将场记单的复写件和素材交指定人员记收。有关接收的收据应保存到该剧播出完毕。

④ 注意关心和照顾导演的生活。除对拍摄和制作中出现的不接戏等问题可主动提醒导演外，非经导演询问一般不对任何拍摄和制作工作进行评价和议论。

⑤ 严格遵守剧组的各项管理规定，注意休息，工作中时刻保持注意力的高度集中。主动和摄像等部门搞好团结协助。

（4）摄像师

摄像师对导演负责，是导演在创作方面最主要的合作者之一，任务是负责摄影造型处理，为影片获取最恰当的摄影画面。

摄像师职责要求：

① 熟悉所用摄像器材的性能和使用方法，熟知各种摄像手段的表现特点和运用时机，准确把握镜头节奏，能胜任各种风格的剧情拍摄。负责制订摄像组预算。

② 善于理解和尊重导演的创作思想，和导演共同检查演员的表演，参加选景工作，积极提出各种拍摄方案和建议。努力用创造性的镜头语言表现人物和场景，善于动脑，永不满足。

③ 熟悉各种光效的制造和特点，善于同灯光、服装、化妆、置景部门的工作相协调，努力营造完美、富于变化的色彩造型和灯光效果。

④ 用勤奋敬业、吃苦耐劳的精神带动和影响全组，认真完成雨、雪、严寒、酷暑、野外、大场面等各种恶劣环境和困难条件下的镜头拍摄。

⑤ 负责现场拍摄时每一幅画面的检查，严防穿帮和无意跳轴等问题的发生。

⑥ 对摄像组的管理工作负责，对本组器材的装箱、搬移、运输、使用中的保管、养护工作进行具体分工。并经常督促和教育全组，特别注意爱护器材，严防丢损。对素材带的使用和交接，应明确专人负责，完善登记手续。

⑦ 作风正派，以身作则，模范遵守剧组的各种规章制度，注意休息，保持充沛体力。

（5）副摄像师

协助摄像师进行拍摄创作工作，代表摄像师与摄制组各部门进行协调。

副摄像师职责要求：

① 和摄像师一同参与摄制组各种艺术创作活动，协助摄像师完成全剧摄制的技术和艺术任务。

② 根据摄像师的指定，负责摄像机及其附件的使用与保管。代表摄像师与各部门进行联系，商讨具体工作措施。

③ 开拍前检查录像带是否已装好，运转是否正常。保证所有的电池已充足电，所有的附属设备齐全，根据需要将摄像机接装在推车、升降机、三脚架或肩架上，调整摄像水平，检查位置，做好随时拍摄的准备。

④ 试拍时，练习跟踪演员的表演，作出必要的调整。认真细致地做好拍摄前的一切准备工作。

⑤ 多机拍摄时，单独掌握摄像机，分担拍摄任务。根据剧组要求拍摄剧照。

⑥ 保护摄像器材。当剧组编有摄像助理时，督促、检查其工作。

3. 美术组岗位职责

（1）美术师

美术师负责整部电视剧的造型设计工作。美术师在拍摄准备阶段要与导演和摄影师一起，根据剧本的假定情景与导演对未来电影总体创作意图和造型形式的要求进行构思，并绘制各种体现整部影片造型意图的设计图。美术师需要主持完成的主要设计有场景设计、人物造型设计、陈设道具设计和镜头画面设计。美术师还要在影片拍摄的全过程中，组织与指导服装、化妆、道具、置景、绘景、烟火、枪械等部门的具体工作。

美术师职责要求：

① 组织美工部门根据剧情、导演要求和摄制经费对全剧的场景进行气氛设计和美术加工，以精致和谐和富有典型意义的美术造型，努力提高画面的表现力和感染力。在各部门的配合下实现导演各种实物造型的创作意图。

② 熟悉剧情时代背景的人文特点和历史自然风貌，及时指导美术组员为置景和道具部门提供加工制作的设计蓝图。

③ 与外联制片密切协同，按照拍摄计划及时选择多种场景供导演选定，不间断地保障拍摄用景。选景应根据剧组实际需要进行，不以选景谋私，收取回扣。

④ 勤奋敬业，精益求精。模范遵守剧组的各项规章，注意各种设计图纸底样的保管和登记。

⑤ 关心本组人员的生活，搞好人员管理。

（2）服装师

服装师要根据导演与美术师确定的影片设计方案和造型的总体构思，进行人物的衣着服饰的设计，并负责所需服装的制作与采购工作。

服装师职责要求：

① 在导演和制片主任领导下，在美术师的指导下，依据本剧造型的总体构思，负责对剧中人物的衣着服饰进行设计，提出服装制作保障预算，并负责整个服装组工作的具体组织和落实。

② 有一定的文化艺术修养，有相当的造型能力，熟悉剧情背景时代的人物服装服饰特点，并有服装剪裁和制作的技能。

③ 有较强的组织管理能力和工作责任心，认真组织全组制作和购租服装的工作，指定组员按场景、人物对服装进行编号登记。在场景或镜头跳拍的情况下，特别注意人物服装的衔接及效果服装和特殊服装的保管。周密组织群众演员服装的准备、发放、回收、修补和保管，严防服装丢损、渍水和失火。保证拍摄质量与进度。

④ 以对剧组和个人信誉高度负责的态度，在服装置办的各个环节确保质量，努力降低成本，不虚开发票，不以收取回扣或获得个人私利为目的以少充多，抬高定价。自觉自愿接受剧组账务部门和领导小组的监督审核。

⑤ 以身作则，模范遵守剧组的各项规章制度，注意维护剧组团结和形象。

(3) 服装员

服装员职责要求：

① 在服装师的具体领导下工作，接受美术部门的指导，具体负责服装的置办、保管、登记、发放和修补工作。

② 有一定的影视工作经验和服装裁剪、作旧的技能，能制作一般效果服装。

③ 现场服装员应特别注意按照预先的剧本分析和现场场景镜头的跳拍情况，安排好人物服装的衔接，严防混乱和穿帮。对服装的使用情况应进行认真详细的登记，字迹应清晰，有关的剧本和资料，应妥善保管，严防丢失或污损。有注意安全卫生的良好习惯。

④ 对群众演员穿用剧组服装，必要时应给予指导和帮助，并对需要注意的问题向群众演员作出交代。态度平易，不呵斥和责骂群众演员。

⑤ 注意与化装、道具、摄像等部门工作的协调。现场工作出现矛盾时，主动向服装师或现场制片、现场副导演反映，协商解决。

⑥ 尊重剧组各部门领导和主创人员，遵守剧组的各项管理规定，任劳任怨，一丝不苟，与其他各组同志搞好团结协助。

(4) 化妆师

化妆师根据剧本、导演要求、演员形貌和影片总体造型要求，为影片设计人物的化妆造型，指导制作各种化妆造型所需要的零配件，完成全片人物的试装和定型。在拍摄过程中，化妆师负责保持人物造型的连续性，准确描画出人物随年龄、环境、情绪的变化产生的不同形象。

化妆师职责要求：

① 在导演和制片主任的领导下工作，并接受美术部门的建议和指导。负责根据全剧的主题风格、剧情结构、演员的体貌和总体造型要求，对剧中人物的化装造型进行设计。完成全剧人物的试装和定型，编制化装部门的预算，安排购租、制作各种化装造型用品。拍摄阶段，负责保持人物造型的连贯性，并能够随着人物性格、情绪、年龄、环境等因素的发展变化给予相应准确的变装。

② 有一定的艺术素养和历史、社会生活知识，有较高的绘画、雕塑等方面的知识和技法。能娴熟地掌握化装的全部技法和技巧，工作一丝不苟，精益求精。尊重导演的创作意图。

③ 有较强的组织管理能力和丰富的实际工作经验。善于根据计划，科学地组织和安排演员化装，与其他部门的工作有机衔接，保障拍摄的顺利进行。

④ 注意抓好本组人员管理，搞好内部团结协作，注意提醒和检查本组化装员的化装质量和接戏问题，对定妆资料和化妆品及工具的购置、消耗应做好保管

登记。

⑤ 在化装经费的使用中，应在确保质量的前提下努力降低开支，杜绝贪污和浪费，并自觉自愿地接受剧组财务部门和领导小组的监督审核。

⑥ 模范遵守剧组的各项管理规定，注意维护剧组的团结和形象。

（5）化装组员

化装组员职责要求：

① 在化妆师的指导下完成化装造型所需要的用品、配件的加工制作，具体落实化妆品的购置和保管，按分工进行次要角色的试装、化装，在拍摄现场负责对角色及时补装、修装。

② 有一定的影视工作经验，经过专业培训。具有一定的绘画基础和文学艺术知识，必要时能独立进行人物造型设计，完成角色的试装和定型。

③ 应预先分析剧本，按照主要角色的变装场次做好次要角色的变形和修装，善于根据拍摄计划科学安排化装顺序，并注意给其他部门的工作留有余地。对化妆品的发放，特别是对群众演员化妆品的发放以及消耗品的使用，应做好登记，避免丢损和浪费，有注意清洁卫生的良好习惯。

④ 和演员建立良好的工作关系，在拍摄现场，主动负责主要演员的衣物看管。

⑤ 尊重剧组领导和主创人员，服从剧组领导，不折不扣地完成化妆师的工作安排和所明确的工作标准，工作精益求精、一丝不苟，搞好与其他部门人员的团结协助。

（6）道具师

道具师是负责道具部门的美术创作人员，主要任务是根据美术师的总体造型设计意图，设计、组织、制作影片所需要的各种道具。

道具师职责要求：

① 在导演和制片主任的领导下，根据美术师的总体造型设计意图，负责全剧道具陈设的计划、预算、组织制作、租购、保管、布设等工作。

② 熟悉剧情背景时代的人文生活特点，具有一定的文学艺术修养和历史知识，能够通过道具反映当时历史时代典型人物的生活情趣和精神风貌，并善于在尊重历史的原则下创造性地理解、发挥、制设戏用道具，充分实现导演的创作意图。有较强的制图、识图能力。

③ 主动接受美术部门的指导，并充分发挥个人的经验，积极主动地开展工作，当因创作问题产生分歧时，应尊重美术部门或导演的意见。

④ 有较强的组织管理能力，对道具组人员工作和管理负主要责任。在道具保障的各个环节，注意抓好人员管理，讲究安全生产，做好保管登记，严防道具被盗

被损。

⑤ 善于根据拍摄计划，有预见性地开展工作，同时当计划由于各种情况发生变化时主动协助，不讲条件，全力保障拍摄进行。

⑥ 以对剧组和个人信誉高度负责的精神，厉行节约，千方百计节省开支。报销结算中不虚开发票，不以少顶多，不私取回扣。自觉接受剧组财务和领导小组的监督审核。

⑦ 模范遵守剧组的各项规定。注意维护剧组的团结和形象。在困难不利和紧急的拍摄情况下，带领全组发扬吃苦耐劳、连续作战的精神，坚决保障完成拍摄工作。

(7) 道具员

道具员职责要求：

① 在道具师具体领导下工作，并接受美术部门指导，负责协助道具师筹备各场景中的陈设道具和戏用道具。掌握各场次道具的衔接，及时处理现场的各种紧急情况。

② 有一定的影视道具工作经验和道具加工制作，特别是效果道具的加工制作技能。有一定的剧本分析能力，善于领会创作意图，根据道具师和美术师的要求，主动丰富、充实现场道具的画面陈设。

③ 有吃苦耐劳的精神和一丝不苟的工作作风，在装卸道具、变换道具位置、增减道具陈设的工作中，做到快捷、安全，防止道具损坏和变形。对戏用小道具应加强看管，合理布设，严防丢失。对不可复原的效果道具应留有备件，做好情况登记。对动物道具应采取必要的防护措施，并及时通过制片部门向全组作出必要的警示说明。

④ 注意与其他部门工作的协调。群众演员一般应先化妆、穿服装后，再领取所需用的道具。在大场面外景的拍摄中，要特别注意道具的登记、看管、回收。

⑤ 尊重剧组领导和主创人员，遵守剧组的各项管理规定，与其他各组同志搞好团结协助。

(8) 烟火师

烟火师职责要求：

① 在导演和制片主任的领导下，根据分镜头剧本中的要求，设计各种场面的烟火效果。制定烟火预算和作业方案，并指导烟火技工完成各种烟幕、火焰、爆炸、风、雨、雪、闪电等效果。

② 有一定的文学艺术修养，具备较高的物理、化学知识和机械修理等技能。熟练掌握各种炸药的配方、性质、功能，对各个时代的枪、铳等都有研究，会使用，会

检修,并能配制各种效果子弹。

③ 工作一丝不苟,严密细致,严格遵守各项规章制度和操作程序。有很强的事故预防意识和周密的具体措施。

④ 对烟火组的管理负责。做好烟火部门物资器材、工具的登记,妥善保管,严防丢失。对消耗品的使用,应周密计划,避免浪费。

⑤ 模范遵守剧组的各项规定,维护剧组团结和形象,接受剧组财务和领导小组的监督审核。

4. 演员岗位职责要求

演员一般职责要求:

① 在导演的指导下,根据所提供的剧本,通过表演将指定的剧中角色完美地体现到屏幕上。

② 有一定的思想水平和较高的艺术修养,具备较深的理解力、丰富的想象力和形象的表现力,能运用正确的表演创作方法和娴熟的演技塑造人物形象,并深入熟悉剧本中的有关生活,达到演员与角色的统一,体验与体现的统一。

③ 认真分析剧本,做好案头工作。努力将人物基调、性格及其发展脉络、规定情境的变化及各种人物关系的掌握、节奏、角度的配置以及对各场戏和镜头的设想、处理等考虑成熟。除导演预先明确的即兴创作外,每次开拍前,应将有关台词准确熟记。

④ 拍摄前期应与导演进行必要交流,拍摄中应坚决服从和尊重导演的指导和剧情处理。

⑤ 自觉服从剧组管理,认真遵守剧组的各项规定,通过正当方式反映问题。在乘车、化妆、候场、就位等问题上守时守序。

⑥ 勤奋敬业,作风正派,诚信守约,工作一丝不苟,拍摄中始终保持良好的精神状态。

第四节 律师在影视剧组法律服务中应注意的问题

一、注意辞退演员或演员辞演的问题

1. 剧组辞退演员

关于剧组辞退演员方面,有这样一个案例:北京中视精彩影视文化中心(以下简称“中视中心”)以演员田某未参加剧组召开的剧本研讨会、经试妆形象不适合

饰演“杨婆”一角，辞退田某。田某以中视中心违反双方签订的演员承揽服务合同书的约定，单方与其解除合同为由，诉至法院。日前，北京市第一中级人民法院终审此案，法院判决中视中心赔偿田某10万元。

2009年8月，中视中心作为甲方与乙方田某签订演员承揽服务合同书，合同约定：“甲方拍摄电视剧《×××》，乙方同意饰演该剧中‘杨婆’这一角色；全剧合计应支付田某酬金20万元；乙方因自身原因不能履行本合同规定的义务的，甲方可以通过书面形式通知乙方解除本合同；若未出现合同解除情形，甲方单方面解除合同，甲方应向乙方支付尚未支付的酬金。”合同另约定：“有下列情况之一，本剧组可与组成人员解除劳务合同：在聘用期间被证明不胜任本职工作的或剧组认定被聘任者不能胜任本职工作的；严重违反剧组规章制度的；犯有其他严重错误的；在开机之前必须参加剧组组织的各种形式的拍摄筹备会议、剧本研讨会、试装、试拍等筹备期间需要演员参与的工作。”

合同签订后，中视中心给付田某酬金2万元。后因田某未参加剧组召开的剧本研讨会，导演、制片人等认为田某形象不适合剧中“杨婆”要求，故未在电视剧《×××》中使用田某，亦未向田某支付剩余酬金18万元。田某诉至法院。

法院审理认为，中视中心如欲与田某解除双方签订的合同书，在形式上应当采取书面的形式，在实质上应当证明田某不能胜任本职工作。本案中田某是否参加剧本研讨会不是双方事先约定的合同必然解除条件，中视中心在与田某签订演员承揽服务合同书之前对田某的基本条件应当有所了解，故中视中心以田某未按通知参加剧本研讨会及其形象不适合饰演“杨婆”一角为理由，口头与田某解除了双方签订的演员承揽服务合同书的行为，属于违约行为，中视中心就此应当承担违约责任。但是双方约定的违约金数额即剩余酬金18万元过高，法院终审判决中视中心赔偿田某10万元。

从该案情况看，剧组确实也有点“冤”，冤就冤在：事先没有将“田某是否参加剧本研讨会”作为事先约定的合同必然解除条件，事中没有采取书面通知的形式解除合同，事后没有和田某进行有效的沟通和协商，最后也没有能够对事实、合同和法律有一个相对公正客观的分析和判断。可见，律师在处理相应法律问题的时候，事先得细致，尽量把一些可能出现的问题通过合同进行明确约定，避免没有约定或约定“模糊”；事中要认真，严格按照法律规定和合同约定规范处理相应法律事务，并留下清晰明确的书面证据；事后得沟通，在充分了解一方情况的同时，也多听听另一方的意见，尽量帮助双方协调解决，因为在民事法律上很多时候是没有绝对的对与错的。

2. 演员辞演剧组

因拍摄电视剧《岁月骄阳》时离开剧组去完成新《水浒传》的剩余拍摄任务，演员黄某被广州某影视传媒有限公司（以下简称“某传媒公司”）以合同纠纷诉至北京某区法院，要求返还50万元劳务费、10万元违约金、赔偿实际经济损失495 614.6元。2010年9月，法院宣判被告黄某退还原告广州某影视传媒有限公司劳务费30万元，同时驳回了原告的其他诉讼请求以及黄某的反诉请求。同样，在2009年4月，因签订演出合同后中途毁约，出演《恰同学少年》等剧的女演员曹某被上海某文化传播有限公司起诉索赔演出报酬、经济损失等共计40万元。

事实上，演员尤其是名演员辞演现象已是屡见不鲜，诸多一流明星均有辞演情形，只是闹至打官司要赔偿的情况并不多见。但毋庸置疑，演员尤其是主要演员的辞演，往往会给剧组带来巨大的损失，剧组各项安排可能顿时大乱，甚至难以为继。但前述纠纷的出现，根本原因可能还在于合同约定不明的问题，就黄某一案而言，根据双方庭审中提交的证据及陈述内容来看，双方在《演员合同书》中使用了“尽量”、“双方本着友好原则进行协商”等字句，对于黄某需要离组时的请假手续、请假对象等并没有明确约定，庭审中双方对此仍然各执一词，无法达成一致。正是由于双方合同约定不明，在争议时又不能达成一致，因此法院对于双方各自关于对方存在违约行为的主张都没有予以支持。因此，律师在处理相应法律纠纷的时候，对于法律规定、合约条款及相应证据的留存情况都应该有清醒的认识和精确判断，才能帮助剧组采取最有效的法律途径去维护其合法权益。

二、注意剧组与拍摄当地关系的协调问题

影视剧的拍摄工作很多是在外景地完成的，而剧组人员和当地人员的关系协调问题也就显得非常重要，如果关系协调不好，不仅影响拍摄工作，甚至可能导致恶性事件，导致对剧组人员的身心伤害。

2004年8月，在桂林地区拍摄的电视剧《桂北剿匪记》剧组，在驻地阳朔县境内的锦龙酒店就和保安发生冲突，保安手持砍刀、铁锤等凶器驱赶剧组，其中剧组灯光师被砍了13刀。

《桂北剿匪记》因为是广西的故事，要求在原地实景拍摄，剧组选定了阳朔县，并入住了当地某酒店。剧组人员说，和酒店方一位老总有口头协议，答应剧组住到8月8日，然而，8月7日下午，酒店为了让一个旅行团入住，竟然提前驱赶剧组人员，结果双方引发纠纷，酒店保安纠集不法人员行凶伤人。但对于整件事情发生的原因，当地官员表示“情况属实，事出有因”，说是酒店方面的工作人员的确砍伤了

剧组工作人员，但初步了解，剧组和酒店达成的协议是，剧组只能住到 8 月 5 日，剧组却住到了 7 日。7 日下午酒店在处理剧组的东西时，剧组的人把酒店一名保安打伤了，保安晚上就带了人来找剧组的人算账。

从上述事件可以看出，剧组管理不仅是一个内部管理问题，还有一个和外部单位关系协调的问题，剧组应该确立有关制度，设有专人负责与当地各种关系的协调，一方面，注意做到“口说无凭、立字为据”，否则等发生利益冲突时各执一词，非常容易激化矛盾，闹得不可收拾；另一方面，注意危机公关，在矛盾尚未激化之前，和有关负责人进行有效协调，如实在不能协商一致，也不要勉强，迅速采取有效措施远离冲突，避免不必要的牺牲。

三、注意加强剧组内部管理问题

2004 年 12 月 21 日，《小鱼儿与花无缺》演员王某起诉演员张某、谢某及北京某影视制作有限公司一般人身损害赔偿纠纷。后北京二中院审理后认为：应该确认的是，根据现有证据表明，为了防止发生演员人身伤害，剧组导演在事前已经提出明确要求，并提供了一定的保护措施。在正式拍摄前演员之间就打击强度进行了演示。但在拍摄过程中被告张某、谢某未按演示强度击打王某，造成王某轻微伤（上限），据此，应认定二被告有重大过失。虽王某认为二人借表演名义共同故意对其进行殴打，证据不足，但民事侵权行为无论是故意还是过失，造成人身损害都要承担民事侵权责任。但由于王某未能提供相关经济损失及精神损害的证据，故对赔偿请求未予支持。

虽然该案中法院并没有深究张某、谢某及剧组的责任，但此事被炒得沸沸扬扬，给剧组带来了很大的负面影响。而以剧情需要、剧组要求为理由，认为演员在拍戏过程中受伤是经常发生的，故不应承担赔偿责任进行的抗辩，是不能成立的。这就要求剧组在人员管理中注意协调好演员之间的关系，避免出现拍打戏“假戏真做”的不良现象。

2004 年 2 月，云集了众多明星的某电视剧剧组发生了内部斗殴事件，10 多名武师对 1 名服装助理大打出手。按照剧组规定，所有演员必须妥善管理自己的戏服，若有损坏或者遗失，每套将赔偿 500 元。但剧组有 10 多名武师自进组以来，常常乱扔戏服，一天当服装助理向他们追要戏服时，双方发生争执，10 多名武师还出手殴打那位助理，导致其全身上下多处受伤。同年 3 月，由常某、侯某、池某主演的缉毒题材电视剧剧组，传出某演员殴打年近花甲的女化妆师的消息。事后了解，该演员是导演介绍来的，而化妆师则是另外一拨人介绍过来的。而最让人震惊的是，

2004年9月20日晚8时左右,《惊天传奇》剧组在景泰石林拍摄现场突然发生了一场意想不到的械斗事件,剧组在河北雇请的马队骑士和在当地雇用的群众演员因故在石林拍摄现场互相激烈打斗,先后有数百人参与,有20多人在械斗中受伤,被送往景泰县人民医院救治。械斗事件升级为恶性刑事事件,给剧组带来了很大的损失。

一部影视作品是经过导、摄、美、录、化、服、道等多部门配合共同努力才能完成。摄制组内部存在的问题琐碎而庞杂,如若有某一小环节出现纰漏,必将影响影片的拍摄进程,甚至会降低影片的整体质量,为制片方造成巨大的经济损失,所以对摄制组内部管理中存在的问题不可小觑,应该引起重视。而剧组的成员可以说来自五湖四海,为了拍戏这一共同目标走到了一起。但是,由于各部门成员或者属于导演的班底,或者是制片人的队伍,两拨人马会合在一起,如果不仔细调理,自然极易发生"移植"后的排异反应,发生内部斗殴。所以,律师在参与剧组管理过程中,应帮助剧组管理人员提高法律素养,注意协调好内部矛盾。具体到工作中要帮助剧组签订好责任书,制定相应的管理制度,在剧组下设导演组、摄像组、剧照组、灯光组、美术组、化妆组、服装组、道具组、烟火组、设备组、制片组、演员组、电脑组、马术组、动作组等日常管理机构,明确职责,责任到人,制片主任和各部门负责人签订责任书,保障整个剧组管理的顺利进行,保护好剧组人员的身心安全。

四、注意剧组与演员合约有关集数与报酬的问题

2007年6月,李某诉北京某文化传播有限公司违约一案有了终审结果,法院驳回了李某要求某文化传播有限公司赔偿190万元的要求。

2006年7月1日,因认为电视剧《钦差大臣》在后期制作时"注水",将原来的30集扩到33集,主演李某将拍摄方北京某文化传播有限公司告上法庭。2006年8月28日,片方向李某提起了反诉,要求李某赔偿该剧组损失200万元。2006年9月22日,朝阳法院一审支持李某的起诉,认定某文化传播有限公司违约,应向李某支付违约金100万元,总计190万元。2007年6月12日终审判决,李某由于没有履约,需要向某文化传播有限公司支付30万元的赔偿,而某文化传播有限公司也应该按照超出3集每集10万元的片酬,付给李某30万元。

《钦差大臣》这个剧是按30集签的工作合同,最后剪辑是33集,所以判决某文化传播有限公司付给李某多出3集的劳务费用30万元。而在合同中规定,李某是该剧演员兼艺术总监,但他没有履行义务,没有参与后期制作和配音工作,所以要返还某文化传播有限公司30万元。法院同时驳回了李某的其他要求,包括其提出

索要190万元的赔偿。本案的诉讼费用由李某和某文化传播有限公司共同负担。2006年一审判决李某胜诉，某文化传播有限公司需赔偿其190万元，这次二中院撤销了这个判决，从这个角度讲可以说李某败诉了。

但是，事情闹到这个地步，应该说是两败俱伤，没有谁输谁赢。双方为此牵扯了很多精力，还搭了不少诉讼费。本来，剧组和演员应该是鱼水关系，电视剧集数超出预期是一个普遍现象，但不是每个剧组都打官司，说明这个问题可以平心静气地解决，不是非得打官司不可。当然，回过头来看，既然电视剧集数超过预期是普遍现象，为什么在剧组与演员的合约中，对此不能有一个更加相对公平、清晰的约定呢？

但看2004年11月25日某文化传播有限公司（甲方）与李某（乙方）签订的《演职员聘用合同》，该合同约定：甲方聘请乙方在30集电视连续剧《钦差大臣》中担任艺术总监，并出演“钱奎”角色，乙方在最终满意剧本质量并由李某饰演剧中角色“阿丑”的前提下，同意接受甲方的聘请；受聘时间自2004年11月26日至2005年11月26日；甲方向乙方支付酬金每集人民币10万元，30集共计300万元，包括乙方在摄制组期间的工资、劳务费、各种补助费、加班费、奖金等；乙方的个人所得税由乙方交纳；本剧最终集数如果超过30集，应由甲乙双方协商确定；本剧发行、播放、出版的任何一个版本总集数如果超过30集，应得到乙方的书面认可，超出部分甲方应按约定的每集10万元向乙方支付酬金；未经乙方书面认可超出的集数，甲方应按每集30万元向乙方支付酬金；乙方作为本剧艺术总监有最终审核权，用于提供给有关部门审批的本剧成品应得到乙方的书面认可；如果不经过乙方书面认可甲方擅自报审或发行、播出，甲方应向乙方支付100万元违约金；甲方要求乙方参加后期配音，乙方不得另索报酬；双方对本合同内容负有保密义务，任何一方不得向第三方泄露。

坦率地说，这份合约对剧组是比较不利的，也怪不得一审法院基本支持了李某的诉讼请求，虽然二审法院帮剧组抓住了李某没有参加后期配音、没有积极参与后期制作履行艺术总监职责这一“漏洞”，最后“葫芦”了事，但相应合同条款中包含的不利因素，是值得律师在影视剧组法律服务中引起充分注意的。

五、注意剧组人员的拍摄安全和保险问题

武打、枪战、飞车、爆炸等场面更是成为重要的商业元素，也是最容易产生危险的拍摄环节。一场意外，将云南腾冲拍摄的电视剧《我的团长我的团》推至风口浪尖。2008年4月8日，《我的团长我的团》在拍摄战争场面时发生意外，来自西影厂的烟火组组长郭某经抢救无效后死亡，另有4人受伤。

而在此之前，各种剧组意外频传——2008 年 3 月 23 日，正在横店拍摄电视剧《大唐书魂颜真卿》的唐某意外坠马，1 根锁骨、4 根肋骨断裂；3 月 31 日，《赤壁》剧组披露，片中扮演赵云的演员胡某在拍摄中坠马受重伤，在病床上躺了近 1 个月后才返回剧组；3 月 26 日，电影《大块头有大智慧》中的一位替身演员，将导演杜某的电影公司告上法庭并索赔 500 万元，因其在拍摄该片一幕打斗戏时摔伤左前臂，使其无法再做替身。2009 年 11 月 4 日，八一电影制片厂的技师赵某以《解放》剧组在山西遭遇的车祸致使自己伤残为由，将该剧的合作者——中国电视剧制作中心、天津电视台和八一电影制片厂起诉到北京市宣武区人民法院，要求赔偿自己各项经济损失共计 30 万元。

影视剧制作行业中的安全隐患，越来越多地暴露在公众的视野中，尤其是 2010 年 10 月 22 日下午，两位演员在上海拍摄电视剧《我和春天有个约会》一场爆破戏时被烧伤，剧组将其送到上海瑞金医院急救，其中一名演员背部与四肢被三度灼伤，另一名演员三级烧伤的面积则达到 35%。该事件引发了社会公众对影视行业安全问题的广泛关注。

演员的麻痹大意，以及制片方为了赶进度降低安全保障方面的要求，是意外频发的主要原因。同时，剧组成员大多都是临时召集到一起的，拍完戏、分完钱就各奔东西，管理难度可想而知。更有剧组只追求节约成本而雇用一些不合格的员工，或者在安全保障方面降低要求，也成为意外频发的重要原因。因此，律师参与剧组法律业务，帮助剧组负责人加强剧组安全隐患的管理，是十分必要的，但另一方面也应该认识到，在拍摄动作或是惊险场面时，尽管任何剧组都会特别严谨，但出现意外伤害甚至死亡，也是不可避免的，因此，应督促剧组和演员等工作人员事先购买保险。

保险是在影视剧制作过程中，为降低项目财务风险所必须采取的措施，制片方应当审阅剧本和预算，投保适当险种。其中演员保险就是专门针对人身意外伤害所投保的。目前，国内还很少有专门为明星开辟的险种，现在一般都是剧组为明星购买短期的团体意外伤害险，不同的剧组可能购买的险种不同，有的是单一险，有的是组合险，针对相应的事件和人物特殊性，买多个险种。当然，到底为明星买多少保险，这也看剧组和演员本人的经济情况，以及制片方的重视程度。普通的短期团体意外伤害保险，只要是拍摄过程中不可控因素致伤基本都可以适用。如遇意外伤害，剧组作为责任方，首先要承担演员的相关损失，由于演员和剧组之间是聘用关系，双方签订合同，演员因拍戏而导致伤亡的，合同上有相关条款作出约定的，演员可以直接依据双方所签订的合同向剧组提出赔偿，剧组因为没有尽到安全保护的义务，必须进行违约赔偿；演员也可以按照《侵权责任法》的相关条款提起赔偿。因此律师应强烈建议剧组为演员购买保险，一旦遇有安全事故，即可向保险公司索赔，减轻剧组经济压力。

六、注意剧组人员的报酬纠纷问题

近年来，影视剧组人员报酬纠纷层出不穷：2009年2月，因为被欠16万元报酬两年，特技人员陈某一纸诉状将电视连续剧《烈火雄心》剧组告上法庭；导演郑某因《欢天喜地七仙女》剧组拖欠其酬金，将北京某文化艺术有限责任公司和某电视台告上法庭，该案于2007年7月作出终审判决，判令北京某文化艺术有限责任公司一次性支付郑某人民币15.8万元，某电视台承担连带责任。2008年12月，《康熙微服私访记》(第五部)剧组当年第三次成为被告，因为劳务费纠纷被群众演员组织者郭某告上法庭，要求支付群众演员劳务费4.749万元。2010年11月，北京某中院终审宣判电视剧《书剑恩仇录》导演谭某与湖南电广传媒股份有限公司节目分公司、北京春秋风云影视策划有限公司、中国峰节目投资有限公司劳务(雇佣)合同纠纷一案，判决三被告给付谭某剩余酬金26万元，驳回三被告的反诉请求。因认为拖欠自己劳动报酬，某电视剧导演叶某将中联影视中心告上法庭，2010年2月，一审法院经审理认为，中联影视中心提供的现有证据不足以证明叶某存在酗酒、擅自透露片酬等违约行为，判令中联影视中心赔偿叶某首笔报酬6万元，差旅费2.9万余元。2009年8月，《画皮》的联合导演钱某一纸诉状将制片方宁夏电影制片厂、北京世纪佳映文化有限公司告上法庭，讨要导演报酬权，为原本完美谢幕的《画皮》画出弦外之音。

劳资问题是剧组管理中最基本最核心的法律问题，为此，律师为剧组提供法律服务，要从审查起草剧组与编剧、导演、演员、职员等人员的劳务合同、聘用音乐作品创作者合同等基本法律文件入手，尽量将双方的权利义务关系进行相对公平合理的分配和平衡，以期实现和谐共赢。同时，在出现劳资矛盾或纠纷时，通过耐心细致地交流沟通和精准务实的法律知识，尽量帮助剧组协调解决劳资问题，预防和控制劳资纠纷的发生，为剧组各项工作的顺利进行保驾护航。而在纠纷不可避免情况下，通过诉讼、仲裁、调解的方式解决剧组各环节发生的法律纠纷，包括调查取证、申请诉前证据保全及财产保全、协商、谈判、提起诉讼等，有效维护剧组的合法权利，控制已发生的法律风险。

在影视剧组中，劳务聘用纠纷可以称得上是最典型的纠纷之一。下面列举一例：

2000年，北京金英马影视文化有限责任公司(以下简称“金英马公司”)与峨嵋电影制片厂联合摄制了电视连续剧《中国刑侦 1 号案》(现名《末路》)。该剧摄制组与男演员吴某签订了一份合同书,内容为:摄制组聘用吴某于 2000 年 6 月 23 日至 10 月 5 日参加电视剧摄制工作,每集 2 800 元酬金;聘用期间,吴某的食宿、差旅等费用均由摄制组负担;如因吴某的原因影响拍摄,吴某负责赔偿给摄制组造成的经济损失。同年 6 月 22 日,吴某从摄制组取得 2 万元,进入摄制组拍戏。8 月 17 日,在某外景地拍摄时,吴某因休息房间问题与摄制组负责人发生争执,第二天上午没有参加拍摄,下午便向摄制组提出了包括休息时间、生活保证、工作职责、交通问题、表演安全等内容的补充条款,但双方未能达成一致意见。两天后吴某不辞而别。摄制组不得不更换另外一名演员出演吴某扮演的角色。2001 年 7 月,金英马影视文化有限责任公司向法院提起起诉,要求吴某赔偿公司各项经济损失 62 万余元。一审法院经审理于 2002 年 12 月 17 日判决后,金英马公司不服,上诉到北京二中院。二中院经审理认为,吴某的行为已构成违约,故作出终审判决:吴某赔偿金英马影视文化公司经济损失 25 万元。

从上述案例不难看出,严密的合同是制片方确保影片生产顺利进行的强有力保障。通常制片方违约的主要情况有:不能在对方按合同正常提供劳务的情况下按期支付劳务费用,超出合同期限拒不放人,不履行对劳务提供方作出的待遇承诺,加班过度等。劳务提供方常见的违约现象有:出工不出力,工作数量和质量达不到承诺标准,严重违反制片方有关规定等。

为避免纠纷,双方应首先在合同中明确双方之间的法律关系,同时明确双方之间的合同性质,并明确排除合同被解释为劳动合同、合伙、投资等其他性质的情况。

双方还可在演职员聘用合同中对可能出现的情况(如角色、岗位职责要求、合同履行标准等)作详细规定。由于影视剧拍摄中劳务的内容、质量都存在一定程度的弹性,在协议中可能无法进行量化的约定,在这种情况下,可以尝试约定对演职员提供劳务的验证程序,即在合同中约定,演职员所提供的劳务是否合格,以制片人或导演等的意见为准,并同时约定劳务质量不达标的情况下的处置安排,以达到保证劳务质量的目的。

由于影视剧拍摄中,需要各部门、人员紧密地协同工作,因此,某一环节的合同纠纷都可能导致整个拍摄工作的暂停、拖延,这将给制片方造成巨大损失,因此建议在合同中就双方合同解除的条件和程序进行安排,保证在合同履行发生问题的时候,片方能够及时解除合同,保证影片按照进度顺利地拍摄、推进。

同时,双方可以在合同中约定“如果甲乙双方之间由于本合同或者相关于本合同出现任何争议,双方应该首先尝试用友好的协商方式解决这些争议”等,诸如此类条款,先行协商解决纠纷。并可约定,争议在协商不成的情况下选择的解决方式,申请仲裁或提起诉讼。

第五章　影视剧的发行与播映

第一节　影视剧的发行及其程序

一、影视发行的含义

电影的发行是电影作为一种劳动成果进入流通领域的必然要求，是电影商业化和市场化的表现形式。电影发行有狭义和广义之分。

狭义的电影片发行权，是指影片著作权人在一定期限内，为满足放映场所放映电影的需要，向电影院、流动放映队、俱乐部、影剧场等以出租、出借、出售等方式提供影片拷贝的权利。电影发行大致要经历以下流程：

电影制片方 → 电影发行方 → 电影院线 → 签约影城

广义的电影发行权除了影院拷贝发行权和影院放映权以外，逐步扩大为包括电影作品磁带发行权和电视台播放、录像制品出版发行权以及印刷出版物和相关的特种制品等。广义的电影发行大致要经历以下流程：

电影制片方 → 电影发行方 → 电影院线 \ 电视 \ iptv \ 网络等

电影的发行依据主体不同分为自主发行和代理发行。自主发行是指制片单位以自己的名义发行影片。一般拥有良好的发行渠道的国产影片或者视为国产影片的制片方多采用此种形式。代理发行是指制片方委托持有发行许可证的电影专业发行人按照委托代理协议约定的时间、范围、区域发行影片的方式。进口影片只能采取代理发行的方式。发行代理费用的支付方式分为买断发行和分账发行。买断发行又称买断片，系指拥有电影发行权的发行人一次性买断某区域的发行权，并向制片方分次或者一次性付款的发行方式。分账发行又称分账片，系指电影的制片人与发行、放映方约定按照电影放映票房收入按分成分配的发行方式。参照国际通行的票房分账形式，进口大片各方收入分成的比例是制片方 35%，发行方 17%，放映方 48%。此外，我国还衍生出分账片的特殊形式。如某片在中国商定票房内取得的票房，则使用一定数额一次买断，当影片在中国票房超过此票房，则采用分账的形式。此种影片发行是介乎于买断片与分账片之间的新形式。

作为电视剧产业链条当中的最后两个环节，电视剧从发行到播出完成了它的最终意义并从中获取全部利益。电视剧的发行包括两次发行，第一次发行是社会制片公司向中央电视台或省级台、省会台供片，对于社会制片公司，第一次发行就完成了全部收益。第二次发行则是省级台、省会台向下游的城市电视台供片，将其已购买的播映权进行收益最大化，但第二次发行在电视剧发行数额中所占比重很小，所以这里主要针对第一次发行过程进行分析。电视剧的发行市场主要有三个：中央电视台、省级电视台和城市电视台，绝大多数制片公司的发行策略是“全国发行、分省销售”，省级台和省会台是主要的销售对象。从单独购买力角度讲，央视大于省台，省台大于市台，由于城市台能力有限，往往拿不到优秀的电视剧播出权，因此省台和城市台的联购联播情况越来越成为主要的发展方向。联购联播的现象不仅出现在省台与城市台之间，还广泛地应用到全国范围内城市台的联合协作，例如，2002 年全国有线台联合购买了《还珠格格Ⅱ》的播出权，又有 30 多家城市电视台联合购买了《射雕英雄传》的首播权，这种联合购买行为不仅增加了与央视的竞争力，更从中获得了巨大的广告收入。

二、影视剧（节目）发行前的审查

（一）电影发行公映前的审查

1. 送审

电影制片单位应当在电影片摄制完成后，报请电影审查机构审查；电影审查机构应当自收到报送审查的电影片之日起 30 日内，将审查决定书面通知送审单位。审查合格的，由国务院广播电影电视行政部门发给《电影片公映许可证》。电影制片单位或者电影进口经营单位应当将《电影片公映许可证》证号印制在该电影片拷贝第一本片头处。电影制片单位和电影进口经营单位对电影片审查决定不服的，可以自收到审查决定之日起 30 日内向国务院广播电影电视行政部门的电影复审机构申请复审；复审合格的，由国务院广播电影电视行政部门发给《电影片公映许可证》。

2. 进出口电影片的审查

电影进口经营单位应当在办理电影片临时进口手续后，报请电影审查机构审查。电影进口业务由国务院广播电影电视行政部门指定电影进口经营单位经营。进口供公映的电影片，进口前应当报送电影审查机构审查。①

① 参见《电影管理条例》（2001 年 12 月 25 日国务院发布）。

3. 审查对象和范围

电影审查的对象包括电影片内容审查和电影片艺术、技术质量审查。未经广播电影电视部电影审查机构审查通过的电影片,不得发行、放映、进口、出口。这里的电影片是指各种形式、不同宽度的电影片,包括故事片(含舞台、戏剧、艺术片)、纪录片、科教片、美术片(含动画、木偶、剪纸片等)、专题片及其他电影片。国家广播电视主管机关设立电影审查委员会和电影复审委员会,负责电影片的审查和复审工作。

4. 禁载内容

电影片禁止载有下列内容:

(1) 危害国家的统一、主权和领土完整的;

(2) 危害国家安全、荣誉和利益的;

(3) 煽动民族分裂,破坏民族团结的;

(4) 泄露国家秘密的;

(5) 宣扬不正当性关系,严重违反道德准则,或内容淫秽,具有强烈感官刺激,诱人堕落的;

(6) 宣扬封建迷信,蛊惑人心,扰乱社会公共秩序的;

(7) 渲染凶杀暴力,唆使人们蔑视法律尊严,诱发犯罪,破坏社会治安秩序的;

(8) 诽谤、侮辱他人的;

(9) 有国家规定禁止的其他内容的。

5. 应予修改的内容

电影片中个别情节、语言或画面有下列内容的,应当删剪、修改:

(1) 夹杂有淫秽庸俗内容、不符合道德规范和观众欣赏习惯的:包括不恰当地叙述和描写性及与性有关的情节,正面裸露男女躯体;以肯定的态度描写婚外恋、未婚同居及其他不正当男女关系;具体描写腐化堕落,可能诱发人们仿效;造成强烈感官刺激的较长时间的接吻、爱抚镜头及床上、浴室内的画面;具体描写淫乱、强奸、卖淫、嫖娼、同性恋等;内容粗俗、趣味低下的对白;庸俗、低级的背景音乐及动态、声音效果。

(2) 夹杂有凶杀暴力内容的:包括美化罪犯形象,引起人们对罪犯同情和赞赏;具体描述犯罪手段及细节,有可能诱发和鼓动人们模仿犯罪行为;刺激性较强的凶杀、吸毒、赌博等画面;描述离奇荒诞,有悖人性的残酷的暴力行为。

(3) 夹杂有宣扬封建迷信内容的:包括细致描写看相算命、求神问卜,以及长时间的烧香、拜神、拜物等场面;鼓吹宗教万能、宗教至上和显示宗教狂热的情节。

(4) 可能引起国际、民族、宗教纠纷的情节。

(5) 破坏生态环境、肆虐捕杀珍稀野生动物的画面和情节。

(6) 其他应当删剪、修改的内容。

此外,电影片技术质量按照国家标准审查。

6. 电影片发行前的审查程序

电影制片单位应当在电影片摄制完成后,报请电影审查委员会审查。电影进口经营单位应当在办理电影片暂时进口手续后,报请电影审查委员会审查。送审单位应当按照国家规定缴纳审查费。[①]

(1) 国产电影混录双片审查应提交的材料

送审国产电影混录双片应当提交下列实物和材料:

① 混录对白双片;

② 审查申请书,内容包括:电影片名称、原作内容、内容提要、主创人员;送审单位初审意见;送审单位所在地省级电影主管部门审查意见;

③ 影片完成台本,内容包括:影片长度、内容、对白、字幕、镜头号;

④ 改编作品的原作者版权授权书复印件。

中外合拍电影片,还应提交中国电影合作制片公司审查意见、合拍电影片合同书复印件及筹资合同书复印件。

(2) 进口电影原拷贝审查应当提交的材料

送审进口电影原拷贝审查时,应当提交下列材料(含实物):

① 原拷贝;

② 审查申请书,内容包括:电影片名称、语种、片种;出品厂家名称、国别或地区;编剧、导演、主要演员、摄影等主创人员名单;电影片内容简介;送审单位初审意见。

电影审查委员会应当自收到送审的混录双片或原拷贝之日起15日内提出书面审查意见,并通知送审单位。凡电影审查委员会提出修改的影片,送审单位应按要求提出修改实施方案,送经电影审查委员会同意后修改。

(3) 送审国产电影标准拷贝时应当提交的材料(含实物)

国产电影标准拷贝制作完成后,应当报电影审查委员会审查。送审国产电影标准拷贝应当提交下列实物和材料:

① 标准拷贝;

② 经电影审查委员会同意的对电影片的修改实施方案;

---

① 国产电影片(包括合拍片)的审查分为混录双片审查和标准拷贝审查,进口电影片的审查分为原拷贝审查和译制拷贝审查。

③ 拷贝制作单位签署合格的影片技术鉴定书。

(4) 申请进口电影译制拷贝审查应提交的材料(含实物)

进口电影译制拷贝制作完成后,应当报电影审查委员会审查。送审进口电影译制拷贝应当提交下列实物和材料:

① 译制拷贝;

② 经电影审查委员会同意的对电影片的修改实施方案。

(5) 审查的要求和期限

电影片的内容审查按照上述有关禁载、限载的规定执行;电影片技术质量按照国家标准审查。

电影审查委员会应当自收到标准拷贝或译制拷贝之日起 15 日内作出审查决定。审查合格的,应当签发审查通过令;经审查仍需修改的,由送审单位修改后依照本规定重新送审;审查不予通过的,应当将不予通过的理由书面通知送审单位。

已经取得《电影片公映许可证》的电影片,若发生情节变更、名称变更等情形时,应当重新报请审查。

(6) 审查通过后应提交的材料(含实物)

送审单位收到审查通过令后,应当送交下列实物和材料:

国产电影片审查通过后,送审单位应向审查机关提交:1 个标准拷贝;3 个大 1/2 声画清晰的录像带;并且向中国电影资料馆送交 1 个标准拷贝的回执复印件。

进口电影片审查通过后,送审单位应向审查机关提交:3 个大 1/2 声画清晰的录像带;中外双方签订的影片发行合同复印件。

广电管理部门收到上述材料和实物,即颁发《电影片公映许可证》。

应当注意的是,已经取得《电影片公映许可证》的电影片,广播电影电视部门在特殊情况下可以作出停止放映或者删剪的决定。电影片《苹果》曾因上述相关问题被吊销电影片公映许可证。由北京劳雷影视文化有限责任公司、北京保利博纳电影发行有限公司、北京中鸿房地产开发集团有限公司联合出品的影片《苹果》,在电影制作(违规制作色情内容的片段)、参加国际电影节(将未经审查通过的电影版本,送第 57 届柏林电影节参赛)、互联网传播及音像制品制作(擅自将未经审查通过的含有色情内容的影片在互联网上传播及制作音像制品)等方面,严重违反《电影管理条例》(以下简称《条例》)及相关法规,造成了不良影响,广电总局作出决定吊销该片的《电影片公映许可证》,没收未经审查通过的影片拷贝及相关素材,制片单位 15 天内将拷贝等送达总局电影局;停止该片在影院发行、放映;停止其网络传播;建议有关行政部门停止其音像制品的发行;取消北京劳雷影视文化有限责任公司两年内摄制电影的资格等处罚。[①]

电影制片单位和电影进口经营单位对电影片审查决定不服的,可以自收到审查决定之日起30日内向电影复审委员会申请复审。电影复审委员会应当作出复审决定,并书面通知送审单位和电影审查委员会。复审合格的,应当核发该电影片的《电影片公映许可证》。[②]

(二)电视剧发行前的审查

1. 发行许可主管部门及其职责

国产剧、合拍剧、引进剧实行内容审查和发行许可制度。未取得发行许可的电视剧,不得发行。

国产电视剧制作单位、境内外合作制作电视剧的境内方应当在电视剧制作完成后,按规定报相应的电视剧审查机构审查。进口电视剧由国家广播电影电视总局指定的电视剧进口机构按有关规定报国家广播电影电视总局电视剧审查委员会审查。

国务院广播影视行政部门设立电视剧审查委员会和电视剧复审委员会。省、自治区、直辖市人民政府广播影视行政部门设立电视剧审查机构。审查人员与送审方存在近亲属等关系、可能影响公正审查或者参与送审剧目创作的,应当申请回避。

国务院广播影视行政部门电视剧审查委员会的职责是:

(1) 审查直接备案制作机构制作的电视剧;

(2) 审查聘请相关国外人员参与创作的国产剧;

(3) 审查合拍剧剧本(或者分集梗概)和完成片;

(4) 审查引进剧;

(5) 审查由省、自治区、直辖市人民政府广播影视行政部门电视剧审查机构提请国务院广播影视行政部门审查的电视剧;

(6) 审查引起社会争议的,或者因公共利益需要国务院广播影视行政部门审查的电视剧。

国务院广播影视行政部门电视剧复审委员会,负责对送审机构不服有关电视剧审查委员会或者电视剧审查机构的审查结论而提起复审申请的电视剧进行审查。

省、自治区、直辖市人民政府广播影视行政部门电视剧审查机构的职责是:

---

① 参见广电总局《关于处理影片〈苹果〉违规问题的情况通报》。

② 参见《电影剧本(梗概)备案、电影片管理规定》。

(1) 审查本行政区域内制作机构制作的、不含国外人员参与创作的国产剧；

(2) 初审本行政区域内制作机构制作的、含国外人员参与创作的国产剧；

(3) 初审本行政区域内制作机构与境外机构制作的合拍剧剧本(或者分集梗概)和完成片；

(4) 初审本行政区域内电视台等机构送审的引进剧。

2. 发行许可审查内容

送审国产剧，应当向省、自治区、直辖市以上人民政府广播影视行政部门提出申请，并提交以下材料：

(1) 国务院广播影视行政部门统一印制的《国产电视剧报审表》；

(2) 制作机构资质的有效证明；

(3) 剧目公示打印文本；

(4) 每集不少于500字的剧情梗概；

(5) 图像、声音、字幕、时码等符合审查要求的完整样片一套；

(6) 完整的片头、片尾和歌曲的字幕表；

(7) 国务院广播影视行政部门同意聘用境外人员参与国产剧创作的批准文件的复印件；

(8) 特殊题材需提交主管部门和有关方面的书面审看意见。①

省、自治区、直辖市以上人民政府广播影视行政部门在收到完备的报审材料后，应当在50日内作出许可或者不予许可的决定；其中审查时间为30日。许可的，发给《电视剧发行许可证》；不予许可的，应当通知申请人并书面说明理由。经审查需要修改的，送审机构应当在修改后，依照本规定重新送审。

送审机构对不予许可的决定不服的，可以自收到该决定之日起60日内向国务院广播影视行政部门提出复审申请。国务院广播影视行政部门应当在收到复审申请50日内作出复审决定；其中复审时间为30日。复审合格的，发给《电视剧发行许可证》；不合格的，应当通知送审机构并书面说明理由。

已经取得《电视剧发行许可证》的电视剧，国务院广播影视行政部门根据公共利益的需要，可以作出责令修改、停止播出或者不得发行、评奖的决定。

三、国产老片发行权的归属

国产片的发行权以《著作权法》的出台为分水岭，原电影电视部对1949年10

① 参见《电视剧内容管理规定》(广电总局2010年5月14日发布)。

月 1 日至 1993 年 6 月 30 日期间国产电影（包括故事片、纪录片、科教片、美术片）发行权的归属进行了如下规定：

1. 中影公司在 1949 年 10 月 1 日至 1991 年 5 月 31 日期间收购的国产影片：

（1）中影公司与各制片厂没有签订合同或虽有合同但无具体合同期限约定的，其发行权归还制片厂享有；

（2）合同期限超过 10 年的（包括影片发行权永久性或一次性出售给中影公司的影片），根据《著作权法》合同的有效期限不超过 10 年的规定，从合同签订之日起按 10 年计算，合同期满后应归制片厂，必要时双方可以续签合同。

2.《著作权法》施行之日起，即 1991 年 6 月 1 日至 1993 年 6 月 30 日期间中影公司收购的国产影片：

（1）中影公司与制片厂没有签订合同或虽有合同但无具体合同期限约定的，使用期限由双方协商确定。双方协商达不成一致意见的，其发行权均按 5 年处理，即从它能够签订之日起（没有合同的可从拷贝开始发行之日算起）计算满 5 年的，发行权归还制片厂享有；

（2）合同期限在 10 年之内的，按合同期限执行；

（3）合同期限超过 10 年的，根据《著作权法》合同的有效期不超过 10 年的规定，从合同签订之日起按 10 年计算，合同期满后发行权应归制片厂，必要时双方可以续签合同。

3. 关于中影公司以录像带发行权、录像节目出版发行权、电视台播放权等其他形式使用电影作品，按以下办法处理：

（1）中影公司与制片厂签订的合同中含有以其他形式使用电影作品的按合同规定执行，但合同有效期一次最多不超过 10 年；

（2）对于中影公司已制成电影录像带成品，并已售与销售单位发生超过合同期限以及原合同中不包含以其他形式使用电影作品的情况，则仍由中影公司继续履行，并保证销售单位的合法销售权利。但本规定实施后中影公司仍有销售收入的，应视为代理业务，由双方协商代理费用。双方协商达不成一致意见的，中影公司的代理费按发行收入总额的 15% 提取，发行收入总额的 85% 归制片厂所有。

4. 关于 1993 年 6 月 30 日之前出口的国产影片问题：

（1）中影公司已与外商订立国产影片海外发行权合同的，应按原合同履行；中影公司作为原合同单位继续监督执行，合同期满后海外发行权归制片厂；

（2）出口的国产影片，超过与制片厂所签合同有效期的，在本规定实施后，中影公司仍有销售收入的，应视为出口代理业务，海外收益分配按国家出口有关规定处理。

四、影视发行人的资格及参与影视发行的主体

(一) 影视发行人的资格

根据《电影管理条例》第36条的规定①,设立电影发行单位,应当具备下列条件:

(1) 有电影发行单位的名称、章程;

(2) 有确定的业务范围;

(3) 有适应业务范围需要的组织机构和专业人员;

(4) 有适应业务范围需要的资金、场所和设备;

(5) 法律、行政法规规定的其他条件。

设立电影发行单位,应当向所在地省、自治区、直辖市人民政府电影行政部门提出申请;设立跨省、自治区、直辖市的电影发行单位,应当向国务院广播电影电视行政部门提出申请。所在地省、自治区、直辖市人民政府电影行政部门或者国务院广播电影电视行政部门应当自收到申请书之日起60日内作出批准或者不批准的决定,并通知申请人。批准的,发给《电影发行经营许可证》,申请人应当持《电影发行经营许可证》到工商行政管理部门登记,依法领取营业执照;不批准的,应当说明理由。

根据《电影企业经营资格准入暂行规定》第10条的规定②,境内公司、企业和其他经济组织(不包括外商投资企业)可依法设立专营国产影片的发行公司。申报条件:

(1) 资本不少于50万元人民币;

(2) 受电影出品单位委托代理发行过两部电影片或受电视剧出品单位委托发行过两部电视剧;

(3) 提交申请书、工商行政管理部门颁发的营业执照复印件、公司名称预核准通知书、已代理发行影视片的委托证明等材料。

符合上述条件,向广电总局申请设立专营国产影片发行公司的,由广电总局在20个工作日内颁发全国专营国产影片的《电影发行经营许可证》;向当地省级电影行政管理部门申请设立专营国产影片发行公司的,由当地省级电影行政管理部门在20个工作日内颁发本省(区、市)专营国产影片的《电影发行经营许可证》。申

---

① 2001年12月25日国务院发布。

② 国家广电总局、商务部2004年10月10日发布。

报单位持电影行政管理部门出具的批准文件到所在地工商行政管理部门办理相关手续。不批准的，书面回复理由。

申请从事农村16毫米电影片发行业务的单位或者个人，可以直接到所在地工商行政管理部门办理登记手续，并向所在地县级人民政府电影行政部门备案；备案后，可以在全国农村从事16毫米电影片发行业务。

（二）参与影视剧发行的主体

1. 电影制片方（发行方和制片方多已整合）

电影制片方即电影的著作权人，相当于电影产品的制造工厂，主营收入为电影版权销售，以影片票房分账为主，一般不低于票房的40%，同时还包括电视播映权的收入、音像版权收入和电影衍生产品的收入。

衍生产品收入主要为电影植入性广告、贴片广告、公关活动广告。

2. 电影发行方（发行方和制片方多已整合）

电影发行方类似于代理厂商。通过竞争从制片方取得电影的发行权。主要工作内容是分析影片题材、影片质量、观众喜好程度来决定用什么样的方式推广到电影院。其推广工作包括与院线协商安排电影上映档期，与媒体联系计划安排电影的宣传广告和宣传活动。

其主营收入为电影的分账，与制片方共享40%分账。其中，国产电影有分账和买断形式。进口电影只有分账形式。发行公司还可经营的业务为：经营电影广告代理、影片销售及相关中介代理、物业租赁与管理、电影放映设备销售、影剧院设备的供应及装修、音像连锁。

3. 放映方（院线）

院线，是指由一个发行主体（如电影公司或制片公司）和若干电影院组合形成，实行统一品牌、统一排片、统一经营、统一管理的发行机制。其经营模式类似目前的“连锁店”。但它不是统一品牌影院的连锁化，而是给各个电影院提供片源的公司，以及在映期间为影院提供影片宣传品和宣传活动等。相当于商品的批发商。一般票房分账7%～10%。

电影院，是电影最终放映处。在中国当今的“院线制”电影发行放映机制下，一个影院需加盟在一家院线公司体系内，由这家院线公司向这个电影院提供片源。同时，这个影院公司向这家院线公司交纳相应的片租和管理费用。影院的票房分成一般不高于50%。电影院分为两种：

（1）签约的电影院：指资产跟院线公司没有直接联系，当然它要想放电影的话，必须要加盟一家院线，所以它们是合作关系。

(2) 自主投资影院:电影的资产部分有院线的资金进去,或者是参股或者是控股,或者是全资。

五、发行程序

(一) 国产影视剧(节目)的发行程序

1. 国产影视剧(节目)的境内发行

(1) 国产电影片的境内发行

① 电影片制作完成后,应提交国务院广播电影电视行政部门审查。审查通过后,发给《电影片公映许可证》(《国产电视剧发行许可证》备案表参见附件1)。据此,制作方可以在国内发行该影片。

② 影片制作者与发行单位订立电影片发行合同,将影片的发行权许可给发行单位;或者影片制作者直接与影片放映单位订立影片放映权许可使用合同,放映单位据此取得一定期限内在约定的场所向观众公开放映影片的权利(发行合同的具体内容、发行方式和订立时的注意事项参见影视发行合同范本)。[①]

③ 在特殊情况下,国务院广播电影电视行政部门对于已取得《电影片公映许可证》的电影片,可以作出停止发行、放映或者经修改后方可发行、放映的决定;著作权人拒绝修改的,由国务院广播电影电视行政部门决定停止发行、放映。国务院广播电影电视行政部门作出的停止发行、放映的决定,电影发行单位、电影放映单位应当执行。

④ 利用电影片制作音像制品的,应当遵守国家有关音像制品管理的规定。

此外,任何单位和个人不得利用电影资料片从事或者变相从事经营性的发行、放映活动。

凡在数字电影放映场所发行放映的数字影片,必须确保正确的导向,影片均须获得国家广电总局颁发的《电影片(数字)公映许可证》。[②]

(2) 国产电视剧的发行

国家对电视剧实行发行许可制度。发行申请和审批依照以下程序进行:

① 电影片制作完成后,应提交国务院广播电影电视行政部门审查。审查通过后,发给《国产电视剧发行许可证》。据此,制作方可以在国内发行该电视剧。未

---

① 据统计,2009年我国最大的影片发行机构——中影集团共发行国产影片143部,占国产影片主流市场份额的82.13%。

② 广电总局关于印发《数字电影发行放映管理办法(试行)》的通知。

取得发行许可的电视剧,不得发行、播出和评奖。[①]

② 电视剧制作单位可以发行或委托其他机构按照国家规定发行其制作并取得《电视剧发行许可证》的国产电视剧。[②]

③ 电视剧制作者与发行单位订立电视剧发行、播出合同,将电视剧的发行权、播出权许可给发行单位;或者电视剧制作者直接与播出单位订立电视剧播出权许可使用合同,播出单位据此取得在一定期限内以一定的方式播出该电视剧的权利(发行合同的具体内容、发行方式和订立时的注意事项参见影视发行合同范本)。[③]

④ 已经取得《电视剧发行许可证》的电视剧,国家广播电影电视总局在特殊情况下可以作出责令修改、删剪或停止发行、进口、出口、播放的决定。制作、发行、进口、出口、播出机构必须执行有关决定。[④]

广电总局自 2009 年 5 月 18 日采用新国产电视剧发行许可证样式。各发证机关使用 180 克卡片纸通过电视剧电子政务平台打印《国产电视剧发行许可证》,不再采用手工填写的《国产电视剧发行许可证》。经广电总局电视剧审查委员会审查通过的国产电视剧,许可证编号样式为“(广剧)剧审字(20××)第×××号”,如(广剧)剧审字(2010)第 001 号;经省级广播影视行政部门电视剧审查委员会审查通过的国产电视剧,许可证编号样式为“(×)剧审字(20××)第×××号”,如(京)剧审字(2010)第 001 号。为审查通过的国产电视剧核发《国产电视剧发行许可证》时,各发证机关应选择“经审查,同意该剧在全国范围发行,适当时段播出”的样式打印发行许可证。对确因题材、内容、类别等原因需对发行范围、播出时段作出限制的国产电视剧,发证机关须按相关规定选择相应的范围和时段后,再打印发行许可证(国产电视剧发行许可证样式参见附件 2)。[⑤]

(3) 国产电视动画片的发行

① 我国电视动画片发行许可证的管理体制。《国产电视动画片发行许可证》实行国家广电总局和省级广播影视管理部门两级管理。中央单位及所属制作机构

---

① 参见《电视剧内容管理规定》第 15 条的规定(广电总局 2010 年 5 月 14 日发布)。

② 2010 年度 7—9 月,全国各类电视剧制作机构共计生产完成并获准发行国产电视剧 111 部 3 838 集。其中,现实题材剧目共计 68 部,占总比例的 61.26%;历史题材剧目共计 40 部,占总比例的 36.04%;重大革命题材剧目共计 3 部,占总数的 2.7%。

③ 据统计,2009 年我国最大的影片发行机构——中影集团共发行国产影片 143 部,占国产影片主流市场份额的 82.13%。

④ 参见《电视剧内容管理规定》。

⑤ 参见广电总局办公厅《关于采用新国产电视剧发行许可证的通知》。2005 年 1 月 17 日由国家广电总局发布的《广电总局关于规范〈国产电视剧发行许可证〉》(广发剧字〔2005〕93 号)、2009 年 5 月 18 日由国家广电总局电视剧司发布的《广电总局关于采用新的国产电视剧发行许可证的通知》(剧综字〔2009〕21 号)同时废止。

制作的国产电视动画片，经国家广电总局审查后，由广电总局颁发《国产电视动画片发行许可证》；各省所辖制作机构制作的国产电视动画片，经当地省级广播影视管理部门审查后，由省级广播影视管理部门颁发《国产电视动画片发行许可证》。①

② 国产动画片发行许可证的申领。申领《国产电视动画片发行许可证》需报送如下材料：

a. 由送审机构主管领导签字盖章的《国产电视动画片报审表》；

b. 题材规划立项批准文件的复印件；

c. 每部国产电视动画片千字左右的故事梗概；

d. 图像、声音清晰的大 1/2 录像带一套（声音不得有混音、迭音、声音轨道混乱）；样带需粘贴片名标签、注明集数、必须有完整时码（时码请标注在屏幕上部边角，不得与字幕重叠）；

e.《广播电视节目制作经营许可证》复印件；

f. 完整的片头、片尾和歌曲的字幕表。

③ 评审与许可期限。国家广电总局和省级广播影视管理部门的国产电视动画片审查机构，自正式受理送审的国产电视动画样片及其完备的书面材料之日起 50 日内作出行政许可决定（包括修改、删减的意见或者通过、不予通过的审查结论），其中组织专家评审的时间为 30 日。

④ 具有发行许可证是电视动画片播出的前提。从 2005 年 7 月 1 日起，各级电视播出机构播出的国产电视动画片，一律需在该片每集首尾分别标明《国产电视动画片发行许可证》和《广播电视节目制作经营许可证》编号。在此前已经播出过的国产电视动画片，如需在 2005 年 7 月 1 日以后重新播出，均需重新办理报审并在取得《国产电视动画片发行许可证》后方可重播。2005 年 7 月 1 日开始，全国所有电视播出机构一律不得播放未取得《国产电视动画片发行许可证》的国产电视动画片。②

⑤ 电视台播出已获公映许可证的电影片无需另行办理《电视剧发行许可证》，持有国家广电总局颁发的《电影片公映许可证》的国产电影动画片，可直接在电视台播出。

---

① 2009 年全国有《美猴王》、《米多的涂鸦日记》等国产电视动画片共 322 部（171816 分钟）取得发行许可证，比 2008 年增长 31%。其中，数量排在前五位的省份是江苏省、浙江省、广东省、湖南省、辽宁省。2010 年包括《种子的旅行》、《蚂蚁公主》等大约 400 部国产电视动画片取得发行许可证。

② 北京大吉星文化传播有限公司由于在向有关电视台销售动画片《新少年黄飞鸿》时提供的编号为“广社动画审字〔2005〕第 020 号”和“（粤）动审字〔2005〕第 009 号”的动画片发行许可证均系伪造，且该公司向有关电视台提供的动画片《马可波罗回香都》的发行许可证上，将中美合拍篡改为“国产”，据此广电总局发文予以通报，并责令各级电视台一律不得购买北京大吉星文化传播有限公司销售的广播电视节目。

⑥ 对改动的限制。已经取得《国产电视动画片发行许可证》的动画片,不得随意改动。需对片名、主要人物和主要内容进行改动的,应重新送审。

⑦ 发行许可证的发放备案制度。国家广电总局实行国产电视动画片每月发证情况备案制度,即各省级广播影视管理部门在每月开始的第一周,须将上一个月《国产电视动画片发行许可证》的发放表格复印件汇总报国家广电总局总编室备案。

2. 国产影视剧(节目)的境外发行

电影制片单位出口本单位制作的电影片或者电视剧制作单位出口本单位制作的电视剧的,可以由有关单位代理境外发行;具备条件的也可以由本单位直接向境外发行(《影视节目出口备案表》参见附件3)。制片单位或代理向境外发行的单位应当分别持《电影片公映许可证》(《电影片公映许可证》样式参见附件4)、《电视剧发行许可证》到海关办理电影片出口手续。[①]

(二) 引进影视剧(节目)的发行

根据《进口影片管理办法》的规定,凡属从外国及港澳地区进口发行影片或试映拷贝(包括35毫米、16毫米、超8毫米、影片录像带和影片视盘等,以下统称影片)的业务,统由中国电影发行放映公司(中影公司)经营管理。

影片进口时,由海关凭中影公司填报的进口货物报关单核查放行。属于在全国发行的商业性影片,应在进口时办理纳税手续;属于非商业性影片,应予免税;属于非商业性影片,进口后经过批准在全国发行的,由中影公司按章向北京海关办理补税手续。报送电影审查机构审查的电影片,由指定的电影进口经营单位[②]持国务院广播电影电视行政部门的临时进口批准文件到海关办理电影片临时进口手续;临时进口的电影片经电影审查机构审查合格并发给《电影片公映许可证》和进口批准文件后,由电影进口经营单位持进口批准文件到海关办理进口手续。进口供科学研究、教学参考的专题片,进口单位应当报经国务院有关行政主管部门审查批准,持批准文件到海关办理进口手续,并于进口之日起30日内向国务院广播电影电视行政部门备案。但是,不得以科学研究、教学的名义进口故事片。中国电影资料馆进口电影资料片,可以直接到海关办理进口手续。中国电影资料馆应当将其进口的电影资料片按季度向国务院广播电影电视行政部门备案。

---

① 中国国际电视总公司代理中央电视台节目的对外发行。据广电总局公布的数据,2007年全国电视节目进出口量为30 234小时,金额为4.4328亿元。

② 中影集团是全国唯一拥有影片进口权的公司,引自中国电影网,http://www.chinafilm.com/gzzy/index_image/20070204/2110.html.

国家广播电影电视总局、文化部2001年《关于改革电影发行放映机制的实施细则(试行)》指出:要调整进口影片的供片机制,实行影片进口与发行分离。组建中影集团影片进出口公司,受委托承担对外国及港澳台影片的统一进口,同时履行选片、初审、送审、合同洽谈、报关缴税、支付结算、影片供应、票房统计及市场监管等部分管理职能。从每部进口分账影片总票房收入中提取适当费用,用于扶持农村电影、儿童电影和科教电影的发展,以及进出口影片的运营成本和管理费用。拓展国有主渠道,建立两家进口影片发行公司。保留中影集团原进口影片发行公司,再组建一个进口影片股份制发行公司。新组建的进口影片股份制发行公司,由电影系统内国有资本控股,可以吸收非国有资本参股。中影集团原进口影片发行公司要尽快建立现代企业制度。两家进口影片发行公司第一年分别发行各自通过分配与竞价相结合获得的进口影片(原则上各50%),以后每年发行进口影片的节目数量取决于上一年度发行放映国产影片尤其是推荐国产影片的发行业绩。要认真贯彻执行进口影片与国产影片按比例发行的规定,积极支持国产影片的生产发行和放映。

引进电视剧实行内容审查和发行许可制度。未取得发行许可的电视剧,不得发行。从事进口电视剧发行的机构由国家广播电影电视总局指定。①

未经广电总局和受其委托的广播电视行政部门审批的境外电视节目,不得引进。引进境外影视剧和以卫星传送方式引进其他境外电视节目,由广电总局指定的单位申报。广电总局对引进境外影视剧的总量、题材和产地等进行调控和规划。引进境外影视剧和以卫星传送方式引进其他境外电视节目,由引进单位向省级广播电视行政部门提出申请。②

申请引进境外影视剧,应提交下列材料:

(1)《引进境外影视剧申请表》(申请表由广电总局统一制定,省级广播电视行政部门凭样本印制使用);

(2) 引进合同(中外文);

(3) 版权证明(中外文);

(4) 具备完整的图像、声音、时码的大1/2录像带一套;

(5) 每集不少于300字的剧情梗概;

(6) 与样带字幕一致的片头、片尾中外文字幕。引进的影视剧供电视播出的,

---

① 目前,中国国际电视总公司拥有电视节目引进权,享有中国内地唯一经政府主管部门批准的境外卫星节目代理权。引自中国国际电视总公司网站,http://www.citvc.com/04/index.shtml.2011-06-10.

② 仅2005年第一季度,中国国际电视总公司、上海文广集团、各地电视台共引进《巴顿将军》、《总统浪漫史》、《白雪公主和七个小矮人》等电视剧86部553集。

既可以是电视节目，也可以是电影。①

申请以卫星传送方式引进其他境外电视节目，应提交下列材料：

(1)《引进其他境外电视节目申请表》(申请表由广电总局统一制定，省级广播电视行政部门凭样本印制使用)；

(2) 引进合同(中外文)；

(3) 版权证明。

省级广播电视行政部门正式受理申请后，应在《行政许可法》规定的期限内作出行政许可决定。同意引进的，发给相关的批准文件；不同意引进的，应当书面通知送审单位并说明理由。

引进境外影视剧和以卫星传送方式引进其他境外电视节目的，省级广播电视行政部门正式受理申请后，应在《行政许可法》规定的期限内作出详细、明确的初审意见，报广电总局审查批准。广电总局正式受理申请后，在《行政许可法》规定的期限内作出同意或不同意引进的行政许可决定。其中，引进境外影视剧的审查需要另行组织专家评审，评审时间为30日。同意引进的，发给《电视剧(电视动画片)发行许可证》或同意以卫星传送方式引进其他境外电视节目的批复；不同意引进的，应当书面通知引进单位并说明理由。

同意以卫星传送方式引进其他境外电视节目的，引进单位凭广电总局批复办理《接收卫星传送的电视节目许可证》等相关手续。地(市)级电视台、省级电视台申请引进其他境外电视节目，报省级广播电视行政部门审查批准；题材涉及重大、敏感内容的，由省级广播电视行政部门报广电总局审批。②

(三) 合拍片的发行

1. 中外合作摄制电影片的发行

(1) 合拍片的境内发行。中外合作摄制电影片，是指依法取得《摄制电影许可证》或《摄制电影片许可证(单片)》的境内电影制片者(中方)与境外电影制片者(外方)在中国境内外联合摄制、协作摄制、委托摄制电影片。中外合作摄制电影片主要包括联合摄制、协作摄制与委托摄制三种形式。③

---

① 2009年第二季度经批准同意发行的境外影视剧包括35部电视剧，还包括《丽人劫》[广外进审字(2009)第068号]、《肥猫流浪记》[广外进审字(2009)第082号]等电影9部。2011年第一季度同意引进发行的境外影视剧共计27部，其中电视剧23部(381集)，电影4部(合8集)。

② 《境外电视节目引进、播出管理规定》第9—14条。

③ 联合摄制，是由中外双方共同投资(含资金、劳务或实物)、共同摄制、共同分享利益及共同承担风险的摄制形式；协作摄制，是外方出资，在中国境内拍摄，中方有偿提供设备、器材、场地、劳务等予以协助的摄制形式；委托摄制，即外方委托中方在中国境内代为摄制的摄制形式。

中外合作摄制完成的电影片,经当地省级广播影视行政部门提出初审意见后,报广电总局电影审查委员会审查;中央和国家机关所属电影制片单位和持有《摄制电影片许可证(单片)》的单位申请立项并摄制完成的电影片,直接报广电总局电影审查委员会审查。

联合摄制的电影片,经审查合格,取得广电总局颁发的《电影片公映许可证》后,方可在中国境内外发行公映。[①]

中外双方如需更改已经取得《电影片公映许可证》的电影片,应当报广电总局审批。

(2) 合拍片的出境与出口。[②] 协作摄制、委托摄制的电影片,经审查合格的,可持广电总局的批准文件办理出境手续。中方协助摄制电影片或者电影片素材出境的,中方协助者应当持国务院广播电影电视行政部门的批准文件到海关办理出境手续。

中外合作摄制电影片出口的,中方合作者应当持《电影片公映许可证》到海关办理出口手续。中外合作摄制电影片素材出口的,中方合作者应当持国务院广播电影电视行政部门的批准文件到海关办理出口手续。[③]

2. 中外合作摄制电视剧的发行

(1) 发行前对完成片的审查。申报中外联合制作电视剧(含电视动画片)完成片审查,应提交以下材料:省级广播电视行政部门的初审意见[直接从广电总局申领《电视剧制作许可证(甲种)》的中方制作机构除外];广电总局准予拍摄的批复和合拍电视剧(电视动画片)题材规划的复印件;图像、声音、时码等符合审查要求的大 1/2 完整录像带一套;每集不少于 300 字的剧情梗概;与样带字幕相同的片头、片尾字幕。

(2) 发行许可证的颁发。广电总局在正式受理中外联合制作的电视剧(含电视动画片)完成片审查申请后,应当在 50 日内作出是否准予行政许可的决定,其中组织专家评审的时间为 30 日。符合条件的,由广电总局颁发《电视剧(电视动画片)发行许可证》;不符合条件的,应当书面通知申请人并说明理由。[④]

---

① 2009 年第二季度广电管理机关同意发行的合拍电视剧只有一部——《心星的泪光》,境内制作单位为深圳市深广传媒有限公司、中国国际电视总公司;境外合作单位为台湾地区杰迈创意股份有限公司[许可证编号:广外合审字(2009)第 005 号]。2011 年第一季度同意发行的合拍电视剧为《苍天有泪》,境内制作单位为湖南广播电视台;境外合作单位是台湾地区怡人传播有限公司(发行许可证编号:广外合审字[2011]第 001 号)。

② 这里的"出境"与"出口"是两个不同的概念。

③ 《中外合作摄制电影片管理规定》(广电总局 2004 年 7 月 6 日发布)。

④ 2009 年第二季度同意发行的合拍动画片一部——《三国演义》(52 集),境内制作单位为北京辉煌动画公司;境外合作单位为日本未来行星株式会社[发行许可证编号:广外合动审字(2009)第 001 号]。

送审单位对不准予行政许可的决定不服的,可以在收到决定之日起 60 日内,向广电总局提出复审申请。广电总局应当依前款规定的审查期限作出复审决定,并将行政许可决定书面通知送审机构。复审合格的,由广电总局核发《电视剧(电视动画片)发行许可证》。[①]

(四)影视节目的网络发行与传播

1. 一般要求

用于通过信息网络向公众传播的影视剧类视听节目,必须取得《电视剧发行许可证》、《电影公映许可证》。

与影视节目的传统发行不同的是,这里的发行对象是网络视听节目业务运营商。从事信息网络传播视听节目业务,应取得《信息网络传播视听节目许可证》,由广电总局按照信息网络传播视听节目的业务类别、接收终端、传输网络等项目分类核发。业务类别分为播放自办节目、转播节目和提供节目集成运营服务等。接收终端分为计算机、电视机、手机及其他各类电子设备。传输网络可以是移动通信网、固定通信网、微波通信网、有线电视网、卫星或其他城域网、广域网、局域网等。[②]

2. 特殊规定

(1) 经广电总局批准设立的广播电台、电视台或依法享有互联网新闻发布资格的网站可以申请开办信息网络传播新闻类视听节目业务,其他机构和个人不得开办信息网络传播新闻类视听节目业务。

(2) 从事广播电台、电视台形态服务和时政类视听新闻服务的,还应当持有广播电视播出机构许可证或互联网新闻信息服务许可证。其中,以自办频道方式播放视听节目的,由地(市)级以上广播电台、电视台、中央新闻单位提出申请。

(3) 从事主持、访谈、报道类视听服务的,还应当持有广播电视节目制作经营许可证和互联网新闻信息服务许可证。

(4) 从事自办网络剧(片)类服务的,还应当持有广播电视节目制作经营许可证。未经批准,任何组织和个人不得在互联网上使用广播电视专有名称开展业务。

(5) 经广电总局批准设立的省、自治区、直辖市及省会市、计划单列市级以上广播电台、电视台、广播影视集团(总台),可以申请自行或设立机构从事以电视机作为接收终端的信息网络传播视听节目集成运营服务。其他机构和个人不得开办此类业务。

---

① 广电总局 2004 年 9 月 21 日发布的《中外合作制作电视剧管理规定》。

② 外商独资、中外合资、中外合作机构,不得从事信息网络传播视听节目业务。

3．申请影视节目网络发行传播的主体应具备的条件

申请《信息网络传播视听节目许可证》，应当具备下列条件：

（1）具备法人资格，为国有独资或国有控股单位，且在申请之日前 3 年内无违法违规记录；

（2）有健全的节目安全传播管理制度和安全保护技术措施；

（3）有与其业务相适应并符合国家规定的视听节目资源；

（4）有与其业务相适应的技术能力、网络资源和资金，且资金来源合法；

（5）有与其业务相适应的专业人员，且主要出资者和经营者在申请之日前 3 年内无违法违规记录；

（6）技术方案符合国家标准、行业标准和技术规范；

（7）符合国务院广播电影电视主管部门确定的互联网视听节目服务总体规划、布局和业务指导目录；

（8）符合法律、行政法规和国家有关规定的条件。[①]

4．申请人应提交的材料

申请《信息网络传播视听节目许可证》，须提交以下材料：

（1）申请报告，内容应包括：业务类别（自办节目、转播、集成等）、播出标识（从事信息网络传播视听节目业务的专用标识）、传播方式（频道播出、点播、下载定制、轮播、数据广播等）、传输网络、传播载体、传播范围、接收终端、节目类别、集成内容等；

（2）《信息网络传播视听节目许可证》申请表；

（3）从事信息网络传播视听节目业务的内容规划、技术方案、运营方案、管理制度；

（4）向政府监管部门提供监控信号的监控方案；

（5）人员、设备、场所的证明资料；

（6）申办机构的基本情况及与开展业务有关的证明（网站注册文件，广播电台、电视台许可证，广播电视节目制作经营许可证，从事登载新闻业务许可文件等）；

（7）公司章程、营业执照、验资证明（申请人为企业的）。

5．申请与审批程序

申请《信息网络传播视听节目许可证》的机构，应向所在地县级以上广播电视

---

① 《互联网视听节目服务管理规定》经国家广播电影电视总局、信息产业部审议通过，2007 年 12 月 20 日联合发布。

行政部门提出申请，并提交符合规定的书面材料，经逐级审核同意后，报广电总局审批。中央所属企事业单位，可直接向广电总局提出申请。负责受理的广播电视行政部门应按照《行政许可法》规定的期限和权限，履行受理、审核职责。申请人的申请符合法定标准的，广播电视行政部门应作出准予行政许可的书面决定。依法作出不予行政许可决定的，应当书面通知申请人并说明理由。符合条件的，广电总局予以颁发《信息网络传播视听节目许可证》。①

省、自治区、直辖市人民政府广播电影电视主管部门应当自收到申请之日起20日内提出初审意见，报国务院广播电影电视主管部门审批；国务院广播电影电视主管部门应当自收到申请或者初审意见之日起40日内作出许可或者不予许可的决定，其中专家评审时间为20日。予以许可的，向申请人颁发许可证，并向社会公告；不予许可的，应当书面通知申请人并说明理由。许可证应当载明互联网视听节目服务的播出标识、名称、服务类别等事项。许可证有效期为3年。有效期届满，需继续从事互联网视听节目服务的，应于有效期届满前30日内，持符合《互联网等信息网络传播视听节目管理办法》第8条规定条件的相关材料，向原发证机关申请办理续办手续。

6. 广播电台、电视台转播互联网视听节目

地(市)级以上广播电台、电视台从事互联网视听节目转播类服务的，到省级以上广播电影电视主管部门履行备案手续。中央新闻单位从事互联网视听节目转播类服务的，到国务院广播电影电视主管部门履行备案手续。备案单位应在节目开播30日前，提交网址、网站名、拟转播的广播电视频道、栏目名称等有关备案材料，广播电影电视主管部门应将备案情况向社会公告。

7. 电信业务经营许可和营业执照的办理

取得《信息网络传播视听节目许可证》的单位，应当依据《互联网信息服务管理办法》，向省(自治区、直辖市)电信管理机构或国务院信息产业主管部门(以下简称电信主管部门)申请办理电信业务经营许可或者履行相关备案手续，并依法到工商行政管理部门办理注册登记或变更登记手续。电信主管部门应根据广播电影电视主管部门的许可，严格互联网视听节目服务单位的域名和IP地址管理。

互联网视听节目服务单位的办公场所、法定代表人以及互联网信息服务单位的网址、网站名依法变更的，应当在变更后15日内向省级以上广播电影电视主管部门和电信主管部门备案，变更事项涉及工商登记的，应当依法到工商行政管理部

---

① 《互联网等信息网络传播视听节目管理办法》，广电总局2004年7月6日发布，2004年10月11日起施行。

门办理变更登记手续。[①]

六、律师对影视剧发行提供法律服务时需重点关注的问题

(1) 已经取得《电视剧发行许可证》的电视剧,国家广播电影电视总局在特殊情况下可以作出责令修改、删剪或停止发行、进口、出口、播放的决定。制作、发行、进口、出口、播出机构必须执行有关决定。

(2) 只有取得《电影片公映许可证》的影片,发行人方可代理发行。如果需要提前签署发行代理协议,应当将《电影片公映许可证》的取得作为发行代理协议的生效条件

(3) 电影的发行代理和进口,发行人均应当在取得电影著作权人使用许可后,在许可的范围内使用电影作品。依据《著作权法》的规定,许可使用的期限最长不超过 10 年且终止期限应当在著作权最长保护期限范围之内。

(4) 对于国产票房的分账,在扣除 5% 电影专项资金、3.5% 营业税后,剩下的票房收入一般按照以下比例进行分割:原则上制片商不低于 40%;院线 7% ~ 10%;影院不高于 50%。对于海外进口影片,在扣除 5% 电影专项资金、3.5% 营业税后,剩下的票房收入,目前通行的分割办法是:海外制片商 35%;发行商 17%;影院和院线 48%。与发达国家相比,制片商所得比例明显偏低。为此,应当通过合同的约定强化对票房收入真实性的监控,以维护制片方的利益。

(5) 我国对已经完成的影视作品进入流通环节实施控制。对于电影片,经审查,符合要求的,颁发《电影片公映许可证》。制片单位取得影片的公映许可证之后,才可以与发行单位、放映单位签订影片的发行权、放映权转让或者许可使用的合同。摄制完成的电视剧经审查合格的,发给《电视剧发行许可证》。据此,电视剧的制作单位可以就该电视剧的发行权与播出权同他人订立转让合同或使用许可合同。引进电视剧实行内容审查和发行许可制度。未取得发行许可的电视剧,不得发行。从事进口电视剧发行的机构由国家广播电影电视总局指定。

(6) 鉴于国务院广播电影电视行政部门对于已取得《电影片公映许可证》的电影片,可以根据情况作出停止发行、放映或者经修改后方可发行、放映的决定,对于已经取得《电视剧发行许可证》的电视剧,国家广播电影电视总局在特殊情况下可以作出责令修改、删剪或停止发行、进口、出口、播放的决定,从而导致已经签订的电影片发行权、放映权许可使用合同以及电视剧发行权、播出权许可使用合同延期

---

① 《互联网视听节目服务管理规定》经国家广播电影电视总局、信息产业部审议通过,2007 年 12 月 20 日联合发布。

履行或无法继续履行。为此，制作单位很可能遭到来自合同相对人的索赔。为了避免此类因政府行为带来的法律风险，制作单位应当具备前瞻意识，在一开始签约时就应当有所准备，具体可以要求在合同中加入一个免责条款，将上述政府行为纳入其中。

(7) 无论电影片还是电视剧，在本质上属于视听节目。从技术层面讲，互联网完全具备传输上述作品的功能。我国现行法规把互联网对上述作品的传播也纳入到行政许可的范围，即凡是从事信息网络传播视听节目业务，应取得《信息网络传播视听节目许可证》，接收终端包括计算机、电视机、手机及其他各类电子设备。

第二节　影视剧的播映[①]

一、我国关于电影放映的体制

2001 年 12 月 18 日广电总局和文化部联合颁发了《关于改革电影发行放映机制的实施细则(试行)》。按照这一实施细则的规定，自 2002 年起，我国电影放映进入了“院线制”时代。所谓院线制，是指实行以院线为主的发行放映机制，减少发行层次，改变按行政区域计划供片模式，变单一的多层次发行为以院线为主的一级发行，发行公司和制片单位直接向院线公司供片的制度。院线制度具备这样的特点，院线是一个发行主体，它以资本和片源作为纽带，采取多种方式与影院合作。形成品牌化、排片统一、规模经营、系统管理的发行放映机制。这样的制度改变带来了市场的重新整合，对于电影放映方面的政策规定也有了新的变化。

二、我国电影放映立法

我国电影工作的行政主管机构是国家广播电影电视总局和各地的广播电影电视局。此外，作为文化领域的行政主管部门，文化部和各地各级的文化主管部门也会参与电影业的行政审批、日常管理。

(一) 行政法规及国务院文件

目前，我国关于电影放映的政策规定的法律文件，主要的行政法规有 2001 年由国务院颁布的《电影管理条例》。该条例第五章对电影的发行和放映作出了详

① 中国传媒大学传媒法专业研究生丁君南、王尤伯对本节撰写作出了贡献，在此表示感谢。

细规定,第七章明确了罚则。

国务院文件主要有2010年国务院办公厅发布的《关于促进电影产业繁荣发展的指导意见》,在这份指导意见中提出,促进电影业发展的措施是继续扩大院线经营规模,鼓励金融机构加大对电影企业的金融支持力度,不断完善监管体系。

(二)部门规章

1. 广电总局颁布的部门规章

与电影放映有关的部门规章有:1997年由国家广电总局颁布的《电影审查规定》,该规定对国内公映影片取得《电影片公映许可证》作出了具体规定。

2003年由国家广电总局、商务部和文化部联合颁布实施的《外商投资电影院暂行规定》,2005年由国家广电总局颁布的《〈外商投资电影院暂行规定〉的补充规定》,2006年由国家广电总局颁布实施的《〈外商投资电影院暂行规定〉补充规定二》,这三个规定对外商(包含香港、澳门服务提供者)在内地设立的独资公司,从事经营电影放映业务作出了规定。

2004年由国家广电总局颁布实施的《互联网等信息网络传播视听节目管理办法》,2007年由国家广电总局和信息产业部联合颁布的《互联网视听节目服务管理规定》,这两个规定对互联网服务提供者播放电影作出了规定。

2004年由国家广电总局和商务部联合颁布实施的《电影企业经营资格准入暂行规定》,2005年由国家广电总局和商务部联合颁布实施的《〈电影企业经营资格准入暂行规定〉的补充规定》,对电影企业的资质作出了规定。

2. 文化部出台的部门规章

与电影放映有关的文化部部门规章主要有:2005年文化部颁布的《文化市场行政执法管理办法》,该办法规定各级人民政府文化行政部门或者经法律法规授权的其他执法机构的执法范围包含电影发行、放映经营活动。

三、关于院线制具体政策、规定

按照2001年出台的国家广播电影电视总局、文化部《关于改革电影发行放映机制的实施细则(试行)》的相关规定,我国实行以院线为主的发行放映机制。该实施细则对组建院线的条件和要求作出了具体规定:

(1) 10家以上以资本或供片为纽带的专业影剧院,其中实行计算机售票的影院不少于8家或者年度票房不低于800万且电影专项资金如实上缴,可以发起组建一条省内院线,由省级电影行政主管部门审批,报国家广电总局电影局备案;

(2) 15家以上以资本或供片为纽带且影剧院分布在不同省级区域的专业影

剧院,其中计算机售票不少于 10 家或者年度票房不低于 1 000 万且电影专项资金如实上缴,可以发起组建一条跨省院线,协商跨区域省级电影行政主管部门后,报送国家广电总局审批,并向有关省级电影行政主管部门抄送批件;

(3) 一个省的院线组建最多不超过三条。以签约形式组合的院线,签约期不少于 3 年(含 3 年)。一个影院只能加入一家院线。签约期满后,可以重新进行选择。

2004 年颁布的《电影企业经营资格准入暂行规定》,对成立院线公司的企业资质作出规定:允许电影院线公司以紧密型或松散型进行整合。鼓励以跨省院线为基础,按条条管理的原则重新整合。不允许按行政区域整体兼并院线。院线整合报广电总局审批。鼓励境内公司、企业和其他经济组织投资现有院线公司或单独组建院线公司。以参股形式投资现有院线公司的,参股单位须在 3 年内投资不少于 3 000 万元人民币,用于本院线中电影院的新建、改造;以控股形式投资现有院线公司的,控股单位须在 3 年内投资不少于 4 000 万元人民币,用于本院线中电影院的新建、改造;单独组建省内或全国电影院线公司的,组建单位须在 3 年内投资不少于 5 000 万元人民币,用于本院线中电影院的新建、改造。

按照《外资投资电影院暂行规定》和两个补充规定的内容,外商不得组建院线公司。

四、放映机构的资质条件

(一) 从事电影放映机构的资质条件

《电影管理条例》第五章对于从事电影放映业务的单位作出资质规定,并规定了成立放映单位的申请程序。该条例第 36 条作出了一般规定,从事电影放映的单位应该具备:有电影放映单位的名称、章程;有确定的业务范围;有适应业务范围需要的组织机构和专业人员;有适应业务范围需要的资金、场所和设备;满足法律、行政法规规定的其他条件。例如,由于电影放映机构都是人群聚集的公共场所,属于消防重点单位。电影放映机构需要向消防部门申报审批,并配合消防部门的日常检查。

《电影管理条例》第 38 条规定了设立电影放映单位的申请程序:应当向所在地县或者设区的市人民政府电影行政部门提出申请。所在地县或者设区的市人民政府电影行政部门应当自收到申请书之日起 60 日内作出批准或者不批准的决定,并通知申请人。批准的,发给《电影放映经营许可证》,申请人持《电影放映经营许可证》到所在地工商行政管理部门登记,依法领取营业执照;不批准的,应当说明理由。目前各级地方人民政府文化部门是电影放映单位的主管部门,应向文化部门提出申请。

电影放映单位变更业务范围,或者兼并其他电影放映单位,或者因合并、分立而设立新的电影放映单位的,应当重新办理审批手续,并到工商行政管理部门办理相应的登记手续。电影放映单位变更名称、地址、法定代表人或者主要负责人,或者终止电影放映经营活动的,应当到原登记的工商行政管理部门办理变更登记或者注销登记,并向原审批的电影行政部门备案。

按照《电影企业经营资格准入暂行规定》,地方电影行政管理部门按照管理权限,对颁发的《电影放映经营许可证》实行年检制度。电影放映单位每年接受当地文化部门进行的资格年审。

(二) 外商投资电影院的相关规定

《外商投资电影院暂行规定》自 2004 年 1 月 1 日起施行。2005 年 5 月和 2006 年 2 月作出两个补充规定,对港澳资金经营电影放映业务作出开放的规定。

按照这些规定,外商不得设立独资电影院,不得组建电影院线公司。外国的公司、企业和其他经济组织或个人按照平等互利的原则,经中国政府批准,可以与中国境内的公司、企业设立中外合资、合作企业,新建、改造电影院,从事电影放映业务。外商投资电影院应当符合的条件有:符合当地文化设施的布局与规划;注册资本不少于 600 万元人民币;有固定的营业(放映)场所;中外合资电影院,合营中方在注册资本中的投资比例不得低于 51%;对全国试点城市:北京、上海、广州、成都、西安、武汉、南京市中外合资电影院,合营外方在注册资本中的投资比例最高不得超过 75%;合资、合作期限不超过 30 年;符合中国有关法律、法规及有关规定。

《外商投资电影院暂行规定》的附件中规定,自 2004 年 1 月 1 日起,允许香港、澳门服务提供者在内地以合资、合作的形式建设、改造及经营电影院。允许香港、澳门服务提供者拥有多数股权,但不得超过 75%。《〈外商投资电影院暂行规定〉的补充规定》规定,自 2005 年 1 月 1 日起,允许香港、澳门服务提供者在内地以合资、合作或独资的形式建设、改造及经营电影院。不再进行股权比例的限制。2006 年对于港澳资金从事电影放映的政策进一步开放。《〈外商投资电影院暂行规定〉补充规定二》规定,自 2006 年 1 月 1 日起,允许香港、澳门服务提供者在内地设立的独资公司,在多个地点新建或改建多间电影院,经营电影放映业务。

(三) 从事电影放映基础设施和技术设备的企业资质

《电影企业经营资格准入暂行规定》第二章、第三章和第五章对从事电影放映设备的企业资质作出了规定,《外资投资电影院暂行规定》和两个补充规定对放映机构的外资投资比例作出了规定。

按照这些规定，允许境内公司、企业和其他经济组织（不包括外商投资企业）设立电影技术公司，从事改造电影放映基础设施和技术设备。境内公司的资质条件是：注册资本不少于500万元人民币；申请程序是提交申请书、工商行政管理部门颁发的营业执照（联合设立电影技术公司的还要提供合同、章程、各方营业执照复印件）、公司名称预核准通知书；申报单位持广电总局出具的批准文件到所在地工商行政管理部门办理相关手续，并报广电总局备案。

中方公司与境外公司、企业和其他经济组织合资、合作设立电影技术公司从事放映基础设施和技术设备，资质条件是：注册资本不少于500万元人民币；外资在注册资本中的比例不得超过49%，经国家批准的省市可以控股。申请程序是：由中方向广电总局提交项目申请书、可行性研究报告、合同、章程、合营各方注册登记证明（或身份证明）、资信证明、公司名称预核准通知书等。广电总局依法予以审核。经审核合格的，出具核准文件；由中方持广电总局出具的核准文件及向广电总局申请时提交过的申请文件报商务部审批。商务部依法作出批准或不批准的决定。经批准的，颁发《外商投资企业批准证书》；不予批准的，书面回复理由；申报单位持广电总局、商务部的批准文件，到所在地工商行政管理部门办理相关手续。

五、电影片进入放映环节所应具备的前提条件

电影片依法取得国务院广播电影电视行政部门发给的《电影片公映许可证》后，方可发行、放映。利用电影片制作音像制品的，应当遵守国家有关音像制品管理的规定。任何单位和个人不得利用电影资料片从事或者变相从事经营性的发行、放映活动。放映电影片，应当符合国家规定的国产电影片与进口电影片放映的时间比例。电影放映单位应当维护电影院的公共秩序和环境卫生，保证观众的安全与健康。放映单位年放映国产电影片的时间不得低于年放映电影片时间总和的2/3。2010年出台的国务院办公厅《关于促进电影产业繁荣发展的指导意见》再次强调了国产电影放映时间的比例问题。“至于‘放映时间’指代的是‘场次’、‘时间’还是‘放映天数’，其实一直没有明确的说法。”①

---

① 吴鹤沪：《上海联和院线副总接受采访》，引自新闻稿《国办对电影产业提规划 院线积极回应》，载http://www.chinafilms.net/news_detail/newsId=21944b33-0b5f-4fd2-9a25-461a21d793c2&comp_stats=comp-FrontNews_list01-1264988661059.html.

六、网络播放电影的相关问题及要求

按照《互联网等信息传播视听节目管理办法》和《互联网视听节目服务管理规定》，从事信息网络传播视听节目业务，应取得由广电总局核发的《信息网络传播视听节目许可证》。按照信息网络传播视听节目的业务类别、接收终端、传输网络等项目分类核发。互联网视听节目服务单位接受互联网视听节目服务行业主管部门和互联网行业主管部门的管理。外商独资、中外合资、中外合作机构，不得从事信息网络传播视听节目业务。

申请《信息网络传播视听节目许可证》的机构，应向所在地县级以上广播电视行政部门提出申请，经逐级审核同意后，报广电总局审批。中央所属企事业单位，可直接向广电总局提出申请。符合条件的，广电总局予以颁发《信息网络传播视听节目许可证》。持证机构应当在领取《信息网络传播视听节目许可证》90 日内开通业务。持有《信息网络传播视听节目许可证》的机构需终止业务的，应提前60 日向原发证机关申报，其《信息网络传播视听节目许可证》由原发证机关予以公告注销。

用于通过信息网络向公众传播的影视剧类视听节目，必须取得《电影公映许可证》。

《互联网视听节目服务管理规定》第四章明确规定了罚则。

七、电影放映环节涉及的几个关系及其处理

（一）电影放映机构与发行机构之间的关系

院线制改变了我国计划经济下按行政区域设置的影片多层次发行模式，突破了行政区域的概念，减少了发行环节，增加了发行渠道，我国电影制片发行放映体制由过去的橄榄型开始向哑铃型过渡，发行权和影片购买权交还给制片主体和放映主体。[①]在市场经济条件下，发行方和放映方属平等的市场主体，可以自主签订合同协议。

在实务上，发行方会与放映方签订一份长期的分账发行放映合同。然后按照排片计划发行一部新电影时，发行方会向放映方发出一份发行通知，约定好放映的影片名称、放映期限、票价底限、分账比例等内容。

---

① 参见毛羽：《中国电影发行改革的回顾与展望》，本文系中国电影发行改革的回顾与展望——第三届青年论坛之电影发行人论坛主题发言。全文可见 http://www.chinafilm.org.cn/circuit/news/201103/21-1425.html.

(二)电影放映机构与广告商之间的关系

映前广告主要包括贴片广告、映前广告两种形式。贴片广告是加载于某部电影之前,跟随特定电影播放的广告。一般来说,贴片广告是发行方与广告商订立合约,随片发行。随着近年来影片产量和质量的提高,映前广告业逐渐发展成熟。这种广告是由电影放映方与广告商建立合作关系,广告覆盖大屏幕。2011 年上半年,中国电影斩获 56.4 亿元票房,同比去年增幅超过 15%。据 CTR 电影映前广告监测显示,2011 年上半年电影映前广告投放额以刊例价计算,已达将近 11 亿元,同比去年增长 56%。①

依据不同广告投放形式以及不同的影院与院线加盟关系,电影放映机构与广告商之间的关系主要有三种:

1. 贴片广告中放映机构与广告商的关系

前文已述,贴片广告是由电影发行方与广告商之间订立合同产生合同关系。发行方也会和电影放映方签订放映合同或放映通知,由此建立合同关系。贴片广告的广告商与电影放映方并不存在直接的合同关系。广告商的利益必须通过发行方与放映方的合同履行来实现。当合同是为了让第三人受益时,这个人就是第三方受益人。② 因此在广告商与发行方的广告合同中应当约定清楚,发行方在与放映方签订合同时,要约定关于贴片广告的条款。如此才能认定广告商是合同的第三方,也才能保障广告商的权益。

2. 映前广告中院线与广告商的关系

院线制实行以来,院线与影院之间的关系分为院线自建影院和加盟影院两种。自建影院属于院线集团下的全资投资自办的电影院,这类院线一般以"连锁店"形式经营。安排电影档期、宣传活动、接洽广告等都由集团统一安排,各电影院依据集团通知具体实施。因此,院线不允许这类电影院自主接洽映前广告。院线与广告商签订合同,具体的合同内容与普通的广告合同无异。

3. 映前广告中加盟影院与广告商的关系

另一种影院的经营形式是作为某一院线的加盟影院,以"加盟店"的形式经营。这类影院可以自己安排宣传活动、接洽广告,因此可以与广告商直接签订映前合同。具体的合同内容与普通广告合同无异。

---

① 参见赵正:《映前广告代理价飙升 院线自主招商模式重现》,原载于中国经营网,全文可见 http://www.cb.com.cn/1634427/20110829/264727.html.

② 参见王志远:《合同与第三方》,载《广播电视大学学报》(哲学社会科学版)2001 年第 1 期(总第 116 期)。

虽然2004年广电总局出台规范性文件《关于加强影片贴片广告管理的通知》对于影片贴片广告作出了规范,但是实际上,贴片广告的发展规模很大,发展速度极其迅速。很多规范性文件中的管理规定很难落到实处。不过已经有很多影院在尽力规范自己的广告行为,保障消费者的合法权益。例如现在很多电影院会在售票处提示消费者映前广告的时长。

此外,在电影放映机构与观众之间还存在着服务合同关系。观看电影本身是一种文化消费行为。适用于该服务合同的,除了《合同法》以及以电影放映为调整对象的法律、法规、规章和政策之外,还包括《消费者权益保护法》。西安市雁塔区法院审结的陈晓梅诉西安市博纳影城和华谊兄弟公司侵犯消费者权益一案便是一个很好的例子。①

第三节 电视剧的播出

一、播出机构的资质条件

一般意义上讲,广播电台、电视台是指采编、制作并通过有线、无线、卫星或其他方式向社会公众播放广播电视节目的广播电视播出机构(含广播电视台、教育电视台、广播影视集团、总台、具备独立法人资格的广播电台、电视台分台等)。

根据《广播电台电视台审批管理办法》第3条的规定,国家广播电影电视总局(以下简称广电总局)负责制定全国广播电台、电视台的设立规划,确定广播电台、电视台的总量、布局和结构,负责全国广播电台、电视台的设立审批和监督管理工作。县级以上地方广播电视行政部门负责本行政区域内广播电台、电视台的管理工作。根据《广播电台电视台审批管理办法》第6条的规定,广播电台、电视台的设立、合并应当具备以下五个条件:第一,要符合国家广播电视事业和产业发展规划以及相关的国家、行业标准;第二,有符合国家规定的广播电视专业人员、技术设备

① 陈某在西安博纳影城购票并观看电影《唐山大地震》,影片放映之前,广告时间竟然长达近20分钟。陈某认为,博纳影城和华谊兄弟在没有任何告知、明示的情况下,将广告与影片捆绑发布、放映,侵犯了消费者的知情权和选择权,为此诉请二被告退还35元电影票并赔偿1元精神损失费,并在全国性的媒体上公开赔礼道歉。雁塔区法院审理认为,根据广电总局下发的关于加强影片贴片广告的相关规定,博纳影城自行搭载贴片广告,而且放映前未适当、及时履行告知义务,导致原告被迫观看长达12分钟的贴片广告。影城行为既构成违约行为,也符合侵权行为的要件。因此,法院判定博纳影城退还陈某电影票价款35元,华谊兄弟不承担责任。同时,法院驳回了陈某的其他诉讼请求。参见梁娟:《观众状告电影贴片广告太长,获赔35元票款》,载 http://news.3158.cn/201108051/n3343124914.html.

和必要的场所;第三,有必要的基本建设资金和稳定的资金保障;第四,有明确的频道定位和确定的传输覆盖范围;第五,在满足场所和资金条件的基础上,还需要传输覆盖方式和技术参数符合国家广播电视传输覆盖网规划。

国家对广播电台、电视台实施许可证管理。《广播电台电视台审批管理办法》第 18 条规定:"广电总局对经批准设立的广播电台、电视台颁发《广播电视播出机构许可证》,并同时对批准开办的每套广播电视节目颁发《广播电视频道许可证》。许可证有效期为 3 年,自颁发之日起计算。期满后如需继续开办,须于有效期届满 180 日前按本办法第六条、第七条、第八条规定提出申请,经逐级审核同意后换发许可证。"

对于终止或暂停播出的电视节目,本办法第 19 条规定:"广播电台、电视台终止的,应充分说明理由,并按原设立审批程序逐级上报广电总局审批,其《广播电视播出机构许可证》及《广播电视频道许可证》由广电总局收回。"第 21 条规定:"广播电台、电视台因特殊情况需要暂时停止播出的,应当经省级以上广播电视行政部门同意;未经批准,连续停止播出超过 30 日的或自广电总局批准之日起超过 180 日尚未开播的,视为终止。"

二、电视台的设立、合并和相关事项变更的报批程序

同时,在《广播电台电视台审批管理办法》第 7 条中针对中央级广播电台、电视台的设立、合并和相关事项变更作出了相应规定,以上事项应直接报广电总局审批。地方级广播电台、电视台的设立和变更,由本级广播电视行政部门向上级广播电视行政部门提出申请,逐级审核后,报广电总局审批。教育电视台的设立、合并和相关事项的变更,由设区的市、自治州以上教育行政部门征得同级广播电视行政部门同意后,向上级教育行政部门提出申请,逐级审核后,经国务院教育行政部门审核同意,报广电总局审批。

申请设立、合并广播电台、电视台需提交下列申请材料:

(1) 申请书;

(2) 可行性报告,该报告中应当详细说明所要设立广播电台、电视台的人力资源、资金保障及来源、场地以及相应设备、节目频道设置规划、传输覆盖范围以及方式和技术参数、运营规划等六个具体方面的内容;

(3) 拟用的台名、台标和呼号,并附上台标设计彩色样稿、创意简述和电子文稿;

(4) 本级人民政府同意设立、合并的批准文件;

（5）详细的筹备计划。

如果申请调整节目套数和节目的设置范围，需要提交以下材料：

（1）申请书；

（2）可行性报告，该报告中应当详细说明所要设立广播电台、电视台的人力资源、资金保障及来源、场地以及相应设备、节目频道设置规划、传输覆盖范围以及方式和技术参数、运营规划等六个具体方面的内容；

（3）具体的筹备计划。

如果广播电台、电视台需要申请变更传输覆盖范围、方式或技术参数，必须向本地广播电视行政部门提交申请书和对技术参数的使用建议、必要的设计文件或技术评估报告等材料。需要注意的是，申请书中应说明变更传输覆盖范围、方式、技术参数的理由及对广播电视传输覆盖网的影响。

三、电视剧播出所应具备的前提条件

电视剧从撰写剧本，筹集资金，确定导演和演员拍摄，到后期制作和最终播出，在这一系列过程中都受到国家相应法规的规定，其中在最后的播出环节上，国家对其的管理监督是最为严格的。这是因为电视台在我国发挥着重要的作用，作为党和政府的喉舌，电视台所播出的是代表我国整体精神文明的内容，因此在对电视剧的播出管理方面，我国的相关法规更为详细。

我国《广播电视节目制作经营管理规定》第 24 条、第 25 条规定，发行、播放电视剧、动画片等广播电视节目，应取得相应的发行许可；广播电视播出机构不得播放未取得《广播电视节目制作经营许可证》的机构制作的和未取得发行许可的电视剧、动画片。

自 2000 年 1 月起，国家广播电影电视总局就规定了对所有经过审查通过的电视剧、合拍电视剧、引进剧一律核发由广电总局统一印制的《电视剧发行许可证》。2010 年 11 月 10 日，广电总局办公厅向各省、自治区、直辖市广播影视局发出《广电总局办公厅关于采用新国产电视剧发行许可证的通知》，通知说，为进一步规范国产电视剧发行许可证的核发管理工作，广电总局自 2009 年 5 月 18 日采用新国产电视剧发行许可证样式。各发证机关使用 180 克卡片纸通过电视剧电子政务平台打印《国产电视剧发行许可证》，不再采用手工填写的《国产电视剧发行许可证》。

四、电视剧播出的法律规制与政策要求管理

对电视剧的播放管理涉及两方面内容，包括国产电视剧的播放管理和境外电

视剧的播放管理。

2010 年 7 月 1 日起施行的《电视剧内容管理规定》第 31、33 条指出，电视台对其播出电视剧的内容，应当依照本规定内容审核标准，进行播前审查和重播重审；并在每集的片首标明相应的发行许可证编号，在每集的片尾标明相应的电视剧制作许可证编号。

此外，广电总局于 2004 年 4 月制定了《广播影视加强和改进未成年人思想道德建设的实施方案》，该方案充分体现了以胡锦涛同志为总书记的党中央对未成年人健康成长的高度重视和殷切希望，对新世纪、新阶段进一步加强和改进未成年人思想道德建设工作提出了明确要求和重要部署。各级广播影视管理部门和播出机构要认真学习、贯彻落实中央精神，通过实施“建设工程”、“净化工程”、“防护工程”和“督察工程”，使广播影视成为未成年人开拓眼界、提高素质的良师益友和陶冶情操、愉悦身心的精神园地，在全社会形成有利于未成年人健康成长的舆论环境和文化氛围。①

同时，广电总局又针对涉案剧的审查和播出问题发布了《关于加强涉案剧审查和播出管理的通知》，明确指出，所有电视台的所有频道正在播出和准备播出的涉案题材电视剧均安排在每晚 23:00 以后播出，在该问题上我国实行的是国际上通用的规定，即使用法律的方式对该类展示血腥、暴力、凶杀、恐怖画面的电视剧进行播出时段限制，以防止对未成年人的反面教育。

针对现在媒体节目的国际化发展，我国出于保护本国影视产业的目的，在引进剧、合拍剧以及引进动画片的播出问题上给出了较为严格的管理，国家广电总局发布了《境外电视节目引进、播出管理规定》。②

《境外电视节目引进、播出管理规定》第 17、18 条规定，经批准引进的其他境外电视节目，应当重新包装、编辑，不得直接作为栏目在固定时段播出。节目中不得出现境外频道台标相关文字的画面，不得出现宣传境外媒体频道的广告等类似内容；电视台播出境外影视剧，应在片头标明发行许可证编号。各电视频道每天播出的境外影视剧，不得超过该频道当天影视剧总播出时间的 25%；每天播出的其他境外电视节目，不得超过该频道当天总播出时间的 15%。未经广电总局批准，不得在黄金时段(19:00—22:00)播出境外影视剧。

---

① 参见郭娅莉、孙江华、龚灏:《媒体政策与法规》，中国传媒大学出版社 2008 年版。
② 同上注。

五、对有线数字付费频道的播出管理

《广播电视有线数字付费频道业务管理暂行办法(试行)》(以下简称《办法》)第3条对付费频道作出了定义:是指以有线数字方式播出、传输并须单独付费才能收听收看的专业化广播电视频道。付费频道的运营机构主要分为三类,一是付费频道集成运营机构,是指经批准设立的从事付费频道集成、播出及代理营销业务的机构;二是付费频道传输运营机构,是指利用国家或省级有线广播电视干线网从事付费频道信号传送业务的机构;三是付费频道用户接入运营机构,是指利用广播电视分配网向用户提供付费频道接入服务的机构。

针对有线数字付费频道的管理问题,该《办法》规定开办机构对付费频道的节目内容负责,实行播前审查、重播重审,并规定了付费频道节目禁止播出的以下内容:反对宪法确定的基本原则的;危害国家统一、主权和领土完整的;泄露国家秘密、危害国家安全或者损害国家荣誉和利益的;煽动民族仇恨、民族歧视,破坏民族团结,或者侵害民族风俗、习惯的;宣扬邪教、迷信的;扰乱社会秩序,破坏社会稳定的;宣扬淫秽、赌博、暴力或者教唆犯罪的;侮辱或诽谤他人,侵害他人合法权益的;危害社会公德或者民族优秀文化传统的;有法律、行政法规和国家规定禁止的其他内容的。

此外,在付费频道影视剧播放的时间控制上,该《办法》也作出了具体规定:付费频道节目应符合专业化、对象化的要求,专业性、对象性节目的播出时间不得低于当天总播出时间的90%;非影视剧付费频道不得播出影视剧节目;付费频道播出的电视剧应依法取得《电视剧发行许可证》;付费频道播出境外电视剧的时间不得超过该频道当天总播出时间的30%,不得以任何形式转播境外广播电视节目频道或栏目;付费频道不得播出除推销付费频道的广告之外的商业广告,但经批准的专门播出广告或广告信息类服务的频道除外。

六、网络播出电视剧的相关要求

2009年国家广电总局发布了广电总局《关于加强互联网视听节目内容管理的通知》(以下简称《通知》),该《通知》本着加强网络文化建设和管理,传播社会主义先进文化,抵制互联网视听节目领域的低俗之风,扎实推进互联网视听节目建设的目的,针对加强互联网(含移动互联网,以下简称互联网)视听节目内容管理作出了详细规定。

广电总局在《通知》中对于互联网视听节目内容作出了31项规定,包括“互联网视听节目不得具有诱导未成年人违法犯罪和渲染暴力、色情、赌博、恐怖活动”等内容。并在第4项规定中指出,互联网视听节目服务单位所播节目应具有相应版权,互联网视听节目服务单位传播的影视剧,必须符合广播电影电视管理的有关规定,依法取得广播影视行政部门颁发的《电视剧发行许可证》,未取得《电视剧发行许可证》的境内外电视剧一律不得在互联网上传播。

《电视剧发行许可证》所涉及的就是网络媒体是否具有版权的问题,现在网络上热播的很多美剧、日韩剧和我国台湾地区电视剧大多数都是“无证”播放的,其中很可观的一部分是来自民间,由网友自发上传的,网站只是作为一个播放载体。此外还存在的一个问题是,影视剧的许可证必须由有引进资质的公司进行引进和报批,在取得发行权之后才能够播出,但是网络播放的“有证”电视剧大多都是电视上也能播的,并不存在网络直接向制片方购买版权的情况,因此也才有很多网友自己上传“无证”引进剧到网上播放。

七、电视剧播出环节涉及的几个关系及其处理

(一)播出机构与发行机构(含制作机构自主发行)之间的关系

随着社会经济的发展,电视剧产业的发展也是突飞猛进的,根据2011年3月国家广播电影电视总局向各省、自治区、直辖市广播影视局,新疆生产建设兵团广播电视局,中央电视台,解放军总政宣传部艺术局,中国教育电视台发出的广电总局《关于2011年3月全国拍摄制作电视剧备案公示的通知》,2011年3月,全国电视剧拍摄制作备案申报公示的剧目共95部、2 783集,同意公示的剧目共66部、1 961集。如此庞大的电视剧数量在世界范围内也是屈指可数,这也更加促进了电视剧播出机构与发行机构之间的紧密关系。

(二)播出机构与广告商之间的关系

针对电视广告的播出管理问题,国家广电总局于2010年8月审议发布的《广播电视广告播出管理办法》(以下简称《办法》),对广告的播出内容、播出时段以及播出方式都作了相应的规定。由于《办法》的相关规定具有强制性,因而播出机构在与广告商订立广告播出合同时,应当以《办法》作为重要依据并严格遵守《办法》的规定。对于商业广告在电视剧播出过程中及播出前后出现的方式方法,《办法》作出了相应规定,包括插播商业广告时应当对广告时长进行提示;除电视剧剧场冠名标识以外禁止播出任何形式的挂角广告;电视剧剧场冠名标识不得含有单独出现企业、产品名称,不得含有尺寸大于台标或剧场名称的企业、产品名称,翻滚的标

识每次显示时间不得超过5分钟，不得在冠名标识中出现服务范围、联系电话等信息；不得以治疗皮肤病、癫痫、痔疮、脚气、妇科、生殖泌尿系统等疾病的药品或者医疗机构作冠名；转播电视节目时必须保证被转播、传输节目的完整性，不得替换、遮盖所转播、传输节目中的广告，不得以游动字幕、叠加字幕、挂角广告等任何形式插播自行组织的广告。

此外，广告主、广告经营者不得通过广告投放等方式干预、影响广播电视节目的正常播出。2010年2月广电总局发布了《关于进一步加强广播电视广告审查和监管工作的通知》，要求坚决禁止涉性广告，加强对电视购物短片广告的审查工作和电视购物短片广告投放企业的资质审验工作，不得在广告中使用主持人进行宣传，不得以“叫卖式”夸张配音、语调、动作等宣传商品，不得使用新闻报道、新闻采访等形式以及新闻素材、资料等宣传商品。

（三）播出机构与观众（消费者）之间的关系

观众坐在电视机前，就意味着他们在进行一种文化消费。不仅有线付费频道如此，其他频道也概莫能外。由于我国对电视台（频道）的界分不够清晰，不存在国外那种对商业台（频道）与公共电视台的明确区分，因而它们在一定程度上都具有追求自身经济利益的属性。和电影放映机构一样，电视播出机构与受众的关系应当属于服务合同关系（有很大一部分属于事实合同），受众乃是影视服务的消费者，依法享有消费者的权利。而电视播出机构则负有按时向受众提供合格、足量电视文化消费品的义务。一部电视剧从编写剧本到拍摄、发行、播出，最终的目标就是能够成功得到广大观众的认可和喜爱。作为播出机构，无论是中央机构还是地方机构，不论是电视台还是网络媒体，最大的目标都是致力于满足广大观众的收视需求，努力为观众播出最精彩、最充实的节目内容。电视台的影响力有多大，最重要的取决于它在观众心目中的地位有多高，为满足观众尤其是年轻观众的欣赏习惯，大部分电视台在近些年都进行了内容和形式上的大力改革。以湖南卫视为例，除两大王牌节目《快乐大本营》和《天天向上》以外，每年由湖南卫视举办的轰动全国的《超级女声》、《快乐男声》大型选秀比赛更加阶段性地为其自身创造了巨大影响力和经济收益。

八、律师在影视剧播映提供法律服务中需重点关注的问题

（1）在我国，院线与影院之间的关系分为院线自建影院和加盟影院两种。自建影院属于院线集团下的全资投资自办的电影院，这类院线一般以“连锁店”形式经营。安排电影档期、宣传活动、接洽广告等都由集团统一安排，各电影院依据集

团通知具体实施。因此,院线一般不允许这类电影院自主接洽映前广告,而加盟院线中各方权利义务则取决于加盟契约的具体约定。

(2) 经批准引进的其他境外电视节目,应当重新包装、编辑,不得直接作为栏目在固定时段播出。节目中不得出现境外频道台标相关文字的画面,不得出现宣传境外媒体频道的广告等类似内容;电视台播出境外影视剧,应在片头标明发行许可证编号。

(3) 互联网视听节目服务单位传播的影视剧,必须符合广播电影电视管理的有关规定,依法取得广播影视行政部门颁发的《电影片公映许可证》、《电视剧发行许可证》,未取得许可证的境内外电视剧一律不得在互联网上传播。境外影视剧必须由引进资质的公司进行引进和报批,在取得发行权之后才能够播出。

第四节　影视广告与影视剧的宣传、营销

一、影视广告法律制度

影视广告是指影视广告投放者(广告主)承担广告费用,按照约定将广告植入到影视剧之中或者与电影或者电视剧(节目)绑定在一起进行播出的一种广告形式。本质上,影视广告是一种搭载电影或者电视剧(节目)播出的信息传播活动。影视广告的监督管理机关主要包括工商行政管理部门和广电总局及各级广电部门。广电总局社会管理司安排专人对电视台播放的广告进行监督。

(一) 影视广告合同及其主体

1. 影视广告合同

影视广告合同,是指影视广告主与影视广告经营者之间,影视广告经营者与影视发布者之间,其他广告参与者与上述主体相互之间,为实现一定目的就权利义务关系所达成的设立、变更、终止影视广告关系的协议。

根据不同的标准,可以对影视广告合同进行不同的分类。

(1) 以广告流程为标准,可以将影视广告合同分为以下几种类型:

① 影视广告委托设计合同与影视广告委托制作合同。影视广告设计、制作合同是指影视广告设计、制作公司利用自己的技术、设备,按照影视广告主的要求进行设计、制作影视广告作品,并获取约定报酬的协议。影视广告设计、制作合同属于承揽合同的范畴。影视广告设计、制作公司必须亲自完成影视广告主委托的设

计、制作影视广告的任务，非经广告主同意，不得将广告设计、制作任务转托第三方完成。在设计、制作影视广告过程中，因不可归责于双方当事人的事由导致合同标的物损坏、灭失的，由广告设计、制作公司承担风险与责任。

② 影视广告代理合同。影视广告代理合同是影视广告代理公司以影视广告主的名义，在授权范围内与广告发布者实施的影视广告业务活动的协议。

③ 影视广告发布合同。影视广告发布合同是影视广告主（通过影视广告经营者即广告代理公司）与影视广告发布者约定，由影视广告发布者利用自己掌握的媒介为广告主发布广告，而由广告主支付广告发布费用的协议。根据影视广告发布合同，一方面，影视广告发布者负有依据合同约定完成广告发布的义务；另一方面，根据《广告法》的规定，影视广告发布者对广告内容负有审核义务，此为法定义务。若发现影视广告内容与事实不符，或者属于《广播电视广告播出管理办法》规定的禁止发布的内容（反对宪法确定的基本原则的；危害国家统一、主权和领土完整，危害国家安全，或者损害国家荣誉和利益的；煽动民族仇恨、民族歧视，侵害民族风俗习惯，伤害民族感情，破坏民族团结，违反宗教政策的；扰乱社会秩序，破坏社会稳定的；宣扬邪教、淫秽、赌博、暴力、迷信，危害社会公德或者民族优秀文化传统的；侮辱、歧视或者诽谤他人，侵害他人合法权益的；诱使未成年人产生不良行为或者不良价值观，危害其身心健康的；使用绝对化语言，欺骗、误导公众，故意使用错别字或者篡改成语的；商业广告中使用、变相使用中华人民共和国国旗、国徽、国歌，使用、变相使用国家领导人、领袖人物的名义、形象、声音、名言、字体或者国家机关和国家机关工作人员的名义、形象的；药品、医疗器械、医疗和健康资讯类广告中含有宣传治愈率、有效率，或者以医生、专家、患者、公众人物等形象做疗效证明的；法律、行政法规和国家有关规定禁止的其他内容），影视广告发布机构应及时通知影视广告主或其委托的广告代理公司，并视具体情况采取变更合同、解除合同的补救措施，或者认定合同无效。

在实践中，广告经营者（广告代理公司）有时存在既为广告主提供服务，又在同一事项中为广告发布者提供服务的情形。广告经营者一方面从影视广告主那里取得广告代理费，另一方面又因替广电媒体创造缔约机会（推销版面、时段）而获取佣金。这种情形尽管不属于严格意义上的自己缔约或双方代理，但极有可能损害广告主的利益，是一种不正当的行为，应当尽量避免。

（2）根据影视广告与电影片、电视剧（节目）的绑定方式，可以将影视广告合同分为以下几种类型：

① 影视植入式广告合同。影视植入式广告合同通常是在影视剧制作之前或者制作过程中由广告主与制作者签订的。播出机构或者放映机构依据（发行权、放

映权)许可使用合同取得相关电影片、电视剧在一定区域、一定期限内的使用权。播映机构对影视作品著作权的尊重,包括对作为影视作品不可分割的植入性广告信息的尊重,播出时不得任意删除或遮蔽。

② 贴片广告合同。贴片广告包括电影贴片广告和电视剧贴片广告。电影贴片广告是在电影播映前播出的企业广告,根据经营方不同可以分为片方贴片广告、发行方贴片广告、院线贴片广告、影院贴片广告等。电视剧贴片广告也叫电视随片广告,包括片头贴片广告和片尾贴片广告。“贴片”是一种形象的说法,是胶片时代的习惯用语,目前仍在沿用。其含义是由影视节目制作者或者其委托的影视广告经营者与广告客户约定,在影视节目的片头、片尾附带播出广告;贴片广告与植入式广告的不同之处在于,前者虽然与影视节目胶片“粘贴”在一起,但内容上是独立的,没有被融入影视剧的剧情,观众也比较容易辨别它是广告;而植入式广告本身是影视剧剧情的元素之一,是影视剧内容的一部分。

③ 广告招商合同。即播映机构购片后进行广告招商。影视播映机构先向影视制作者签订影视剧播出权许可使用合同,取得影视剧的播出权;然后,由影视播映机构(的广告部门)向广告客户或者影视广告经营者有偿招募广告,双方谈妥之后,正式签订广告发布合同。

④ 广告时间买断合同。由从事影视剧(节目)营销的公司预先买断某个频道或数个频道的播出时间,然后向影视广告经营者分割出售贴片广告时间。广告时间一旦被买断,影视播映机构若打算在该时间段播出广告,还须回过头来向前述买断者签订合同购买。

⑤ 影视剧(节目)播出权与广告时间的互易合同。影视发布机构以广告时间从影视制作者(影视著作权人)处换取影视剧(节目)的播出权,然后由影视制作者(影视著作权人)向广告客户销售广告时间,也可以委托影视广告代理公司面向客户代售广告时间。[①]

对于第③、④种方式,由于影视广告发布者在签订合同时并未看过广告,事实上也不知道谁是未来的广告主,相关广告甚至尚未制作出来,因此根本谈不上对广告内容的审查。在没有审查广告主是否具备相应资质、广告内容是否合法的情况下,就正式签下合约,这是存在一定法律风险的。因此,如何通过合同条款的设计及内部控制系统来化解这一风险,是一个必须正视的课题。

⑥ 素材授权许可使用合同。包括平面授权使用、网络授权使用、影音授权使

---

① 参见魏永征、李丹林主编:《影视法导论——电影电视节目制作人须知》,复旦大学出版社 2005 年版,第 284 页。

用、礼品授权使用、道具授权拍卖等。版权人可以许可他人利用电影或电视剧的元素拍摄广告。素材授权涉及版权许可和特许经营。在进行版权许可和特许经营时,授权人应明确授权的范围和期限,并在授权时不得侵犯他人的版权和其他合法权益。

⑦ 赞助和联合促销合同。赞助商可分为首席赞助商、特约赞助商、鸣谢赞助商、具名赞助商、首映式赞助商等。联合促销是影企之间的合作销售行为,互相利用对方的品牌和影响进行营销。赞助和联合促销应当签订书面合同,明确赞助方、被赞助方和影视方、企业方之间的权利义务,赞助和联合促销合同不得违反公序良俗和社会公共利益。

⑧ 影视明星代言合同。请电影或电视明星代言广告应注意明星代言的法律责任。当明星明知或应当知道是虚假广告而仍进行代言的,当消费者权益受到损害时,明星应当承担法律责任。例如,我国《食品安全法》第55条规定:"社会团体或者其他组织、个人在虚假广告中向消费者推荐食品,使消费者的合法权益受到损害的,与食品生产经营者承担连带责任。"此外,明星在广告中对产品或服务进行推荐时应强调实际使用或真实感受,对于一些特殊商品,明星应当在实际使用后才能代言。如果明星没有实际使用或真实感受而在广告中谎称自己实际使用或有真实感受的,如果消费者受到损害,明星应当承担法律责任。

2. 影视广告合同关系的主体①

影视广告合同关系的主体主要指影视广告法律关系的参加者,是在影视广告法律关系中依法享有权利和承担义务的个人或组织。一般来说,影视广告合同的主体包括:

(1) 广告主;

(2) 影视制作者(影视作品著作权人);

(3) 影视广告经营者(广告设计、制作、代理公司);

(4) 影视广告发布者(影视播出机构)。

就广告代理合同而言,主要涉及两个法律关系、三个当事人:

(1) 广告主与广告经营者(广告公司)之间的广告委托关系;

(2) 广告主(通过广告经营者)与广告发布者之间的广告发布关系。

在植入性广告、贴片广告中则表现为影视制作者(影视作品的著作权人)与广告主之间(通常需要借助广告经营者的中介作用)就广告植入、广告搭载达成的协

---

① 在影视广告法律关系中,除了平等主体之间的关系之外,还存在着一种具有隶属性质的广告监督管理关系。其中,监督管理者是工商行政管理机关和广播电视管理机关,被监督者是广告活动参与者(广告主、广告设计者、广告制作者、广告代理商、广告发布者、广告产品或服务的推荐者,等等)。

议所确立的权利义务关系，此外在实质上还存在着影视制作者与广告发布者之间的广告发布关系（广告主、影视制作者、广告发布者之间界定为信托关系较为恰当。其中，广告主、影视制作者之间属于信托的内部关系；影视制作者、广告发布者之间属于信托的外部关系）。

此外，还有其他参加人，如广告商品（服务）的推荐者（比如代言产品广告的影视明星）等。

（二）影视广告禁载内容与禁止播出影视广告的产品（服务）的范围

1. 影视广告禁载内容

广播电视广告禁止含有下列内容：

（1）反对宪法确定的基本原则的；

（2）危害国家统一、主权和领土完整，危害国家安全，或者损害国家荣誉和利益的；

（3）煽动民族仇恨、民族歧视，侵害民族风俗习惯，伤害民族感情，破坏民族团结，违反宗教政策的；

（4）扰乱社会秩序，破坏社会稳定的；

（5）宣扬邪教、淫秽、赌博、暴力、迷信，危害社会公德或者民族优秀文化传统的；

（6）侮辱、歧视或者诽谤他人，侵害他人合法权益的；

（7）诱使未成年人产生不良行为或者不良价值观，危害其身心健康的；

（8）使用绝对化语言，欺骗、误导公众，故意使用错别字或者篡改成语的；

（9）商业广告中使用、变相使用中华人民共和国国旗、国徽、国歌，使用、变相使用国家领导人、领袖人物的名义、形象、声音、名言、字体或者国家机关和国家机关工作人员的名义、形象的；

（10）药品、医疗器械、医疗和健康资讯类广告中含有宣传治愈率、有效率，或者以医生、专家、患者、公众人物等形象做疗效证明的；

（11）法律、行政法规和国家有关规定禁止的其他内容。①

2. 禁止播出广告的产品（服务）的范围

下列广告不得通过广播、电视媒体播出：

（1）以新闻报道形式发布的广告；

（2）烟草制品广告；

---

① 参见《广播电视广告播出管理办法》第 8 条的规定。

(3) 处方药品广告;

(4) 治疗恶性肿瘤、肝病、性病或者提高性功能的药品、食品、医疗器械、医疗广告;

(5) 姓名解析、运程分析、缘分测试、交友聊天等声讯服务广告;

(6) 出现“母乳代用品”用语的乳制品广告;

(7) 法律、行政法规和国家有关规定禁止播出的其他广告。

除福利彩票、体育彩票等依法批准的广告外,不得播出其他具有博彩性质的广告。

影视广告投资者、经营者、发布者在影视广告的设计、制作、发布过程中,均应遵守上述相关规定。

(三) 对发布影视广告所需文件、手续是否齐备的审核

除了某些特殊商品的广告之外,其他大多数影视广告审查不是由政府部门实施,而是由广告经营者、广告发布者自行对所承揽的广告进行查验核实。《广告法》第 27 条规定:“广告经营者、广告发布者依据法律、行政法规查验有关文件,核实广告内容。对广告内容不实或者证明文件不全的广告,广告经营者不得提供设计、制作、代理服务,广告发布者不得发布。”据此,事前审核是广告经营者、发布者的法定义务。

1. 对广告证明文件的查验

这些证明主要包括表明广告客户主体资格是否合法和广告内容是否真实、合法的文件、证件、资料等。

根据《广告法》第 24 条第 1 款的规定:“广告主自行或者委托他人设计、制作、发布广告,应当具有或者提供真实、合法、有效的下列证明文件:(一) 营业执照以及其他生产、经营资格的证明文件;(二) 质量检验机构对广告中有关商品质量内容出具的证明文件;(三) 确认广告内容真实性的其他证明文件。”

另据该法第 22 条的规定:“广告主自行或者委托他人设计、制作、发布广告,所推销的商品或者所提供的服务应当符合广告主的经营范围。”

除上述主体资格证明之外,根据具体情况广告主应交验其他资质证明:属于生产许可证管理范围的,应当提交生产许可证;质量检验机构出具的达到国家标准、行业标准或企业标准的证明;涉及获奖的,应当提供获奖证书;标明优质产品称号的,应当提交政府颁发的优质产品证书;专利证书;商标注册证;等等。

2. 对特殊商品广告的审查

我国对某些特定商品做广告实行行政审批。《广告法》第 34 条规定:“利用广

播、电影、电视、报纸、期刊以及其他媒介发布药品、医疗器械、农药、兽药等商品的广告和法律、行政法规规定应当进行审查的其他广告，必须在发布前依照有关法律、行政法规由有关行政主管部门对广告内容进行审查；未经审查，不得发布。”《广播电视广告播出管理办法》将需要行政审批的范围扩大到食品、化妆品、金融理财等项目，规定播出机构在播出前应当严格审验其依法批准的文件、材料。不得播出未经审批、材料不全或者与审批通过的内容不一致的商业广告。

审查机关的权限分工如下：

(1) 卫生行政管理部门负责对非处方药的广告内容进行审查；医疗行政管理部门负责对医疗器械广告内容的审查；

(2) 农业行政管理部门负责对农药、兽药广告内容的审查；

(3) 教育行政管理部门负责对社会力量办学广告内容的审查；

(4) 食品安全监督管理部门负责对食品广告内容的审查；

(5) 金融监督管理部门负责对金融理财广告内容的审查。

审查的事项包括广告主从事广告活动的资格，广告内容是否真实、合法等。审查合格的，发给批文。

广告经营者、发布者在接受这类商品广告时，必须查验主管部门的许可文件，未经审查或证明文件不全的，广告经营者不得提供设计、制作、代理服务，广告发布者不得发布。

广告主发布特殊商品广告，无论是利用自有媒介自行发布，还是委托广告发布者代为发布，都必须在广告发布前，将广告作品交由有关行政主管机关进行审查，获得广告审查通过的批文后才可以发布。

3. 使用他人的名称（姓名）、肖像（形象）做广告的，应当查验相关权利人签署的同意使用的文件

《广告法》第25条规定：“广告主或者广告经营者在广告中使用他人名义、形象的，应当事先取得他人的书面同意；使用无民事行为能力人、限制民事行为能力人的名义、形象的，应当事先取得其监护人的书面同意。”

但是，根据规定，禁止使用、变相使用国家领导人、领袖人物的名义、形象、声音、名言、字体或者国家机关和国家机关工作人员的名义、形象制作、发布商业性广告。

（四）对广告内容的审查

影视广告的经营者、发布者应当根据《广告法》的规定，对承接广告的有关内容进行审查，对不符合规定的，可以要求有关当事人进行修改、删除，否则不予

发布。

1. 对药品、医疗广告的审查

药品、医疗器械、医疗和健康资讯类广告中不得含有宣传治愈率、有效率，或者以医生、专家、患者、公众人物等形象做疗效证明的内容。药品分为处方药与非处方药。根据《广播电视广告播出管理办法》的规定，处方药属于禁止做广告之列。处方药只能在国家指定的医学、药学专业刊物上介绍，不得在大众传播媒介发布广告或者以其他方式进行以公众为对象的广告宣传。制作和播出药品、医疗器械、医疗和健康资讯类广告需要聘请医学专家作为嘉宾的，播出机构应当核验嘉宾的医师执业证书、工作证、职称证明等相关证明文件，并在广告中据实提示，不得聘请无有关专业资质的人员担当嘉宾。

农药广告不得使用无毒、无害等表明安全性的绝对化的断言，不得作出不科学的表示功效的断言或保证，不得有违反农药安全使用规程的文字、语言或者画面，等等。

2. 对烟草广告以及影视剧中的烟草镜头的审查

《广告法》第 18 条第 1、2 款规定："禁止利用广播、电影、电视、报纸、期刊发布烟草广告，禁止在各类等候室、影剧院、会议厅堂、体育比赛场馆等公共场所设置烟草广告。"《烟草专卖法》第 19 条也有类似规定。这就意味着，通过电影、电视促销烟草是非法的。

但是，有些影视剧中的烟草镜头的确与广告无关。因此，区分烟草广告与故事情节中的烟草镜头是十分必要的。很多历史人物、领袖人物都有吸烟的习惯，烟草和辣椒一样构成他们日常生活的一部分。为此，广电总局办公厅《关于严格控制电影、电视剧中吸烟镜头的通知》作了区分：一是电影和电视剧中不得出现烟草的品牌标识和相关内容，及变相的烟草广告；不得表现未成年人买烟、吸烟等将烟草与未成年人相联系的情节，应尽量用其他形式代替以吸烟表现人物心理、现场氛围的情节。二是对确因剧情需要出现的吸烟镜头，应尽可能缩减吸烟镜头的时长和频率。

（五）对影视广告发布的规制

1. 影视广告发布的时间要求

（1）商业广告的时长。播出机构每套节目每小时商业广告播出时长不得超过 12 分钟。其中，广播电台在 11:00 至 13:00 之间、电视台在 19:00 至 21:00 之间，商业广告播出总时长不得超过 18 分钟。在执行转播、直播任务等特殊情况下，商业广告可以顺延播出。

(2) 公益广告。播出机构每套节目每日公益广告播出时长不得少于商业广告时长的3%。其中,广播电台在11:00至13:00之间、电视台在19:00至21:00之间,公益广告播出数量不得少于4条(次)。

(3) 插播商业广告。播出电视剧时,可以在每集(以45分钟计)中插播2次商业广告,每次时长不得超过1分30秒。其中,在19:00至21:00之间播出电视剧时,每集中可以插播1次商业广告,时长不得超过1分钟。播出电影时,插播商业广告的时长和次数参照前款规定执行。

(4) 提示义务。在电影、电视剧中插播商业广告,应当对广告时长进行提示。

(5) 对受众生活习惯的尊重。播出商业广告应当尊重公众生活习惯。在6:30至7:30、11:30至12:30以及18:30至20:00的公众用餐时间,不得播出治疗皮肤病、痔疮、脚气、妇科、生殖泌尿系统等疾病的药品、医疗器械、医疗和妇女卫生用品广告。

2. 其他方面的规制

(1) 挂角广告的限制。除电影、电视剧剧场或者节(栏)目冠名标识外,禁止播出任何形式的挂角广告。

(2) 冠名规制。电影、电视剧剧场或者节(栏)目冠名标识不得含有下列情形:① 单独出现企业、产品名称,或者剧场、节(栏)目名称难以辨认的;② 标识尺寸大于台标,或者企业、产品名称的字体尺寸大于剧场、节(栏)目名称的;③ 翻滚变化,每次显示时长超过5分钟,或者每段冠名标识显示间隔少于10分钟的;④ 出现经营服务范围、项目、功能、联系方式、形象代言人等文字、图像的。

电影、电视剧剧场或者节(栏)目不得以治疗皮肤病、癫痫、痔疮、脚气、妇科、生殖泌尿系统等疾病的药品或者医疗机构作冠名。

(3) 转播与传输要求。转播、传输广播电视节目时,必须保证被转播、传输节目的完整性。不得替换、遮盖所转播、传输节目中的广告;不得以游动字幕、叠加字幕、挂角广告等任何形式插播自行组织的广告。

(4) 酒类广告限制。播出机构应当严格控制酒类商业广告,不得在以未成年人为主要传播对象的频率、频道、节(栏)目中播出。广播电台每套节目每小时播出的烈性酒类商业广告不得超过2条;电视台每套节目每日播出的烈性酒类商业广告不得超过12条,其中19:00至21:00之间不得超过2条。

(5) 未成年人保护。在中小学生假期和未成年人相对集中的收听、收视时段,或者以未成年人为主要传播对象的频率、频道、节(栏)目中,不得播出不适宜未成年人收听、收视的商业广告。

(6) 播出电视商业广告时不得隐匿台标和频道标识。

(7) 可识别性要求。《广告法》第13条第1款规定:“广告应当具有可识别性,能够使消费者辩明其为广告。”影视广告应该与电影、电视剧本身的内容区别开来,使观众能够辨认出哪些是广告,哪些是影视剧的剧情。

大众传播媒介不得以新闻报道形式发布广告。通过大众传播媒介发布的广告应当有广告标记,以与其他非广告信息相区别,不得使消费者产生误解。

(8) 确保广播电视节目的完整性。广播电视广告播出不得影响广播电视节目的完整性。除在节目自然段的间歇外,不得随意插播广告。

(9) 对贴片广告的规制。2004年6月广电总局发布《关于加强影片贴片广告管理的通知》,要求:① 未经工商行政管理机关登记,未取得相应的广告经营资格,不得设计、制作、代理、发布影片贴片广告;② 未经影片版权方同意,任何单位不得搭载、删减贴片广告;③ 影片贴片广告一律加在《电影片公映许可证》画面之前,不得占用电影放映时间;④ 电影院线公司、发行公司要规范操作贴片广告业务,电影院要对放映的影片贴片广告时间予以公告。

(10) 在境内落地的境外电视节目广告。经批准在境内落地的境外电视频道中播出的广告,其内容应当符合中国法律、法规的规定。

(六) 影视广告法律责任

1. 责任主体

(1) 广告主。凡是为推销商品或者提供服务,自行或者委托他人设计、制作、发布广告的法人、其他经济组织或者个人,可以被界定为广告主。

(2) 广告经营者。广告经营者,包括受委托提供广告设计、制作、代理服务的法人、其他经济组织或者个人。

(3) 广告发布者。广告发布者,是指为广告主或者广告主委托的广告经营者发布广告的法人或者其他组织。

(4) 商品(服务)推荐者。向消费者推荐商品或服务的社会团体或者其他组织、个人,即为商品(服务)推荐者。

2. 责任类型与责任方式

(1) 行政责任、刑事责任

① 违反《广播电视广告播出管理办法》第8条、第9条的规定,由县级以上人民政府广播影视行政部门责令停止违法行为或者责令改正,给予警告,可以并处3万元以下罚款;情节严重的,由原发证机关吊销《广播电视频道许可证》、《广播电视播出机构许可证》。

② 违反《广播电视广告播出管理办法》第15条、第16条、第17条的规定,以

及违反本办法第22条规定插播广告的，由县级以上人民政府广播影视行政部门依据《广播电视管理条例》第50条、第51条的有关规定给予处罚。

③ 违反《广播电视广告播出管理办法》第10条、第12条、第19条、第20条、第21条、第24条至第28条、第34条、第36条、第37条的规定，或者违反本办法第22条规定替换、遮盖广告的，由县级以上人民政府广播影视行政部门责令停止违法行为或者责令改正，给予警告，可以并处2万元以下罚款。

④ 利用广告对商品或者服务作虚假宣传的，由广告监督管理机关责令广告主停止发布、并以等额广告费用在相应范围内公开更正消除影响，并处广告费用1倍以上5倍以下的罚款；对负有责任的广告经营者、广告发布者没收广告费用，并处广告费用1倍以上5倍以下的罚款；情节严重的，依法停止其广告业务。构成犯罪的，依法追究刑事责任。[①]

⑤ 利用广播、电影、电视、报纸、期刊发布烟草广告，或者在公共场所设置烟草广告的，由广告监督管理机关责令广告主、广告经营者、广告发布者停止发布，没收广告费用，可以并处广告费用1倍以上5倍以下的罚款。[②]

⑥ 发布广告违反《广告法》关于禁止使用国家机关和国家机关工作人员的名义制作、发布广告之规定的，由广告监督管理机关责令负有责任的广告主、广告经营者、广告发布者停止发布、公开更正，没收广告费用，并处广告费用1倍以上5倍以下的罚款；情节严重的，依法停止其广告业务。构成犯罪的，依法追究刑事责任。[③]

（2）民事责任

① 违约责任。违约责任，即合同当事人不按合同约定和法律规定履行合同义务所应承担的法律后果。责任方式包括支付违约金、赔偿损失以及其他补救措施。

② 侵权责任。主要是指对受众的责任。受众因信赖广播电视媒体播出的广告而遭受人身或财产损失的，有权要求侵权行为人承担相应的责任。

出现虚假广告的，广告主是第一责任人；广告经营者、广告发布者只有在明知或应知的情况下才承担责任。

A. 广告主的侵权责任。根据《广告法》第38条的规定，发布虚假广告，欺骗和误导消费者，使购买商品或者接受服务的消费者的合法权益受到损害的，由广告主依法承担民事责任。

B. 广告经营者的侵权责任。广告经营者明知或者应知广告虚假仍予以设计、

---

① 参见《广告法》第37条。
② 参见《广告法》第42条。
③ 参见《广告法》第39条。

制作的,应当依法承担连带责任。

C. 广告发布者的责任。广告发布者明知或者应知广告虚假仍予以发布的,应当依法承担连带责任。广告经营者、广告发布者不能提供广告主的真实名称、地址的,应当承担全部民事责任。

另据《广播电视广告播出管理办法》第38条之规定,因广告主、广告经营者提供虚假证明文件导致播出的广告违反本办法规定的,广播影视行政部门可以对有关播出机构减轻或者免除处罚。笔者认为,该条关于减免广告发布者责任的规定主要是就行政责任而言的。该规定对民事侵权责任的认定不具适用性。

D. 广告商品(服务)推荐者的责任。《广告法》规定,社会团体或者其他组织,在虚假广告中向消费者推荐商品或者服务,使消费者的合法权益受到损害的,应当依法承担连带责任。《食品安全法》把"推荐者"由"社会团体或者其他组织"扩大到"个人"。根据该法规定,社会团体或者其他组织、个人在虚假广告中向消费者推荐食品,使消费者的合法权益受到损害的,与食品生产经营者承担连带责任。[①] 据此,自《食品安全法》实施之后,影视广告代言者对于所代言的虚假广告应当与食品生产经营者一道承担侵权责任。

二、影视剧的宣传、营销

在我国三大电视节目中,最早进入市场的是电视剧。早期电视台曾用电影来充实电视文艺类节目。国产电影片、进口电影片、国产电视剧、引进电视剧,还有作为新的艺术形式出现的电视电影,通过预告片、直接行销、电影节、电视交易会、电视节目协作体等方式进行营销。[②] 也有学者把影视营销概括为七大要点,即市场化企划、工业化生产、院线化发行、传媒化运营、产业化开发、政法化规范以及资本化财务。[③] 还有一种极端的方式就是利用甚至刻意制造一些剧组中发生的故事、演员的花边新闻或者对影视剧中的个别"大尺度"、"出位"镜头进行夸大宣传来吊观众的胃口。根据《关于故事片摄制程序及阶段划分的规定》的规定,混录双片送审时,应提交的宣传资料即包括剧照、海报、文字材料、主创人员小传等。

影视剧的宣传团队大多由摄制单位组建,在影视剧制作过程中安排各种采访,并负责与公司公共关系部门的协调。常规的宣传主要包括硬广告和媒体宣传报道两种。硬广告是以有偿的方式在媒体上介绍和宣传影视剧的内容及相关信息的一

---

① 参见《食品安全法》第55条。

② 参见李稚田:《影视制片管理教程》,北京师范大学出版社2004年第2版。

③ 参见张小争:《电影娱乐营销》,中国传媒大学出版社2010年版。

种纯商业广告的形式。其投放地点可以是报纸、电视、网络,也可以是路牌、灯箱、在特定场所张贴的付费海报等。这些广告让观众可以提前看到影视剧的样本,可以在很大程度上令一些反面的传言、评论不攻自破。媒体对影视剧内容的宣传报道往往以新闻的面目出现,这种宣传从影视剧的策划到最终播映的整个流程上不断推进,在为媒体提供报道内容的同时,也达到了对影视剧进行宣传的双重效果。[①]

影视剧的营销与宣传是分不开的。在拍摄之前,择机召开新闻发布会进行宣传,尽早吸引人们对影视剧的注意力。影视宣传所要吸引的不仅仅是未来观众的眼球,而且还有潜在的发行商。演员参与电视剧宣传有时是必要的。事实证明,演员参与电视剧宣传活动可以提升电视剧的宣传效果。但宣传活动时常与演员的档期调配及肖像权等问题发生小冲突,因此,在聘用演员合同中,明确约定演员配合电视剧宣传的各项义务是十分必要的。如制片单位为宣传推广影视剧目的,有权无偿使用或许可播放者、发行者使用演员的姓名和肖像,并及于相关衍生产品或服务;制片单位有权要求演员参加电视剧的开机仪式、首播仪式以及其他宣传活动,无须就此向演员另行支付酬金。但制片单位要求演员参加的上述活动最多不超过若干次。

三、律师在影视广告法律服务中应重点关注的问题

(1) 根据规定,影视广告的发布者对拟发布的广告内容负有审核义务。广告发布者明知或者应知广告虚假仍予以发布的,应当依法承担连带责任。广告经营者、广告发布者不能提供广告主的真实名称、地址的,应当承担全部民事责任。但是,在采取广告时间买断的运作方式,以及影视剧(节目)播出权与广告时间互易的运作模式下,由于影视广告发布者在签订合同时,相关广告甚至尚未制作出来,无从知晓广告的内容,因此根本谈不上对广告内容的审查。在没有审查广告主是否具备相应资质、广告内容是否合法的情况下,就正式签下合约,对广告发布者而言,存在一定的法律风险。虽然从法理上讲,广告发布者对第三人承担责任后有权向负有责任的广告设计者、制作者乃至广告主追偿,但这毕竟属于事后救济,求偿权能否最终实现还取决于诸多要素。故而,事先防范方为上策。对此,可以通过强化合同相对人的审核义务来实施风险控制,必要时也可以通过设定担保措施加以降解。

(2) 植入性广告都是有偿的,对广告主而言是一种广告费的预支,而影视剧的

① 参见高福安、宋培义:《影视剧制片管理》,中国广播电视出版社 2011 年版,第 189 页。

制作单位成了影视广告的最大受益人。植入性广告一方面充当着影视制作前期的筹资功能，另一方面使得一部分强势的制作人从原本属于影视发布者盘中餐的广告盛宴中分走了一杯羹。这事实上意味着广告利益瓜分的前移。影视播出、放映机构对植入性广告的播出是被动的，却又无可奈何，因为植入性广告已成为影视作品的一部分，播映机构所作的任何遮蔽、裁剪都构成对作品完整权的侵害，可能受到来自影视作品制作单位（著作权人）的侵权指控，何况这样做本身对播映机构而言也是损人不利己的行为。

（3）实践中，很多广告主往往把广告的设计、制作与发布都委托给广告经营者包办。这种做法虽然效率比较高，但是对广告主而言风险比较大。广告经营者收取酬金之后，试图通过“贴片”的方式播出，可最终却因影视剧未能在约定频道和时段播出，从而引起纠纷。广告主规避风险的方法最好就是与不同的主体分别订立“广告委托设计、制作合同”与“广告委托发布合同”。如果一定要采用一揽子委托的方法，建议采取分期付款的方式以降低风险。

（4）影片贴片广告一律加在《电影片公映许可证》画面之前，不得占用电影放映时间；电影院线公司、发行公司要规范操作贴片广告业务，电影院要对放映的影片贴片广告时间予以公告。

（5）素材授权在操作中通常有两种形式：一是商业购买，企业向制片方购买一定期限的影视素材使用权；二是置换，企业不支付费用而使用影视素材为企业做宣传，同时企业也为影视剧进行宣传造势，达到共赢。律师在提供服务时应了解当事人的商业目的，从法律上保障双方各自利益的实现。

（6）影视剧与企业之间的赞助与联合促销形式多样，首映礼、巡回见面会、论坛、颁奖、重走拍片地、活动冠名、现场广告位、海报、画册、影院立牌等，广告形式多样，律师在制作、审查合同时应细化当事人的商业诉求，明确各方的权利义务关系。

（7）在聘用演员合同中，明确约定演员配合电视剧宣传的各项义务是十分必要的。如制片单位为宣传推广影视剧目的，有权无偿使用或许可播放者、发行者使用演员的姓名和肖像，并及于相关衍生产品或服务；制片单位有权要求演员参加电视剧的开机仪式、首播仪式以及其他宣传活动，无须就此向演员另行支付酬金。但制片单位要求演员参加的上述活动最多不超过若干次。

第五节 本章涉及的相关法律法规

1.《电影管理条例》(2002 年 2 月 1 日施行)。

2. 中共中央办公厅、国务院办公厅《关于转发〈中央宣传部、国家广电总局、新闻出版总署关于深化新闻出版广播影视业改革的若干意见〉的通知》[中办发(2001)17 号]。

3. 国务院办公厅《关于促进电影产业繁荣发展的指导意见》(2010 年 1 月 21 日发布)。

4.《外商投资电影院暂行规定》(2004 年 1 月 1 日施行)。

5.《电影企业经营资格准入暂行规定》(2004 年 11 月 10 日施行)。

6.《互联网等信息网络传播视听节目管理办法》(2004 年 10 月 11 日施行)。

7.《〈外商投资电影院暂行规定〉的补充规定》(2005 年 5 月 8 日施行)。

8.《〈外商投资电影院暂行规定〉补充规定二》(2006 年 2 月 20 日施行)。

9.《互联网视听节目服务管理规定》(2008 年 1 月 31 日施行)。

10.《文化市场行政执法管理办法》(2006 年 7 月 1 日施行)。

11.《广播电台电视台审批管理办法》(2004 年 9 月 20 日施行)。

12.《广播电视节目制作经营管理规定》(2004 年 8 月 20 日施行)。

13.《电视剧审查管理规定》(2004 年 10 月 20 日施行)。

14.《广播影视加强和改进未成年人思想道德建设的实施方案》(2004 年 4 月 30 日发布)。

15. 广电总局《关于加强涉案剧审查和播出管理的通知》(2004 年 4 月 19 日发布)。

16.《境外电视节目引进、播出管理规定》(2004 年 10 月 23 日施行)。

17.《广播电视有线数字付费频道业务管理暂行办法》(2003 年 12 月 1 日施行)。

18. 广电总局《关于加强互联网视听节目内容管理的通知》(2009 年 3 月 30 日发布)。

19.《广播电视广告播出管理办法》(2010 年 1 月 1 日施行)。

附件

附件 1

《国产电视剧发行许可证》备案表

备案日期：______年______月______日

<table>
<tr><td rowspan="2">剧目名称</td><td colspan="2" rowspan="2"></td><td rowspan="2">长度</td><td colspan="3" rowspan="2">分× 集</td><td colspan="2">题材类型</td><td></td></tr>
<tr><td colspan="2">备案公示时间</td><td></td></tr>
<tr><td>制作单位</td><td colspan="2"></td><td>制作单位负责人
电话、手机</td><td colspan="3"></td><td colspan="2">投资总额</td><td></td></tr>
<tr><td>合作单位</td><td colspan="3"></td><td colspan="3">发行单位负责人
电话、手机</td><td colspan="3"></td></tr>
<tr><td>制作许可证编号</td><td colspan="2"></td><td>开机时间</td><td colspan="2"></td><td>完成时间</td><td colspan="3"></td></tr>
<tr><td rowspan="3">监制</td><td>姓名</td><td>国籍（地区）</td><td rowspan="3">出品人</td><td>姓名</td><td>国籍（地区）</td><td rowspan="3">制片人</td><td>姓名</td><td>国籍（地区）</td><td></td></tr>
<tr><td></td><td></td><td></td><td></td><td></td><td></td><td></td></tr>
<tr><td></td><td></td><td></td><td></td><td></td><td></td><td></td></tr>
<tr><td rowspan="3">编剧</td><td>姓名</td><td>国籍（地区）</td><td rowspan="3">导演</td><td>姓名</td><td>国籍（地区）</td><td rowspan="3">制片主任</td><td>姓名</td><td>国籍（地区）</td><td></td></tr>
<tr><td></td><td></td><td></td><td></td><td></td><td></td><td></td></tr>
<tr><td></td><td></td><td></td><td></td><td></td><td></td><td></td></tr>
<tr><td rowspan="3">主要演员</td><td colspan="2">姓名（男）</td><td colspan="2">国籍（地区）</td><td colspan="2">姓名（女）</td><td colspan="3">国籍（地区）</td></tr>
<tr><td colspan="2">饰</td><td colspan="2"></td><td colspan="2">饰</td><td colspan="3"></td></tr>
<tr><td colspan="2">饰</td><td colspan="2"></td><td colspan="2">饰</td><td colspan="3"></td></tr>
<tr><td>剧情简介</td><td colspan="9"></td></tr>
<tr><td rowspan="2">省级广电行政管理部门审查意见</td><td colspan="2">发行许可证编号</td><td colspan="2"></td><td colspan="2">发证时间</td><td colspan="3"></td></tr>
<tr><td colspan="9">主管局长签字：</td></tr>
<tr><td>备注</td><td colspan="9"></td></tr>
</table>

说明：1. 境外人员包括港、澳、台地区人员需在国籍（地区）中标明；

2. 此表需由省级主管部门审核、填写，省级主管领导签字盖章后上报；

3. 题材一栏按广电总局备案公示类型填写；

4. 剧名、集数、制作机构变更须事先向广电总局电视剧管理司备案；

5. 此表需打印。

附件 2

国产电视剧发行许可证

存　　根

（　　）剧审字（　　）第　　号

剧目名称＿＿＿＿＿＿＿＿＿＿

长　　度＿＿＿＿分钟/集×＿＿＿＿集

制作机构＿＿＿＿＿＿＿＿＿＿

合作机构＿＿＿＿＿＿＿＿＿＿

电视剧制作许可证编号＿＿＿＿＿＿

批准播出范围：

批准播出时段：

经办人：

初核人：

复核人：

核发人：

年　　月　　日

领证人：　　年　　月　　日

（编码位置）

国产电视剧发行许可证

（　　）剧审字（　　）第　　号

剧目名称＿＿＿＿＿＿＿＿＿＿

长　　度＿＿＿＿分钟/集×＿＿＿＿集

制作机构＿＿＿＿＿＿＿＿＿＿

合作机构＿＿＿＿＿＿＿＿＿＿

电视剧制作许可证编号＿＿＿＿＿＿

经审查，同意该剧在＿＿＿＿＿＿范围发行，＿＿＿＿＿＿时段播出。发行前须在每集片首标明本发行许可证编号。

发行机关：

（公章）

年　　月　　日

国家广播电影电视总局统一印刷

（编码位置）

附件 3

全国影视节目出口备案表

单位名称		联系人		联系电话	
项目名称		类别		题材	
时长(集数×分钟)		发行许可证号			
出品单位					
发行单位					
发行方式					
境外演职人员参与情况					
海外发行国家和地区					
境外播出媒体名称、时段、收视率、舆论反响					
外销价格及收入（单位:美元）					
备注					

注:1. 本表“类别”系指电视剧、动画片、纪录片等;

2. 本表“题材”系指当代、现代、近代、古代及重大题材等;

3. 本表“发行方式”系指独自发行或委托发行,并须注名委托机构名称;

4. 本表“境外演职人员参与情况”系指境外人员姓名、职务及国别(地区)等;

5. 每个项目填一表,如有其他需要,可另附页或在“备注”一栏中补充其他相关内容。

附件 4

电影片公映许可证样式

国家广播电影电视总局

电影管理局

电影片公映许可证

电审×字【20××】第××号

片　　名：

出品单位：

摄制单位：

片　　长：

声音制式：　　　　　　　　幕幅：

发行范围：

影片排次号：

国家广播电影电视总局电影管理局（章）

20××年×月×日

参考文献

1. 何可可、黄一峰:《影视制片管理》,中国电影出版社 2007 年版。

2. 魏永征、李丹林:《影视法导论》,复旦大学出版社 2005 年版。

3. 〔美〕米勒(Philip H. miller):《媒体制作人法律实用手册》,何勇、李丹林等译,人民邮电出版社 2009 年版。

4. 王四新:《美国法律对影视色情(暴力)的规范》,载《现代传播》2006 年第 6 期。

5. 李绍章:《影视剧分级制的文艺立法刍议》,载 http://www.baojian.gov.cn/bjsy/fxqy/2005-12/5dcbe7b2d7992d6b.html.

6. 刘宁等:《影视合同(制作、应用指南)》,法律出版社 2005 年版。

7. 吕锐、石小溪:《中国电影融资渠道分析》,载《魅力中国》2010 年 4 月第 3 期。

8. 赵苏楠:《中国电影制片新型融资模式研究》。

9. 刘沙:《关于电视剧融资与投资模式探讨》。

10. 胡永平编辑:《〈色戒〉被删引出系列诉讼,电影审查制又起争议》,载《检察日报》,2007 年 11 月 23 日。

11. 王博:《对中国电影审查制度的若干思考》,载《数位时尚》(新视觉艺术)2009 年第 2 期。

12. 贾磊磊:《电影的生存、生产及其审查》,载《当代电影》1994 年第 1 期。

13. 唐榕:《三十年中国电影体制改革回顾》,载《中国电影报》2008 年第 109 期。

14. 翁立:《新中国电影发行变迁谈》,载 http://www.studa.net/Movie/110221/10043920.html.

15. 毛羽:《中国电影业的体制改革与发展趋势》,载中国传媒网,http://academic.mediachina.net/article.php?id=463.

16. 何修猛:《现代广告学》,复旦大学出版社 2008 年第 7 版。

17. 崔银河:《广告法规与职业道德》,中国传媒大学出版社 2008 年版。

18. 刘宁、张庆等:《影视音像合同应用与示范》,法律出版社 2010 年版。

19. 张小争编著:《电影娱乐营销》,中国传媒大学出版社 2010 年版。

20. 解乐轩:《电视剧组实用管理手册》,中国广播电视出版社 2008 年版。

21. 林晓霞主编:《电影合同的理论与实务》,中国电影出版社 2007 年版。

22. 贺小虎编著:《影视、演艺企业设立与运营法务操作指引》,法律出版社 2007 年版。

影视管理法律法规

序号	法规名称	颁布部门	实施日期
1	《电影企业经营资格准入暂行规定》	国家广播电影电视总局、中华人民共和国商务部	2004年11月10日
2	《〈电影企业经营资格准入暂行规定〉的补充规定》	国家广播电影电视总局、中华人民共和国商务部	2005年5月8日
3	《关于促进电影产业繁荣发展的指导意见》	国务院办公厅	2010年1月21日
4	《电影管理条例》	中华人民共和国国务院	2002年2月1日
5	《电影剧本(梗概)备案、电影片管理规定》	国家广播电影电视总局	2006年6月22日
6	《关于改进和完善电影剧本(梗概)备案、电影片审查工作的通知》	国家广播电影电视总局	2010年5月1日
7	《湖南省广电总局〈关于电影剧本(梗概)备案、电影片审查程序〉通知》	湖南省广电总局	2010年4月11日
8	《中外合作摄制电影片管理规定》	国家广播电影电视总局	2004年8月10日
9	《进口影片管理办法》	文化部、海关总署	1981年10月13日
10	《电影片进出境洗印、后期制作审批管理办法》	国家广播电影电视总局	2004年8月1日
11	《外商投资电影院暂行规定》	国家广播电影电视总局	2004年1月1日
12	《〈外商投资电影院暂行规定〉补充规定》	国家广播电影电视总局	2005年5月8日
13	《〈外商投资电影院暂行规定〉补充规定二》	国家广播电影电视总局	2006年2月20日
14	《广播电影电视行政复议办法》	国家广播电影电视总局	2001年5月9日

（续表）

序号	法规名称	颁布部门	实施日期
15	《广电总局关于公布继续有效的广播影视部门规章和规范性文件目录的通知》	国家广播电影电视总局	2010年11月12日
16	《广播电视管理条例》	中华人民共和国国务院	1997年9月1日
17	《电视剧内容管理规定》	国家广播电影电视总局	2010年7月1日
18	《广电总局办公厅关于严格控制电视剧使用方言的通知》	国家广播电影电视总局	2009年7月20日
19	《广电总局办公厅关于严格控制电影、电视剧中吸烟镜头的通知》	国家广播电影电视总局	2011年2月1日
20	《广电总局关于规范发行许可制度实施前的国产电视剧重播管理的通知》	国家广播电影电视总局	2010年11月10日
21	《广电总局办公厅关于采用新国产电视剧发行许可证的通知 》	国家广播电影电视总局	2010年11月10日
22	《中外合作制作电视剧管理规定》	国家广播电影电视总局	2004年10月21日
23	《〈中外合作制作电视剧管理规定〉的补充规定》	国家广播电影电视总局	2008年1月1日
24	《境外电视节目引进、播出管理规定》	国家广播电影电视总局	2004年10月23日
25	《广播电视节目制作经营管理规定》	国家广播电影电视总局	2004年8月20日
26	《广播影视节(展)及节目交流活动管理规定》	国家广播电影电视总局	2004年10月10日
27	《广播电台电视台播放录音制品支付报酬暂行办法》	中华人民共和国国务院	2010年1月1日
28	《广播电视视频点播业务管理办法》	国家广播电影电视总局	2004年8月10日
29	《广播电视设施保护条例》	中华人民共和国国务院	2000年11月5日
30	《卫星地面接收设施接收外国卫星传送电视节目管理办法》	广播电影电视部、公安部、国家安全部	1990年5月28日
31	《卫星电视广播地面接收设施管理规定》	中华人民共和国国务院	1993年10月5日
32	《中华人民共和国广告法》	全国人民代表大会常务委员会	1995年2月1日
33	《关于进一步加强广播电视医疗和药品广告监管工作的通知》	国家广电总局、卫生部、国家工商总局	2009年2月13日
34	《关于进一步加强广播电视广告审查和监管工作的通知 》	国家广播电影电视总局	2010年2月12日
35	《广播电视广告播出管理办法》	国家广播电影电视总局	2000年1月1日

（续表）

序号	法规名称	颁布部门	实施日期
36	《关于加强影片贴片广告管理的通知》	国家广播电影电视总局、国家工商行政管理总局	2004 年 6 月 25 日
37	《广电总局关于进一步加强广播电视广告播出管理的通知》	国家广播电影电视总局	2011 年 10 月 11 日
38	《信息网络传播权保护条例》	中华人民共和国国务院	2006 年 7 月 1 日
39	《互联网等信息网络传播视听节目管理办法》	国家广播电影电视总局	2004 年 10 月 11 日
40	《互联网视听节目服务管理规定》	国家广电总局、信息产业部	2008 年 1 月 31 日

后　记

花开花落，春华秋实。秋天的美丽，总是源于其成熟的风韵，总是伴随着收获的喜悦。

三年前的深秋，2008 年 10 月，北京市律师协会传媒与新闻出版法律专业委员会编撰的《传媒业法律风险提示与案例读本》付梓了；三年后的清秋，2011 年 9 月，传媒委员会编写的影视业务姊妹篇《影视法律实务与操作指南》和《影视合同范本与风险防范》也终于完稿了。

或许，只有播种的希冀与耕耘的艰辛，才能真正体味收获的欣慰。很多年前，看过一幅漫画，描绘的是文字、语言、思想的距离，现在看来，还真是——想的总是容易，说的总还简单，写的却是不易啊！好在，经过传媒委员会诸位律师同仁的悉心努力，这两块“指南”之砖，可以正式抛出引玉了。

律师执业，往往繁之又烦，能够挤点时间，静点心绪，专心于某一专业，委实难得。而正是基于专业之本，传媒委员会一直在坚持为提升专业水准、加强专业指导而努力，这两部书稿的诞生，恰恰是这一坚持的体现。

从影视企业的设立、影视项目的策划到影视剧的制作、影视剧组的管理以及影视作品的发行播映，从实体条件到办理程序及相应文本，从法律规范到实务操作及风险提示，从理论探讨到案例剖析及经验借鉴，书稿之“指南篇”，比较全面、系统地介绍了和影视行业有关的法律、法规、政策以及影视行业的相应法律实务，为律师从事影视法律服务提供了借鉴；而“合同篇”，则是完全以实务为主线，将业内众多他山之石与编著律师的多年实务经验融为一体，对影视融资合作类、影视制作技术类、影视素材许可类、影视人员聘请类、影视发行放映类等 5 大类共 48 小类影视合同范本进行了深度梳理，对每一个合同文本都进行了适用范围说明和特别风险提示。总的来说，实用性是这两部姊妹篇的特点，既有助于影视从业人员入门执业及行业的规范运行，也能使法律行业的朋友对影视法律业务有进一步的了解和运用，这也是我们编写此书的初衷。

只是，作为帮助同行从事影视行业法律服务而整理出的一些文字，美其名曰

“指南”，委实难当：因为文字总是黑色的，而实务之树常青，以一种逻辑的范畴涵盖现实的鲜活，往往只能似是而非；对于影视行业这一敏感而复杂、繁荣而繁乱的行业，要进行比较明确的法律指南，也往往有夸大法律作用的嫌疑；况且，我们的水平和精力真是非常的有限，和“案例读本”一样，两部书稿的“编撰工作不得不断断续续地进行着”，总是让人有些许不自量力的感慨，其中错漏之处，也必定在所难免。因此，我们的“指”砖“引”玉的本意，还恳请得到广大读者的理解和支持，对此，我们感激万分。

“秋天，果子成熟了，它怀着一颗感恩的心，去面对自己的生活。”多好的话啊！虽然只是来自于学生的考试作文。而这两部小小的“指南”，也正凝聚着我们传媒委员会全体同仁感恩的心，面对你们这些可敬的读者，但愿它能发挥出一缕启示的光芒，帮你照亮一段历程，伴你走过一段难忘的法律生涯。

北京市律师协会
传媒与新闻出版法律专业委员会
2012 年 4 月